유학생을 위한

대학한국어

2

듣기·말하기

이화여자대학교 언어교육원 지음
Ewha Womans University
Ewha Language Center

개정판

유학생을 위한

대학한국어

2

듣기·말하기

E PRESS

책을 펴내면서

이화여자대학교 언어교육원은 오래 전부터 대학(원) 외국인 유학생을 위한 학문 목적 한국어 교육 과정을 운영하면서 이들을 위한 교육 자료 개발에 노력을 기울여 왔습니다. 2005년 교육인적자원부의 한국어 연수 프로그램 지원 사업에 선정되어 학문 목적 한국어 교재를 개발하고 1년간의 철저한 시험 사용을 거쳐 2008년 『유학생을 위한 대학한국어』를 출간하였습니다. 그 후 2010년 『이화 한국어(Ewha Korean)』, 2017년 『에센스 이화 한국어(Essence Ewha Korean)』 등을 발간하며 전 세계 외국인들이 쉽고 재미있고 효율적으로 한국어를 학습하는 데에 기여해 왔습니다. 그리고 이화여자대학교 언어교육원이 한국어 교육을 시작한 지 30년을 맞이하는 올해 2018년, 그간의 교육 경험과 끊임없는 연구를 바탕으로 대학(원) 외국인 유학생의 한국어 능력 및 학업 능력 향상에 더욱 실질적인 도움을 주기 위해 『유학생을 위한 대학한국어』 개정판을 발간하게 되었습니다.

『유학생을 위한 대학한국어』 개정판은 중급 이상의 한국어 학습자를 대상으로 대학(원)에서 필요로 하는 듣기, 말하기, 읽기, 쓰기 능력이 균형 있게 발전할 수 있도록 하였으며 구어인 듣기와 말하기, 문어인 읽기와 쓰기가 유기적인 연계를 갖도록 설계하였습니다. 기존 『유학생을 위한 대학한국어』와 달리 이번 개정판에서는 듣기, 말하기, 읽기, 쓰기를 위한 전략을 제시하고 전략 연습을 거쳐 그 전략을 활용하여 과제를 수행하도록 구성하였습니다. 이렇게 학문 목적 학습자들의 학업에 필요한 교양 지식뿐 아니라 학업 수행을 위한 전략을 함께 제공함으로써 외국인 유학생의 한국어 능력 향상 및 학업 능력 배양에 보다 많은 도움을 주고자 하였습니다.

마지막으로 『유학생을 위한 대학한국어』 개정판이 출간되기까지 이 책의 편집자들이 쏟은 열정과 노력에 대해서 깊은 감사를 드립니다. 또한 이 교재가 출판되는 데에 편집과 출판을 맡아 아낌없는 지원을 해 주신 이화여자대학교출판문화원에도 감사의 마음을 전합니다.

앞으로 『유학생을 위한 대학한국어』 개정판이 국내외 대학(원) 외국인 유학생들에게 좋은 학습 자료로 널리 활용되기를 기대합니다.

2018년 2월

이화여자대학교 언어교육원 원장

차례

교재 구성과 사용법

『유학생을 위한 대학한국어 2: 듣기·말하기』 개정판은 10개의 단원과 정답 및 듣기 지문, 찾아보기로 구성되어 있습니다. 각 단원은 국내 대학 교양 과목에서 자주 접하게 될 주제들로 이루어져 있으며 2개의 소단원이 듣기, 말하기로 나뉘어 구성되어 있습니다. 각 단원의 도입 부분에서는 단원명과 단원의 내용 관련 질문 2개를 제시했으며 단원의 세부 구성은 다음과 같습니다.

듣기는 준비하기 – 어휘 익히기 – 전략 익히기 – 듣기 – 생각 넓히기로 구성되어 있습니다.

준비하기에서는 주제와 관련된 내용을 살펴보면서 강의를 들을 준비를 합니다.

어휘 익히기에서는 주제 관련 어휘 및 강의에서 나오는 어휘나 표현 등을 익힙니다.

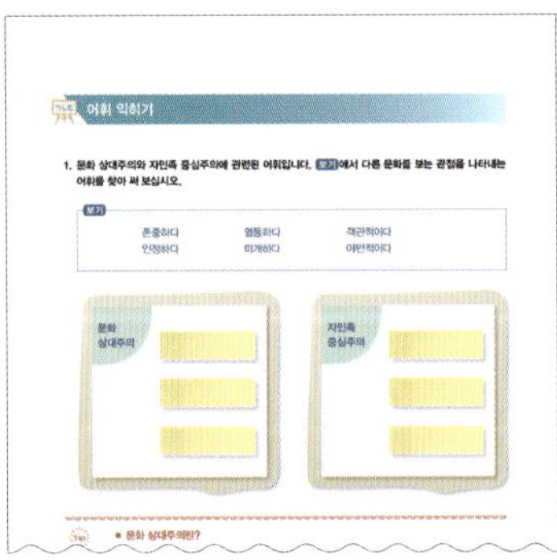

전략 익히기에서는 강의 내용 이해 및 노트 필기를 위한 전략을 배우고 연습합니다.

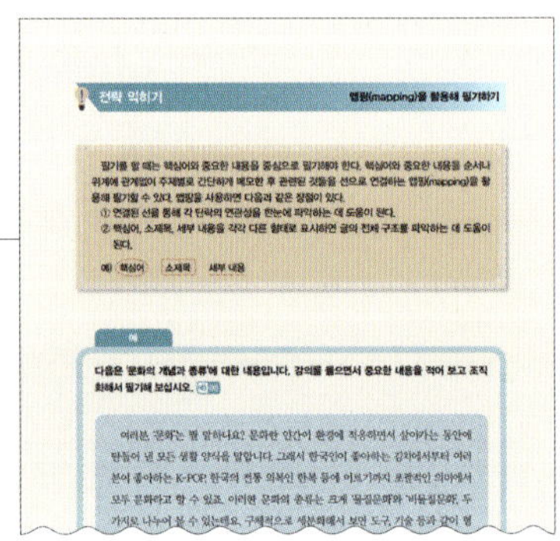

듣기에서는 강의를 듣고 노트 필기하기, 전체 및 세부 내용 파악하기 등의 활동을 수행합니다. 특히 듣기 자료는 모두 강의를 위주로 구성하여 대학 수학에 필요한 듣기 능력을 기르도록 했습니다.

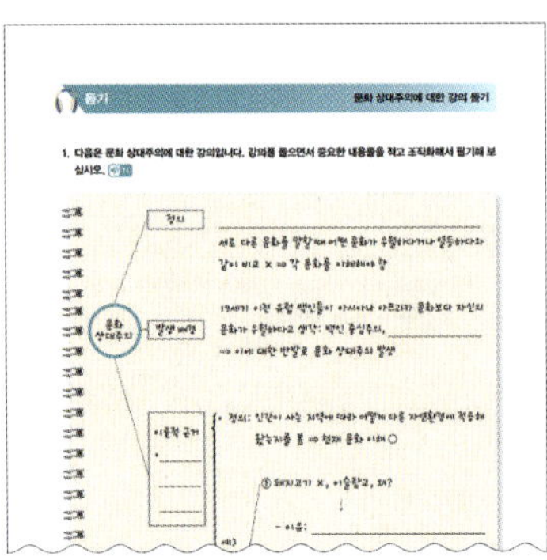

생각 넓히기에서는 주제와 관련된 말하기 활동을 통해 학습 내용을 강화합니다.

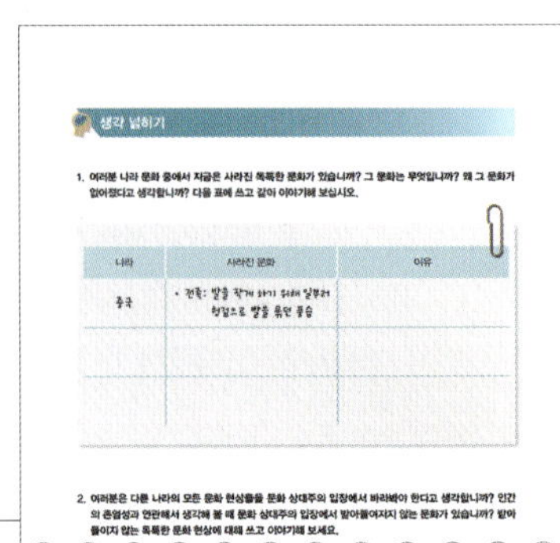

말하기는 **준비하기 – 어휘 익히기 – 전략 익히기 – 말하기 – 생각 넓히기**로 구성되어 있습니다.

준비하기에서는 주제와 관련된 내용을 생각해 보면서 말할 준비를 합니다.

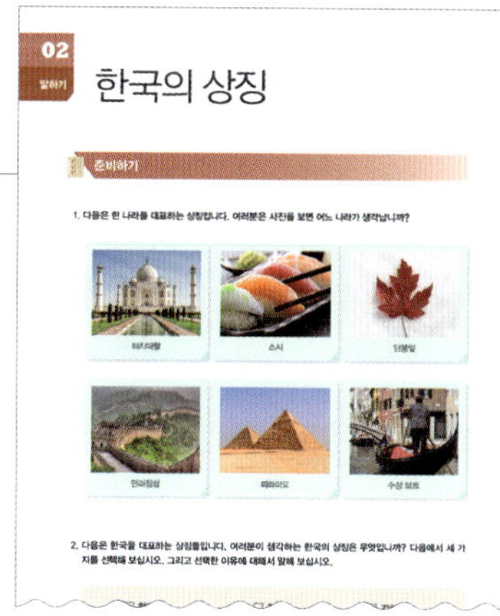
02 말하기 한국의 상징
준비하기

어휘 익히기에서는 주제 관련 어휘 및 말하기 과제 수행 시 필요한 어휘나 표현 등을 익힙니다.

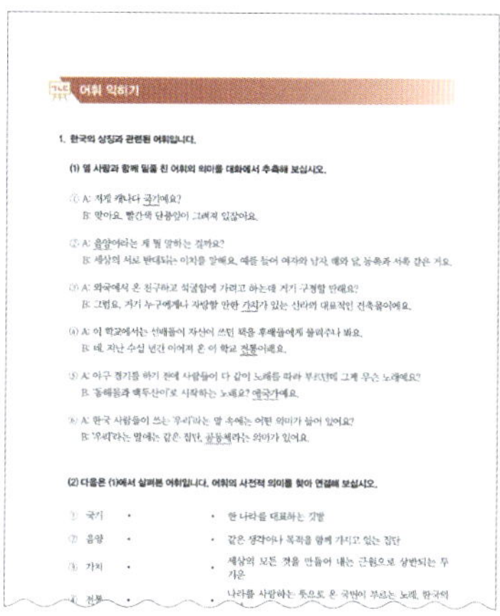
어휘 익히기

전략 익히기에서는 발표 및 토론을 위해 필요한 전략을 배우고 연습합니다.

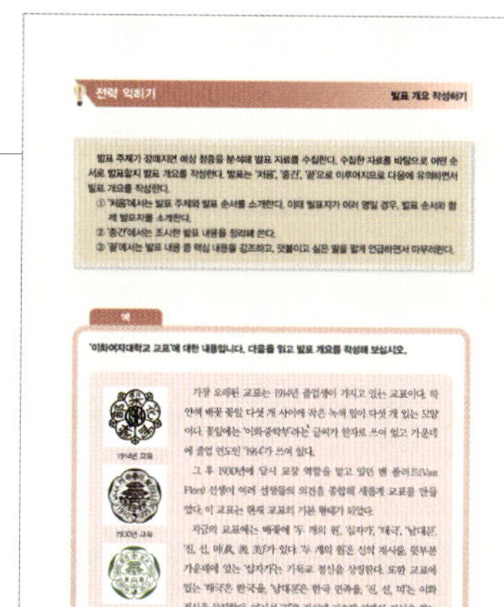
전략 익히기

말하기에서는 주제와 관련하여 조사한 내용을 발표하거나 논리적으로 자신의 의견을 말하고 토론합니다. 전략 익히기에서 배우고 연습한 다양한 발표 및 토론 전략을 활용하여 과제를 수행하게 하는 것이 특징입니다. 이러한 방법은 말하기에 대한 부담을 줄여 줄 뿐 아니라 생각을 보다 조리 있게 표현하게 도와줍니다.

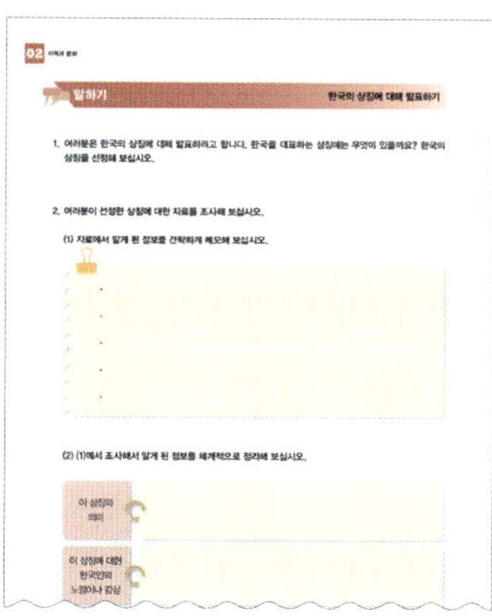
말하기

생각 넓히기에서는 발표에 대한 의견 말하기, 토론 후 쓰기 등 다양한 활동을 통해 학습 내용을 강화합니다.

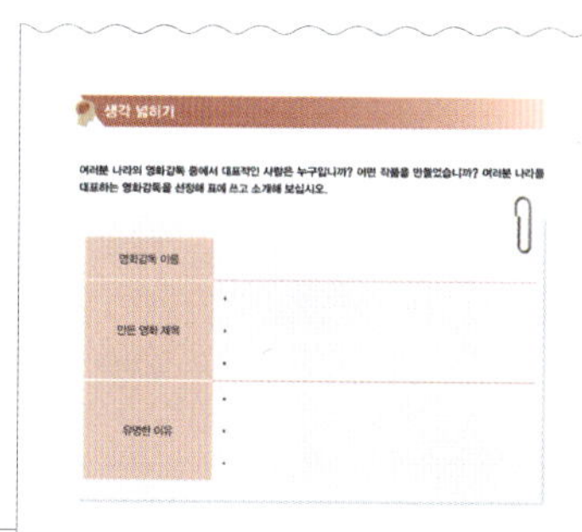
생각 넓히기

교재 구성표

과	단원명	듣기			
		주제	전략	과제	어휘
1	미래를 위한 준비	대학 생활	강연의 처음 듣고 중간의 내용 추측하기	대학교 신입생들에게 하는 강연 듣기	대학 생활 관련 어휘
2	지역과 문화	문화 상대주의	맵핑(mapping)을 활용해 필기하기	문화 상대주의에 대한 강의 듣기	문화 상대주의와 자민족 중심주의 관련 어휘
3	여성과 사회	여성학의 이해	반언어적인 요소로 강의자 의도 파악하기	여성학에 대한 강의 듣기	여성학 관련 어휘
4	역사와 변천	한복의 변천	시대순으로 도식화해서 필기하기	한복의 변천에 대한 강의 듣기	한복 관련 어휘
5	현대 사회와 인간	인간 소외	부연 설명, 요약, 정리하는 표현을 통해 강의 내용 파악하기	인간 소외에 대한 강의 듣기	인간 소외 관련 어휘
6	새로운 산업의 시작	빅 데이터	강의 중 모르는 내용 부교재, PPT에 표시하기	빅 데이터에 대한 강의 듣기	빅 데이터 관련 어휘
7	인권	장애인의 인권	강의에서 근거 듣고 주장 이해하기	장애인의 이동권과 노동권에 대한 강의 듣기	인권 관련 어휘
8	예술의 이해	미술사의 흐름	그림 자료에 세부 내용 메모하기	19세기 후반 서양 미술에 대한 강의 듣기	미술 관련 어휘
9	법과 질서	법, 도덕, 관습	공통점과 차이점에 주의하며 개념 이해하기	법에 대한 강의 듣기	법, 도덕, 관습 관련 어휘
10	민주주의와 정치 참여	직접 민주주의와 대의 민주주의	강의 내용 재필기하기	민주주의와 정치 참여에 대한 강의 듣기	정치 참여 관련 어휘

말하기			
주제	전략	과제	어휘
성공한 인물	발표 처음 부분 작성해 발표하기	성공한 인물에 대해 발표하기	성공한 인물 관련 어휘
한국의 상징	발표 개요 작성하기	한국의 상징에 대해 발표하기	한국의 상징 관련 어휘
여자 대학의 미래	입론하기	여자 대학의 필요성에 대해 토론하기	여자 대학 관련 어휘
역사를 만든 발명	발표를 위한 PPT 작성하기	발명품에 대해 발표하기	발명 관련 어휘
여가 활동	표와 그래프 만들기	여가 활동에 대해 자료 조사해 발표하기	여가 활동 관련 어휘
인공 지능	확인 질문하기	인공 지능에 대해 토론하기	인공 지능 관련 어휘
사형 제도의 존폐	근거 자료 제시하며 반론하기	사형 제도의 존폐에 대해 토론하기	사형 제도 관련 어휘
영화의 작품성	발표 마무리하기	작품성 있는 영화에 대해 발표하기	영화 관련 어휘
법과 인정	사회자 토론 진행하기	법과 인정에 대해 토론하기	법과 인정 관련 어휘
집회와 정치 참여	최종 발언하기	집회의 허용 범위에 대해 토론하기	집회 관련 어휘

Q

1. 여러분의 대학 생활은 어떻습니까?

2. 여러분은 미래를 위해 어떤 준비를 하고 있습니까?

제1과

미래를 위한 준비

【듣기】 대학 생활

어휘 익히기 **대학 생활 관련 어휘**
전략 익히기 **강연의 처음 듣고 중간의 내용 추측하기**
듣기 **대학교 신입생들에게 하는 강연 듣기**

【말하기】 성공한 인물

어휘 익히기 **성공한 인물 관련 어휘**
전략 익히기 **발표 처음 부분 작성해 발표하기**
말하기 **성공한 인물에 대해 발표하기**

01 듣기

대학 생활

준비하기

1. 다음은 대학 신입생을 위한 강연에서 대학 생활에서 중요한 것에 대해서 이야기하는 부분입니다. 강연을 듣고 대학 생활에서 중요한 것이 무엇이라고 생각하는지 서로 이야기해 보십시오. 01

2. 대학생들이 대학 생활 중 가장 하고 싶은 일이 무엇입니까? 다음 설문 조사 결과를 보고 대학생들이 하고 싶어 하는 일에 대해 이야기해 보십시오.

순위	비율	하고 싶은 일
1위	33%	여행
2위	16%	학점 관리
3위	10%	연애
4위	6%	봉사 활동
5위	3%	아르바이트
	3%	운동
7위	2%	취미 생활

어휘 익히기

1. 대학 생활과 관련된 어휘입니다. 다음을 듣고 관계있는 어휘를 보기에서 찾아 써 보십시오. 02

보기

진로　　적성　　학점　　새내기　　부전공　　특강

정답			
(1)		(4)	
(2)		(5)	
(3)		(6)	

2. 강연에서 들을 어휘입니다.

(1) 옆 사람과 함께 밑줄 친 어휘의 의미를 대화에서 추측해 보십시오.

① A: 선생님, 이건 어떻게 하는 건가요?
B: 빈칸을 메워서 대화를 완성하는 겁니다.

② A: 저 두 사람 아까부터 왜 저러는 거야?
B: 서로 자기 생각이 맞다고 우기면서 다투고 있어.

③ A: 이제 회의는 끝난 건가요?
B: 아니요. 아직 전달할 사항이 더 있으니 주목해 주세요.

④ A: 작가님, 이번 소설은 어디에서 소재를 얻으셨나요?
B: 어렸을 때 할머니께 들었던 이야기들을 하나로 엮은 거예요.

⑤ A: 선생님, 그림에 있는 이 선은 뭘 나타낸 건가요?
B: 동물의 움직임을 따라가면서 추적한 것을 선으로 표시한 거예요.

⑥ A: 민수 씨는 졸업 후에 뭐 할지 정했대요?
B: 아니요. 졸업 후 진로를 결정하지 못하고 방황하고 있는 것 같더라고요.

(2) 다음은 (1)에서 살펴본 어휘의 의미입니다. 의미에 알맞은 어휘를 찾아 써 보십시오.

① 비어 있는 것을 채우다 ____________

② 관심을 가지고 주의 깊게 보다 ____________

③ 자기 의견을 고집스럽게 주장하다 ____________

④ 여러 가지 소재로 이야기를 만들다 ____________

⑤ 사람이나 어떤 물건의 움직임을 따라가다 ____________

⑥ 방향이나 목표를 정하지 못하고 돌아다니다 ____________

memo

전략 익히기

강연의 처음 듣고 중간의 내용 추측하기

강연은 일정한 주제에 대해서 청중 앞에서 강의 형식으로 말하는 것이다. 강연의 처음을 들으면 중간의 내용이 무엇인지 중간이 어떻게 전개될 것인지 강연의 전반적인 내용을 예측해 볼 수 있다.

① 강연자는 강연의 처음에 인사말과 강연의 주제 등을 소개한다.

② 주제와 관련해서는 중간에서 어떤 내용들을 이야기할 것인지 간략하게 소개해 준다.

예

다음은 '인간은 왜 춤을 추는가'에 대한 내용입니다. 강연을 들으면서 강연의 전반적인 내용을 추측해 보십시오. 03

네, 안녕하십니까? 전 무용과 교수 신상미입니다. 오늘 이렇게 찾아와 주신 많은 분들과 이 특강을 위해서 수고해 주신 많은 선생님들께 진심으로 감사를 드리면서 제 특강을 시작해 보겠습니다. 오늘 저는 '인간은 왜 춤을 추는가?'라는 제목으로 여러분께 강의를 할 건데요. 제가 이런 제목을 선정한 이유는 첫 번째로는 인간이 왜 춤을 추는지 우리가 생각해 본 적이 없기 때문이에요. 그래서 거기에 대해서 생각을 해 보는 시간을 한번 가져 보려고 합니다. 그리고 그다음에 인간이 춤을 추는 이유를 알기 위해서는 저희는 문화 코드를 읽어야 하는데요. 그래서 그 문화 코드를 읽는 방법은 어떤 것인가? 그걸 말씀드리려고 합니다. 중국 속담에 '듣고 잊는다. 또 보고 기억한다. 행하고 이해한다.'는 말이 있습니다. 오늘 이 시간에 저는 춤추는 것을 보고 직접 해 보면서 '인간이 왜 춤을 추는지', '춤을 통해 문화 코드는 어떻게 읽어야 하는지' 한번 살펴보도록 하겠습니다.

* [혁신 이화 시리즈 특강] '인간은 왜 춤을 추는가' 2016.10.7.(수) 강연 서두 중에서

⇩

주제	인간은 왜 춤을 추는가
추측할 수 있는 강연 내용	1. 인간이 왜 춤을 추는지 이야기할 것이다. 2. 춤을 추는 이유를 알기 위해 문화 코드를 읽는 방법은 무엇인지 이야기할 것이다.

연습 강연을 들으면서 강연의 전반적인 내용을 추측해 보십시오.

1. '이화여자대학교 총장의 입학식 축사'의 처음입니다. 04

주제	
추측할 수 있는 강연 내용	1. 2.

2. '청소년의 미래'에 대한 강연의 처음입니다. 05

주제	
추측할 수 있는 강연 내용	1. 2.

1. 다음은 대학교 신입생들에게 하는 강연입니다. 강연을 들으면서 필기해 보십시오. 06

처음

주제	
추측할 수 있는 강연 내용	1. 2.

중간

1. 첫 번째 그림

· 내용: 오리의 ________? 토끼의 ________?

· 의미

- 대학에서 배우게 될 가장 큰 공부는 ________________
- 대학이란: ________________ 다양한 생각과 관점을 통해 여러 가지 가능성을 찾는 곳

2. 두 번째 그림

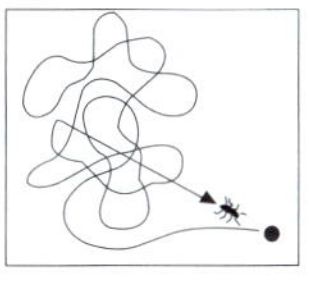

· 내용: 개미의 ________________ 선으로 표시해 놓은 선

· 의미

- 학문을 공부하고 진리를 탐구하는 사람은 방황함
- 대학은 방황이 용서되는 곳인 동시에 분명한 목표를 찾고 ________ ________ 하는 때

3. 세 번째 그림

· 내용: 빈칸 메우기 도형 · 의미: 사람의 마음에 따라 빈칸이 다르게 메워짐

□ilk

배가 고픈 실험자	□ilk
배가 부른 실험자	□ilk

끝

· 유일한 사람이란 혼자를 의미하는 것이 아니라 ________________ ________________ 을/를 뜻함

2. 강연을 다시 들으면서 다음 물음에 답하십시오.

(1) 이 강연에서 말하고 있는 것이 아닌 것은 무엇입니까?

① 대학 생활은 빈칸을 메우듯이 하나하나 만들어 가는 것이다.

② 대학 때는 모든 분야에서 1등을 할 수 있도록 노력해야 한다.

③ 대학 때는 다양한 가능성을 탐색하고 자신의 목표를 찾아간다.

(2) 첫 번째 그림이 의미하는 것은 무엇입니까?

① 대학은 하나의 답을 찾는 곳이 아니다.

② 지금까지는 문제의 답이 하나라고 배워 왔다.

③ 대학은 중요한 것을 가르치고 배우는 곳이다.

(3) 두 번째 그림에서 '곡선'과 '직선'이 각각 어떤 것을 의미하는지 쓰십시오.

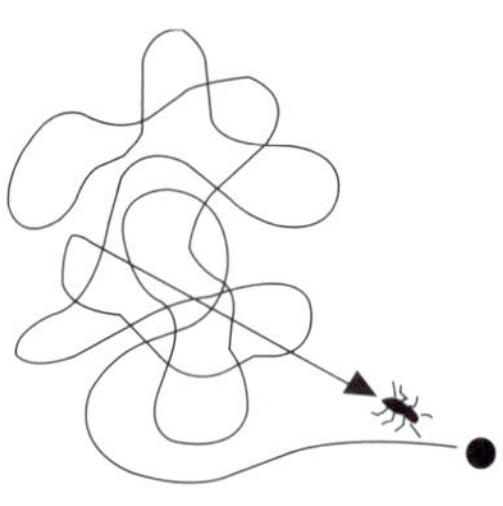

① 곡선: ____________________

② 직선: ____________________

(4) 세 번째 그림에 대한 설명으로 맞는 것은 무엇입니까?

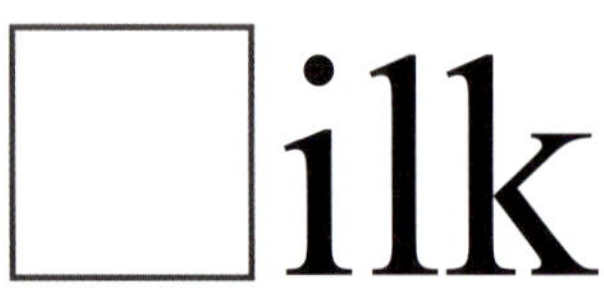

① 대학 생활 동안 자신의 이야기를 만들어 봐야 한다.

② 빈칸 메우기를 잘해야 독창적인 삶을 만들 수 있다.

③ 자신이 무엇을 선택하느냐에 따라 대학 생활이 달라진다.

생각 넓히기

1. 여러분은 대학에 입학했을 때 어떤 목표를 가지고 있었습니까? 왜 그런 목표를 가지게 됐는지 이야기해 보십시오.

2. 여러분이 막 입학한 신입생들에게 대학 생활에 대한 조언을 해 줄 수 있는 선배라면 후회 없는 대학 생활을 보내기 위해 어떤 조언들을 해 줄 수 있는지 다음에 쓰고 이야기해 보십시오.

후회 없는 대학 생활을 보내고 싶다면 이렇게!!

1. 시간 낭비하지 말기

2. 다양한 경험 쌓기

3.

4.

5.

01 말하기

성공한 인물

준비하기

1. 다음은 세계적으로 유명한 인물들입니다. 여러분은 어떤 사람을 성공한 인물이라고 생각합니까? 왜 성공한 인물이라고 생각합니까?

워런 버핏(Warren Buffett)

스티븐 스필버그(Steven Spielberg)

가브리엘 샤넬(Gabrielle Chanel)

프란치스코(Francis)

2. 다음은 성공한 사람들의 성공 비결입니다. 성공에 꼭 필요한 것은 무엇이라고 생각합니까? 다음 중 중요한 순서대로 세 개를 선정하고 그 이유를 말해 보십시오.

(1) 다른 사람과 힘을 모아 일을 잘한다. (　　)

(2) 원만하고 폭넓은 인간관계를 유지한다. (　　)

(3) 하기 싫은 일도 자신에게 맡겨진 일이라면 성실히 한다. (　　)

(4) 자신이 일하는 분야에서 자신만의 전문성을 가지고 있다. (　　)

(5) 모든 일에 자신감을 갖고 '나는 할 수 있다.'라는 생각으로 일한다. (　　)

(6) 자신의 목표를 이루기 위해 단기적인 계획과 장기적인 계획을 세워 실천한다. (　　)

ㄱㄴㄷ 어휘 익히기

1. 성공한 인물과 관련된 어휘입니다.

(1) 옆 사람과 함께 밑줄 친 어휘의 의미를 대화 안에서 추측해 보십시오.

① A: 이철진 회장님이 건설 업계에서는 입지전적인 인물로 평가받고 있다면서요?
B: 네. 어려움을 극복하고 작은 회사를 국내 건설 업계 1위 기업으로 키워 내신 분이에요.

② A: 그 작가가 그렇게 유명한 사람이에요?
B: 그럼요. 비교할 만한 드라마 작가가 없을 정도로 독보적인 존재예요.

③ A: 김지영 씨가 대단한 사람이라면서요? 모두들 그 실력을 인정하던데요.
B: 네, 맞아요. 일도 잘할 뿐 아니라 외국어도 3개 국어나 하는 자타가 공인하는 실력자예요.

④ A: 우리 사장님은 어려운 가정에서 태어나 오직 성실 하나로 기업을 세운 분이세요.
B: 그래요? 자수성가한 분이군요.

⑤ A: 이 도자기가 진품인지, 값이 얼마나 되는지 좀 알고 싶은데 누구한테 물어보면 좋을까요?
B: 골동품 연구가 '권창수' 씨에게 물어보세요. 그 분야에서 최고 권위자예요.

⑥ A: 최미현 선수가 이번 골프 대회에서 우승을 했대요. 그 선수 신인이죠?
B: 아니에요. 앞으로 한국 골프계를 이끌 차세대 주자로 관심을 모으는 선수예요.

(2) 다음은 (1)에서 살펴본 어휘입니다. 어휘의 사전적 의미를 찾아 연결해 보십시오.

어휘	의미
① 입지전적인 인물 •	• 남이 따를 수 없을 만큼 뛰어난 사람
② 독보적인 존재 •	• 다음 세대를 이끌어 갈 사람으로 평가받는 사람
③ 자타가 공인하는 실력자 •	• 자신과 다른 사람들이 모두 인정하는 실력 있는 사람
④ 자수성가한 분 •	• 뜻을 세워 어려운 환경을 이겨 내고 성공한 사람
⑤ 최고 권위자 •	• 맨손으로 집안 또는 사업을 일으켜서 재산을 모은 사람
⑥ 차세대 주자 •	• 어떤 분야에 대해 가장 잘 안다고 인정받는 사람

2. 진하게 표시된 어휘와 연결 지을 수 있는 것을 골라 보십시오.

(1) A: 네 자신의 **목표를** (달성하기, 성공하기) 위해서 다른 사람을 이용해선 안 돼.
B: 네. 이번 일은 제가 잘못했습니다.

(2) A: 드디어 신약 개발에 성공하셨다면서요?
B: 네. 셀 수 없을 만큼 많은 **시행착오를** (보고, 겪고) 3년 만에 개발에 성공했습니다.

(3) A: 김 박사님께서는 어떻게 지내세요?
B: 김 박사님은 다른 일들은 모두 접은 채 2년째 실험실에서 로봇 **연구에만** (매진하고, 소홀하고) 계세요.

(4) A: 이민호 선수 대단하지 않아요?
B: 네, 맞아요. 작년에 큰 교통사고가 있었다고 하는데 **시련을** (승리하고, 이겨 내고) 금메달을 따다니 정말 대단해요.

(5) A: 지난 화재 사고에서 **위험을** (애쓰고, 무릅쓰고) 많은 시민들을 구해 내셨는데 정말 대단하세요.
B: 별말씀을요. 소방관으로서 마땅히 할 일을 했을 뿐인데요.

(6) A: 김 선생님은 잊을 수 없는 고마우신 분이에요. 제가 **어려움에** (처했을 때, 들어갔을 때) 저를 많이 도와주셨어요.
B: 정말 고마우신 분이군요.

tip

● **발표 처음 부분에 사용하는 표현**

- **발표 주제는** '성공한 인물'입니다.
- 저는 '진정한 성공이란 무엇인가'에 대해 **발표하겠습니다.**
- 저는 'OOO 박사의 성공 비결'이라는 **주제로 발표를 하고자 합니다.**
- OOO 박사는 힘든 역경을 이겨 내고 귀중한 결실을 거둔 **입지전적인 인물로 평가받고 있어서 발표 대상으로 선정했습니다.**
- 요즘 **화제가 되고 있는 문제이기에 주제로 삼았습니다.**
- 그분은 **자타가 공인하는 실력자라서 성공한 인물로 선정했습니다.**
- 그분이 **돌아가신 지 1주년을 맞아 그분의 업적을 되짚어 보고자 선정했습니다.**
- **개인적으로 이전부터 궁금했던 분야였기 때문이기도 합니다.**

발표 처음 부분에서는 인사 후에 주제, 주제 선정 이유, 발표할 내용의 순서 등에 대해 간단히 설명한다. 발표할 때는 다음과 같은 점을 유의해야 한다.

① 주제를 소개할 때는 청중의 호기심을 유발할 수 있는 질문을 하거나 발표자의 개인적인 이야기로 시작하는 것이 효과적이다.
② 주제 선정 이유를 말할 때는 역사적인 평가, 업적 등을 먼저 말하고 발표자의 개인적인 선정 이유를 덧붙인다.
③ 발표할 내용의 순서를 간단히 설명하여 청중이 발표 내용을 예측하면서 들을 수 있게 한다.

예

'스티븐 호킹(Stephen Hawking) 박사'에 대한 발표 처음 부분의 개요입니다. 다음을 읽고 처음 부분을 발표해 보십시오.

처음	주제 소개	• 인사, 자기소개 • 스티븐 호킹 박사의 상황이라면 어떻게 했을지 질문 • 스티븐 호킹 박사의 성공 비결
	선정 이유	• 물리학과 우주론 분야에서 독보적인 존재임 • 루게릭병이라는 개인의 육체적 한계를 극복함 • 성공은 한계를 극복하고 최선을 다하는 삶이라고 생각함
	발표 내용 소개	• 생애 • 업적 • 성공의 비결

⇩

안녕하십니까? 저는 심리학과 1학년 ○○○입니다. 여러분은 만약 몸을 움직일 수 없는 장애가 있다면 어떤 일을 하면서 시간을 보내시겠습니까? 저는 오늘 장애를 극복하고 물리학 분야에 많은 업적을 남긴 스티븐 호킹 박사의 성공 비결에 대해 발표하겠습니다.

스티븐 호킹 박사는 물리학과 우주론 분야에서 탁월한 연구 성과를 인정받고 있는 분입니다. 뿐만 아니라 그의 성공은 근육 마비라는 개인의 육체적 한계를 극복하고 얻은 성과입니다. 저는 성공이란 사회적, 경제적으로 많은 성과를 얻는 것이라기보다 자신의 한계를 극복하고 최선을 다하는 삶이라고 생각하기에 스티븐 호킹 박사를 성공한 인물로 뽑았습니다.

먼저 유년시절부터 현재에 이르기까지 스티븐 호킹 박사의 생애에 대해 간단히 소개한 후 스티븐 호킹 박사의 업적에 대해서 설명하겠습니다. 그리고 스티븐 호킹 박사가 이렇게 성공할 수 있었던 성공 비결에 대해 제 나름대로의 분석을 말씀드리겠습니다.

연습 다음을 읽고 발표의 처음 부분의 개요를 작성한 후 발표해 보십시오.

1. '성공한 인물'에 대한 내용입니다.

빌 게이츠(Bill Gates), 컴퓨터로 세상을 바꾸다

빌 게이츠

마이크로소프트(Microsoft)사를 설립한 미국의 기업가인 윌리엄 게이츠(William H. Gates, 1955~)는 '빌 게이츠(Bill Gates)'로 더 잘 알려져 있다. 매년 세계에서 가장 영향력 있는 인물 중 한 명으로 선정되고 있는 빌 게이츠는 하버드대학교 재학 시절에 '알테어(Altair) 8800'이라는 개인용 컴퓨터에 설치할 프로그램을 만들어서 성공하면서 본격적으로 사업을 시작했다. 그 후 그가 설립한 마이크로소프트사는 '윈도우(Windows) 시리즈'를 개발하면서 업계 최대의 회사로 성장을 하게 되었다.

그는 이런 성공을 뒤로 하고 2008년 마이크로소프트사의 최고 경영자 자리에서 물러나 공익 사업을 통해 새로운 삶을 만들어 가고 있다. 그는 자신의 재산을 자녀들에게 물려주지 않고 재산의 90%를 기부하겠다고 밝혔으며 그의 부인과 함께 기부 단체인 '빌 앤 멜린다 게이츠 재단(Bill & Melinda Gates Foundation)'을 설립해 매년 2조 원 이상을 기부하고 있다. 이 재단은 가난한 사람들이 의료 혜택을 받을 수 있게 도와주고, 불치병을 연구하고 치료법을 개발하는 데 큰 도움을 주고 있다. 또한 공공 도서관을 만들어 교육 환경 개선을 돕고 있다.

⇩

처음	주제 소개	• 인사, 자기소개 • 흥미 유발을 위한 질문: ______ • 주제 소개: ______
	선정 이유	• 세계에서 가장 영향력 있는 사람 중의 한 명 • ______ • 개인적인 선정 이유: ______
	발표 내용 소개	• 생애 • 업적 • 성공의 비결

2. '성공한 식당'에 대한 내용입니다.

최상의 재료, 최고의 맛 '서운당'

'서운당'은 1955년 종로에서 문을 연 후 현재까지 냉면과 만두만으로 3대째 그 자리를 지켜오고 있는 냉면 전문점이다. 좋은 재료로 정성껏 만든 한결같은 맛으로 단골손님들의 발길이 끊이지 않는 곳이다. '서운당'은 작은 한옥 건물에서 냉면을 팔기 시작했고 현재는 그 한옥을 증축해서 냉면과 만두, 두 메뉴로 승부를 걸고 있다. 처음 냉면을 만들었던 사장님은 고향의 냉면 맛을 많은 사람들에게 알리고 싶어 냉면을 만들어 팔기 시작했고 그 맛을 내기 위해 셀 수 없을 만큼 많은 시행착오를 겪었다. 그 후 아들이 뜻을 이어받아 같이 가게를 운영하고 있다.

모든 재료 준비와 주방 관리를 맡고 있는 '서운당'의 김민수 대표는 성공 비결을 최상의 재료를 엄선하여 최고의 맛을 내려고 노력하는 것이라고 한다. 그의 말처럼 단골손님들도 최고급의 신선한 재료로 만든 음식의 맛이 이곳을 다시 찾는 이유라고 입을 모은다. 최고급 재료를 쓰는데도 이 집 냉면 가격은 다른 냉면 전문점에 비해 10% 정도 저렴한데 산지에서 재료를 직거래하고 직접 재배한 재료를 사용해서 가격 경쟁력을 높인 덕분이라고 한다.

⇩

처음	주제 소개	• 인사, 자기소개 • 흥미 유발을 위한 질문: ____________ • 주제 소개: ____________
	선정 이유	• ____________ • ____________ • 개인적인 선정 이유: ____________
	발표 내용 소개	• 역사 • 특징 • 성공의 비결

말하기 성공한 인물에 대해 발표하기

1. 성공한 인물에 대해 발표하려고 합니다. 정치, 경제, 교육, 과학, 스포츠, 예술 등의 분야에서 성공한 사람 한 명을 선정해 보십시오.

2. 여러분이 선정한 인물에 대한 자료를 조사해 보십시오.

(1) 자료에서 알게 된 정보를 간략하게 메모해 보십시오.

선정 대상의 이름	
분야	
업적	
성공 비결	

(2) 발표 처음 부분의 개요를 작성해 보십시오.

처음	주제 소개	• • •
	선정 이유	• • •
	발표 내용 소개	• • •

3. 성공한 인물에 대한 발표 개요를 작성해 보십시오.

발표 제목	성공한 인물 '________________'에 대한 발표
처음	
중간	
끝	

4. 여러분이 조사한 성공한 인물에 대해 발표해 보십시오.

생각 넓히기

성공한 인물들이 모두 사람들로부터 존경을 받는 것은 아닙니다. 어떤 사람은 존경을 받고 또 어떤 사람은 그렇지 못하기도 합니다. 어떤 사람이 존경을 받는 걸까요? 다음 항목을 참고해서 이야기해 보십시오.

☐ 성격	☐ 희생	☐ 사회 변화
☐ 가치관	☐ 사회 기부	☐ 참신한 아이디어
☐ 시련 극복	☐ 도전 정신	☐ 기타 ( )

Q

1. 문화에 따라 인사법은 어떻게 다릅니까?
   왜 이렇게 인사법이 다를까요? 사진을 보고 이야기해 보십시오.

2. 여러분 나라의 인사법은 어떻습니까? 독특한 인사법이 있으면 소개해 보십시오.

제2과

지역과 문화

【듣기】 문화 상대주의

어휘 익히기 **문화 상대주의와 자민족 중심주의 관련 어휘**
전략 익히기 **맵핑(mapping)을 활용해 필기하기**
듣기 **문화 상대주의에 대한 강의 듣기**

【말하기】 한국의 상징

어휘 익히기 **한국의 상징 관련 어휘**
전략 익히기 **발표 개요 작성하기**
말하기 **한국의 상징에 대해 발표하기**

02

듣기

문화 상대주의

준비하기

1. 여러분은 다른 나라의 문화에 대해 어떻게 생각하십니까? 두 그림을 보고 두 사람이 다른 문화를 이해하는 입장이 어떤지 말해 보십시오.

2. 다음은 음식 문화에 대한 내용입니다. 강의를 듣고 다음 지역의 사람들이 먹는 음식과 그 음식을 먹는 이유에 대해 써 보십시오. 07

지역	먹는 음식	이유
동북아시아		
아마존		

어휘 익히기

1. 문화 상대주의와 자민족 중심주의에 관련된 어휘입니다. 보기 에서 다른 문화를 보는 관점을 나타내는 어휘를 찾아 써 보십시오.

보기

존중하다	열등하다	객관적이다
인정하다	미개하다	야만적이다

문화 상대주의	자민족 중심주의

tip

● 문화 상대주의란?

다른 나라의 문화를 그 사회의 역사와 특수한 자연환경 등을 고려해서 이해하는 것을 말한다. 그렇기 때문에 어떤 문화가 특별히 우월하다거나 열등하다고 볼 수 없고 각각의 문화가 가치가 있다고 보는 것이다.

● 자민족 중심주의란?

자기 민족이 타민족보다 우월하다고 믿고 디민족을 배척히는 대도를 말한다. 그래서 자기 문화의 틀 속에서 다른 문화를 해석, 평가하기 때문에 자신의 집단이 다른 모든 집단보다 우월하다고 여긴다.

2. 강의에서 들을 어휘입니다.

(1) 옆 사람과 함께 밑줄 친 어휘의 의미를 대화에서 추측해 보십시오.

① A: 모하마드 씨, 왜 삼겹살을 안 먹어요?

B: 미안해요. 이슬람교에서 돼지고기는 먹으면 안 되는 금기 음식이에요.

② A: 범인이 드디어 밝혀졌다면서요?
B: 네. 담당 형사가 1년간 끈질기게 이곳저곳을 <u>파헤친</u> 끝에 범인을 찾아냈대요.

③ A: 몽골 사람들은 주식으로 뭘 먹어요?
B: 몽골 사람들은 여기저기 떠돌아다니는 <u>유목 생활</u>을 하기 때문에 육식 위주의 식사를 해요.

④ A: 한국 생활이 좀 어때요? 많이 익숙해졌어요?
B: 네. 처음에는 모든 게 다 낯설어서 힘들었지만 시간이 지날수록 한국 생활에 많이 <u>적응하게</u> 됐어요.

⑤ A: <u>중동 지역</u>은 어디를 말하는 거예요?
B: 아시아와 아프리카 대륙 사이에 위치한 곳으로 사우디아라비아, 아랍에미리트, 이집트, 이란 등이 이 지역에 속해요.

⑥ A: 한국 남자들은 모두 드라마 주인공처럼 멋지고 자상하나요?
B: 아니요. 드라마에서 미화된 모습들을 보고 모든 한국 남자들이 다 그럴 것이라고 <u>일반화시키면</u> 안 돼요. 그런 사람도 있고 아닌 사람도 당연히 있죠.

(2) 다음은 (1)에서 살펴본 어휘의 의미입니다. 의미에 알맞은 어휘를 찾아 써 보십시오.

① 감추어져 있는 것을 밝혀 드러내다 ____________

② 종교나 관습상의 이유로 꺼리거나 피하는 음식 ____________

③ 지중해 근처의 서남아시아 및 이집트를 포함한 지역 ____________

④ 개별적인 것이나 특수한 것을 일반적인 것으로 만들다 ____________

⑤ 일정하게 사는 곳을 정하지 않고 물과 풀을 찾아 옮겨 다니는 생활 ____________

⑥ 외부 환경의 변화에 따라서 생존에 맞게 형태나 생활 방식이 변하다 ____________

전략 익히기

맵핑(mapping)을 활용해 필기하기

필기를 할 때는 핵심어와 중요한 내용을 중심으로 필기해야 한다. 핵심어와 중요한 내용을 순서나 위계에 관계없이 주제별로 간단하게 메모한 후 관련된 것들을 선으로 연결하는 맵핑(mapping)을 활용해 필기할 수 있다. 맵핑을 사용하면 다음과 같은 장점이 있다.

① 연결된 선을 통해 각 단락의 연관성을 한눈에 파악하는 데 도움이 된다.

② 핵심어, 소제목, 세부 내용을 각각 다른 형태로 표시하면 글의 전체 구조를 파악하는 데 도움이 된다.

예) 핵심어 소제목 세부 내용

예

다음은 '문화의 개념과 종류'에 대한 내용입니다. 강의를 들으면서 중요한 내용을 적어 보고 조직화해서 필기해 보십시오. 08

여러분, '문화'는 뭘 말하나요? 문화란 인간이 환경에 적응하면서 살아가는 동안에 만들어 낸 모든 생활 양식을 말합니다. 그래서 한국인이 좋아하는 김치에서부터 여러분이 좋아하는 K-POP, 한국의 전통 의복인 한복 등에 이르기까지 포괄적인 의미에서 모두 문화라고 할 수 있죠. 이러한 문화의 종류는 크게 '물질문화'와 '비물질문화', 두 가지로 나누어 볼 수 있는데요. 구체적으로 세분화해서 보면 도구, 기술 등과 같이 형태가 있는 '물질문화'와 신념, 가치 등과 같이 형태가 없는 '비물질문화'로 나뉩니다.

⇩

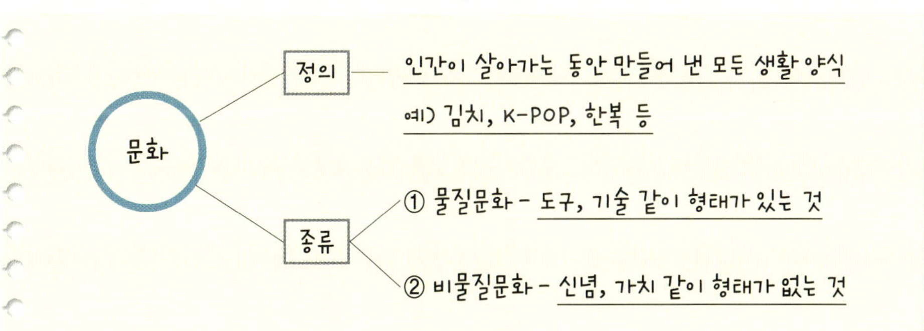

연습 강의를 들으면서 중요한 내용들을 적어 보고 조직화해서 필기해 보십시오.

1. '한류'에 대한 내용입니다. 09

한류
- 정의 — 대중문화를 포함한 한국과 관련된 것들이 다른 국가에서 인기를 얻는 현상
- ① ______ — ② ______에 ③ ______가 ④ ______에서 인기를 끌면서부터
  예) 겨울연가
- 현재 — 아시아를 넘어 미국, 남미, 유럽 등에서도 한국 대중음악과 드라마가 많은 인기를 얻고 있음

2. '대중매체의 변화'에 대한 내용입니다. 10

대중매체
- 과거 — 15년 전 대중매체 — 예) TV, 라디오, 신문, 잡지
- 현재 — 현재 대중매체 — 예) 스마트폰, 태블릿 PC, 인터넷, 위성 TV

  ⇒ 언제 어디서나 ① ______
- ② ______
  - 폭력성 — ③ ______
  - 수동적 수용성 — 개인적인 판단 없이 그대로 받아들임 ⇒ ④ ______
  - ⑤ ______ — 수시로 스마트폰으로 이메일이나 메시지를 확인함

1. 다음은 문화 상대주의에 대한 강의입니다. 강의를 들으면서 중요한 내용들을 적고 조직화해서 필기해 보십시오. 11

문화 상대주의

- 정의
  - ______________________
  - 서로 다른 문화를 말할 때 어떤 문화가 우월하다거나 열등하다와 같이 비교 × ⇒ 각 문화를 이해해야 함
- 발생 배경
  - 19세기 이전 유럽 백인들이 아시아나 아프리카 문화보다 자신의 문화가 우월하다고 생각: 백인 중심주의, ______________
  - ⇒ 이에 대한 반발로 문화 상대주의 발생
- 이론적 근거
  - • ______________________
  - • 정의: 인간이 사는 지역에 따라 어떻게 다른 자연환경에 적응해 왔는지를 봄 ⇒ 현재 문화 이해 ○
  - 예) 음식 문화
    - ① 돼지고기 ×, 이슬람교, 왜?
      - ↓
      - - 이유: ______________________
      - ⇒ 생태학적으로 환경에 맞지 않음, 종교의 힘을 빌려 못 먹게 함
    - ② 벌레가 주식, 아마존
      - 소 한 마리를 잡으면 되는데 왜 벌레를 잡아먹나?
      - ↓
      - - 이유: ______________________

2. 강의를 다시 들으면서 다음 물음에 답하십시오.

(1) 지역마다 독특한 음식 문화가 발달한 이유는 무엇입니까?

____

(2) 들은 내용과 다른 것을 골라 보십시오.

① 문화 상대주의는 19세기에 인류학자들이 주장하기 시작한 개념이다.

② 세계에는 여러 문화가 있기 때문에 그중에서 더 우월한 문화도 있다.

③ 자민족 중심주의는 백인들이 자신들의 문화가 우월하다고 생각한 것을 말한다.

(3) 들은 내용과 같은 것을 골라 보십시오.

① 돼지는 중동 지역의 환경에 잘 맞아서 옛날부터 키워 왔다.

② 중동 지역 사람들은 돼지고기가 맛이 없다고 생각해서 안 먹는다.

③ 일반적으로 벌레를 주식으로 하지 않는 이유는 잡기 어렵기 때문이다.

(4) 강의에서 문화가 지역마다 다르게 나타난 원인을 이론적으로 어떤 입장에서 설명하고 있습니까?

① 백인 중심주의 입장에서

② 생태학적 환경의 입장에서

③ 문화는 나라마다 다르다는 입장에서

④ 자국의 문화가 우월하다는 입장에서

생각 넓히기

1. 여러분 나라 문화 중에서 지금은 사라진 독특한 문화가 있습니다까? 그 문화는 무엇입니까? 왜 그 문화가 없어졌다고 생각합니까? 다음 표에 쓰고 같이 이야기해 보십시오.

나라	사라진 문화	이유
중국	• 전족: 발을 작게 하기 위해 일부러 헝겊으로 발을 묶던 풍습	

2. 여러분은 다른 나라의 모든 문화 현상들을 문화 상대주의 입장에서 바라봐야 한다고 생각합니까? 인간의 존엄성과 연관해서 생각해 볼 때 문화 상대주의 입장에서 받아들여지지 않는 문화가 있습니까? 받아들이지 않는 독특한 문화 현상에 대해 쓰고 이야기해 보세요.

나라	독특한 문화
이슬람 국가	명예 살인: 집안의 명예를 더럽혔다는 이유로 가족의 구성원을 죽이는 관습

02 말하기

한국의 상징

준비하기

1. 다음은 한 나라를 대표하는 상징입니다. 여러분은 사진을 보면 어느 나라가 생각납니까?

타지마할

스시

단풍잎

만리장성

피라미드

수상 보트

2. 다음은 한국을 대표하는 상징들입니다. 여러분이 생각하는 한국의 상징은 무엇입니까? 다음에서 세 가지를 선택해 보십시오. 그리고 선택한 이유에 대해서 말해 보십시오.

☐ 한복	☐ 한글	☐ 김치
☐ 온돌	☐ 소주	☐ 탈춤
☐ 태권도	☐ 태극기	☐ 노래방
☐ K-POP	☐ 기타 (	)

어휘 익히기

1. 한국의 상징과 관련된 어휘입니다.

(1) 옆 사람과 함께 밑줄 친 어휘의 의미를 대화에서 추측해 보십시오.

① A: 저게 캐나다 국기예요?
B: 맞아요. 빨간색 단풍잎이 그려져 있잖아요.

② A: 음양이라는 게 뭘 말하는 걸까요?
B: 세상의 서로 반대되는 이치를 말해요. 예를 들어 여자와 남자, 해와 달, 동쪽과 서쪽 같은 거요.

③ A: 외국에서 온 친구하고 석굴암에 가려고 하는데 거기 구경할 만해요?
B: 그럼요. 거기 누구에게나 자랑할 만한 가치가 있는 신라의 대표적인 건축물이에요.

④ A: 이 학교에서는 선배들이 자신이 쓰던 책을 후배들에게 물려주나 봐요.
B: 네. 지난 수십 년간 이어져 온 이 학교 전통이래요.

⑤ A: 야구 경기를 하기 전에 사람들이 다 같이 노래를 따라 부르던데 그게 무슨 노래예요?
B: '동해물과 백두산이'로 시작하는 노래요? 애국가예요.

⑥ A: 한국 사람들이 쓰는 '우리'라는 말 속에는 어떤 의미가 들어 있어요?
B: '우리'라는 말에는 같은 집단, 공동체라는 의미가 있어요.

(2) 다음은 (1)에서 살펴본 어휘입니다. 어휘의 사전적 의미를 찾아 연결해 보십시오.

어휘			의미
① 국기	•	•	한 나라를 대표하는 깃발
② 음양	•	•	같은 생각이나 목적을 함께 가지고 있는 집단
③ 가치	•	•	세상의 모든 것을 만들어 내는 근원으로 상반되는 두 기운
④ 전통	•	•	나라를 사랑하는 뜻으로 온 국민이 부르는 노래. 한국의 국가
⑤ 애국가	•	•	어떤 일이나 물건이 사람과의 관계에 의해 지니게 되는 중요성
⑥ 공동체	•	•	어떤 집단에서, 지난 시대에 이미 이루어져 전해 내려오는 사상이나 관습과 같은 것

2. 다음을 읽고 보기 에서 알맞은 어휘를 찾아 대화를 완성해 보십시오.

보기					
꼽다	담다	뜻깊다	본뜨다	떠오르다	창제하다

(1) A: 이 드레스는 한복하고 모양이 비슷해요.
B: 네. 한복의 선과 색깔을 ______________ 만든 거래요.

(2) A: 한글을 누가 만들었는지 알아요?
B: 그럼요. 한글을 ______________ 분은 세종대왕이잖아요.

(3) A: 요즘 관심을 끄는 사회 문제가 뭘까요?
B: 대학생들은 청년 실업을 대표적인 사회 문제로 ______________ 것 같아요.

(4) A: 아까 학교 앞에서 만난 고등학교 동창이 누구라고 했어요?
B: 아, 잠깐만요. 얼굴은 생각나는데 갑자기 물으니까 이름이 ______________ 않네요.

(5) A: 개근상은 1년 동안 한 번도 학교에 결석하지도 않고 지각하지도 않은 사람에게 주는 상이에요.
B: 그렇군요. 성실한 사람에게 주는 아주 ______________ 상이네요.

(6) A: 어제 수잔 씨하고 만났죠? 그동안 쌓였던 오해를 풀었어요?
B: 아니요. 막상 그 친구 얼굴을 보니까 마음에 ______________ 두었던 말을 못하겠더라고요.

memo

전략 익히기

발표 개요 작성하기

발표 주제가 정해지면 예상 청중을 분석해 발표 자료를 수집한다. 수집한 자료를 바탕으로 어떤 순서로 발표할지 발표 개요를 작성한다. 발표는 '처음', '중간', '끝'으로 이루어지므로 다음에 유의하면서 발표 개요를 작성한다.

① '처음'에서는 발표 주제와 발표 순서를 소개한다. 이때 발표자가 여러 명일 경우, 발표 순서와 함께 발표자를 소개한다.
② '중간'에서는 조사한 발표 내용을 정리해 쓴다.
③ '끝'에서는 발표 내용 중 핵심 내용을 강조하고, 덧붙이고 싶은 말을 짧게 언급하면서 마무리한다.

예

'이화여자대학교 교표'에 대한 내용입니다. 다음을 읽고 발표 개요를 작성해 보십시오.

1914년 교표

1930년 교표

지금의 교표

가장 오래된 교표는 1914년 졸업생이 가지고 있는 교표이다. 하얀색 배꽃 꽃잎 다섯 개 사이에 작은 녹색 잎이 다섯 개 있는 모양이다. 꽃잎에는 '이화중학부'라는 글씨가 한자로 쓰여 있고 가운데에 졸업 연도인 '1914'가 쓰여 있다.

그 후 1930년에 당시 교장 역할을 맡고 있던 밴 플리트(Van Fleet) 선생이 여러 선생들의 의견을 종합해 새롭게 교표를 만들었다. 이 교표는 현재 교표의 기본 형태가 되었다.

지금의 교표에는 배꽃에 '두 개의 원', '십자가', '태극', '남대문', '진, 선, 미(眞, 善, 美)'가 있다. '두 개의 원'은 신의 계시를, 윗부분 가운데에 있는 '십자가'는 기독교 정신을 상징한다. 또한 교표에 있는 '태극'은 한국을, '남대문'은 한국 민족을, '진, 선, 미'는 이화 정신을 상징한다. 여기서 '진'은 진리에 기초해 지혜와 지식을 쌓는 것, '선'은 사회를 위해 바르게 행동하는 것, '미'는 아름다움을 추구하는 예술적 정서를 의미하는데 이것은 이화 교육의 목표라고 할 수 있다.

⇩

처음	주제	• 인사 • 학교를 상징하는 것 중 하나인 교표에 대해 발표를 하겠음 • 발표 시작 알림
	발표 순서	• 발표 순서와 발표자 순서 소개
중간	시간 순서에 따라 내용 정리	• 1914년 교표 - 당시 졸업생이 가지고 있던 교표 - 모양: 하얀색 배꽃 꽃잎 다섯 개 사이에 작은 녹색 잎이 다섯 개 - 글씨: 이화중학부, 1914(졸업 연도) • 1930년 교표 - 만든 사람: 밴 플리트(Van Fleet) 선생 - 지금 교표의 기본 형태가 됨 • 지금의 교표 - 모양: 배꽃에 '두 개의 원', '십자가', '태극', '남대문', '진, 선, 미(眞, 善, 美)'가 있음 - 상징: '두 개의 원' → 신의 계시, '십자가' → 기독교 정신, '태극' → 한국, '남대문' → 한국 민족, '진, 선, 미' → 이화 정신 - 진: 지혜와 지식을 쌓는 것 선: 사회를 위해 바르게 행동하는 것 미: 아름다움을 추구하는 예술적 정서
끝	마무리	• 발표를 준비하면서 느낀 점: 학교에 대한 관심이 많아짐 • 발표 종료를 알림

연습 **다음을 읽고 발표 개요를 써 보십시오.**

1. '노인의 자살률'에 대한 내용입니다.

연구 조사에 따르면 한국의 노인 자살률이 최근 10년 사이에 두 배가량 증가했고 그 원인 중 하나가 우울증이라는 결과가 나왔다. 평균 수명이 늘어남에 따라 혼자 사는 노인들이 증가하면서 사회에 적응하지 못하는 경우도 많아지고 있다.

이에 한 도시에서는 자살률 감소를 위한 노력의 일환으로 65세 이상 노인을 대상으로 우울증 검사를 하고 그에 따라 교육, 상담, 치료 등으로 사고를 미리 예방하는 사업을 실시했다. 또 '찾아가는 심리 상담 서비스'라는 것을 실시해 자살 위험도가 높은 사람들에게 매주 한 번 이상 전화를 걸어 안부를 묻고 한 달에 한 번 직접 찾아가 심리 상태를 살폈다. 그 결과, 불과 1년 만에 자살률이 71.2%나 감소했고 우울하다고 느끼는 노인들도 57%나 줄었다고 한다.

⇩

처음		
중간	원인	
	사례	
	결과	
끝		

2. '불면증'에 대한 내용입니다.

불면증 환자들은 잠들기 힘들다거나 밤에 자주 깬다거나 새벽에 깨어 잠들지 못하는 증상을 호소한다. 불면증의 원인에는 잠을 자는 곳이 시끄럽거나 불빛이 밝아서, 낯선 곳에서 자게 돼서 등과 같이 환경적인 이유도 있고 기침이나 두통, 근육통 같은 신체적인 이유도 있다. 그 외에도 긴장이나 스트레스와 같은 심리적인 이유로 잠을 못 자기도 한다. 그런데 수면 장애를 일으키는 가장 흔한 원인은 생활 습관이다. 카페인이나 술을 자주 마시는 사람에게 수면 장애가 나타나는 경우가 많다. 카페인은 잠이 드는 데까지 오래 걸리게 하고, 술은 당장 졸리게 해서 잠들게 하지만 수면 후반기에 자주 깨게 만든다.

그럼 어떻게 하면 불면증에서 벗어날 수 있을까? 먼저 잠자리를 편하게 해야 한다. 잠자기 두 시간 전부터 집안 조명을 낮춰 수면에 영향을 주는 호르몬 분비를 활발하게 해 주는 것이 좋다. 또 편한 베개와 땀 흡수가 잘되는 포근한 이불을 사용하는 것도 도움이 된다. 그리고 오후 세 시 이후에는 커피나 녹차, 술을 마시지 말고 규칙적인 운동을 하는 것이 좋다. 밤늦게까지 술을 마시거나 잠들기 직전까지 휴대 전화를 보는 습관은 몸을 오히려 깨어 있게 해서 수면을 방해하므로 수면에 도움이 안 된다.

⇩

처음		
중간	원인	
	해결 방안	
끝		

말하기

한국의 상징에 대해 발표하기

1. 여러분은 한국의 상징에 대해 발표하려고 합니다. 한국을 대표하는 상징에는 무엇이 있을까요? 한국의 상징을 선정해 보십시오.

2. 여러분이 선정한 상징에 대한 자료를 조사해 보십시오.

(1) 자료에서 알게 된 정보를 간략하게 메모해 보십시오.

-
-
-
-
-

(2) (1)에서 조사해서 알게 된 정보를 체계적으로 정리해 보십시오.

이 상징의 의미	
이 상징에 대한 한국인의 느낌이나 감상	
한국의 상징으로서 가치	

3. 한국의 상징에 대한 발표 개요를 작성해 보십시오.

발표 제목	한국의 상징 '_______________'에 대한 발표
처음	
중간	
끝	

4. 한국의 상징에 대해 발표해 보십시오.

생각 넓히기

여러분 나라의 상징으로는 어떤 것이 있습니까? 여러분 나라를 대표하는 상징을 선정해 표에 쓰고 소개해 보십시오.

나라	대표하는 상징	선정 이유

Q

1. 여성의 경제 참여 현상이 나라별로 어떻게 다른 것 같습니까?
   여성의 사회적 진출은 사회에 어떤 영향을 미칠까요?

2. 한국의 남성과 여성의 대학 진학률은 과거에 비해 어떻게 바뀌었습니까?
   이러한 변화가 여성의 삶에 어떤 변화를 가져왔을까요?

제3과

여성과 사회

【듣기】 여성학의 이해

어휘 익히기 **여성학 관련 어휘**

전략 익히기 **반언어적인 요소로 강외자 외도 파악하기**

듣기 **여성학에 대한 강의 듣기**

【말하기】 여자 대학의 미래

어휘 익히기 **여자 대학 관련 어휘**

전략 익히기 **입론하기**

말하기 **여자 대학의 필요성에 대해 토론하기**

03

듣기

여성학의 이해

준비하기

1. 다음은 사람들이 흔히 생각하는 남성과 여성에 대한 의견입니다. 여러분의 생각과 일치하면 ○, 그렇지 않으면 × 하고, 왜 그렇게 생각하는지 이야기해 보십시오.

(1) 아이는 여자가 키워야 한다. (　　　)

(2) 여자는 얌전하고 다소곳해야 한다. (　　　)

(3) 자동차 수리는 남자가 여자보다 더 잘한다. (　　　)

(4) 데이트 비용은 대부분 남자가 부담해야 한다. (　　　)

(5) 여자는 그때그때 기분에 따라서 행동하는 편이다. (　　　)

(6) 남자는 사람들 앞에서 함부로 눈물을 흘리면 안 된다. (　　　)

(7) 여자는 남자보다 다른 사람의 문제를 잘 상담해 준다. (　　　)

(8) 학급이나 동아리 등의 대표는 남자가 하는 것이 좋다. (　　　)

2. 다음은 요즘 달라지고 있는 남성과 여성의 역할을 표현한 것입니다. 여러분의 생각을 이야기해 보십시오.

남자 일, 여자 일을
구분하지 않는다.

집안일은 남자가,
바깥일은 여자가 담당할 수 있다.

ㄱㄴㄷ 어휘 익히기

1. 여성학과 관련된 어휘입니다. 다음을 읽고 보기에서 알맞은 어휘를 찾아 대화를 완성해 보십시오.

> **보기**
> 젠더(Gender)   역차별   가부장제   가사 노동   여권 신장   유리 천장

(1) A: 여기 쓰인 ______________이/가 무슨 뜻인지 알아요?
B: 네. 여자들의 사회적, 법률적인 권리와 지위를 높이는 걸 말하는 거예요.

(2) A: 한국이 예전엔 ______________(이)라고 하던데 그게 무슨 뜻이에요?
B: 예전에는 아버지가 집안을 가장으로 이끄셨잖아요. 그런 가족 형태를 말하는 거예요.

(3) A: 책에 ______________(이)라는 말이 있던데 그게 뭐예요?
B: 사회화 과정에서 만들어진 사회학적 의미의 성을 말하는 건데요. 생물학적인 성과 대조되는 개념이에요.

(4) A: 한국에서 결혼한 여자들이 남자들보다 ______________을/를 5배나 더 한다고 하는데 어떤 일이 여기에 속해요?
B: 빨래, 청소, 설거지, 육아 같은 집안일을 말해요.

(5) A: 요즘 남성 ______________에 대한 이야기가 인터넷에 많이 나오던데 그게 무슨 뜻이에요?
B: 그거요? 여성을 보호하려고 한 제도가 오히려 남성을 차별하는 장치가 됐을 때 쓰는 말이에요.

(6) A: ______________(이)라는 말이 자꾸 신문에 나오던데 그게 무슨 뜻이에요?
B: 눈에 보이지 않는 장벽을 비유해서 하는 말인데요. 예를 들어 여자나 장애인, 나이가 많은 사람들이 직장에서 능력이 있어도 고위직에 오르기 힘들잖아요. 그걸 말하는 거예요.

2. 강의에서 들을 어휘입니다. 밑줄 친 어휘와 바꿔 쓸 수 있는 것을 골라 보십시오.

(1) A: 수잔 씨, 수잔 씨네 식당이 맛집으로 텔레비전에 나왔다면서요?
B: 네. 그런데 방송 나오고 나서 며칠 동안 손님들이 <u>끊임없이</u> 와서 정말 힘들었어요.

① 이따금　　② 계속해서

(2) A: 마이클 씨, 학생이라면 <u>모름지기</u> 공부도 열심히 하고 학교생활도 성실하게 해야죠.
B: 네, 명심하겠습니다.

① 철저히　　② 당연히

(3) A: 아기가 태어나면 아기 키우는 것과 교육시키는 걸 여자가 맡게 되는 경우가 많죠?
B: 그럼요. 그래서 육아 때문에 잘 다니던 회사를 그만두는 사람들도 많잖아요.

① 담당하게 ② 경쟁하게

(4) A: 빵집이 아파트 주변에 새로 생긴 거까지 전부 다섯 개나 되더라고요.
B: 네. 그래서 그런지 그 빵집들이 경쟁에서 살아남기 위해 이만저만 노력하는 게 아니에요.

① 생존하기 ② 반성하기

(5) A: 아이가 있는 집에서 애완동물을 키우면 아이 정서 발달에 좋대요.
B: 저도 그런 말 들은 적이 있어요. 아이가 동물이랑 감정을 주고받으면서 정서적으로 안정감을 느낀대요.

① 습득되면서 ② 교류하면서

(6) A: 민호 씨, 마음에 든다던 심리학과 여학생에게 말 걸어 봤어요?
B: 아니요. 생각 같아선 쉽게 말을 걸 수 있을 거 같았는데 정작 그 앞에 가면 입이 떨어지지가 않아요.

① 실제로 ② 갑자기

memo

전략 익히기

반언어적인 요소로 강의자 의도 파악하기

강의를 들을 때 반언어적인 요소, 즉 억양, 어조, 말의 속도, 목소리 크기 등을 통해 강의자의 의도를 파악할 수 있다.

① 강조하고 싶은 내용을 말할 때 말의 속도를 늦추면서 천천히 또박또박 말한다.

② 강조하고 싶은 내용을 말할 때 목소리를 갑자기 크게 하거나 작게 하기도 하고 똑같은 말이나 비슷한 표현을 반복해서 말하기도 한다.

③ 덜 중요한 내용은 빠른 속도로 말한다.

예

다음은 '한국 사회의 유리 천장'에 대한 내용입니다. 강의를 들으면서 강의자가 중요하게 생각하는 부분이 다음 부교재에서 밑줄 그어 있는지 확인해 보십시오. 12

여러분, '유리 천장'이라는 말, 들어 보셨어요? 여자, 여자라는 이유로 능력이 있는데도 직장에서 높은 자리에 오르기 힘든 장벽을 말하는 거예요. 한국 사회에 분명 유리 천장이 존재하죠. 작년에 한국 10대 대기업에서 일하는 여성 임원을 조사해 봤더니 전체 직원의 2.4%였어요. 2.4%, 2.4% 정말 너무 적죠.

그런데 유리 천장을 깬 회사도 있었어요. 작년 조사에 따르면 큰 제약 회사인데 여성 임원 비율이 무려 24.3%였어요. 10배에 해당하는 수치죠. 그리고 이 회사는 과거에 남성 임원이 주로 맡았던 공장 책임자, 마케팅, 영업 같은 업무도 능력 있는 여성 임원에게 맡겼어요. 유리 천장을 앞장서서 허무는 좋은 예라고 할 수 있겠어요.

⇩

대학한국어2 **한국 사회의 유리 천장** 부교재

(1) 유리 천장의 정의
- 여자라는 이유만으로 능력이 있는 데도 직장에서 높은 자리에 오르기 힘든 장벽
- 한국 사회에 분명 유리 천장이 존재함

(2) 한국 사회의 유리 천장 사례
- 한국 10대 대기업에서 일하는 여성 임원: 전체 직원의 2.4%
- 유리 천장을 깬 회사: 제약 회사인데 여성 임원 비율 24.3%
- 유리 천장을 깬 회사에서 여성 임원이 맡은 일: 과거 남성 임원이 했던 일, 공장 책임자, 마케팅, 영업

연습 강의를 들으면서 강의자가 중요하게 생각하는 내용을 다음 부교재에서 찾아 밑줄을 그어 보십시오.

1. '사람의 성향과 문화'에 대한 내용입니다. 13

대학한국어2 | **사람의 성향과 문화** | 부교재

1. 사람의 성향은 선천적인가, 후천적인가?
   (1) 선천적이다
      ◦ 유전적이고 체질적인 거라서 그 지역 사람이면 피할 수 없는 타고난 것
        ⇒ 바꾸려고 해도 바꾸기 힘듦
   (2) 후천적이다
      ◦ 그 지역이 가지고 있는 역사, 양육 방식을 통해 후천적으로 형성된 것
        ⇒ 각자 태어난 문화, 환경 속에서 체험하고 훈련, 학습하면서 만들어지는 것

2. 사람의 성향에 대한 평가가 사회에 따라 달라질 수 있음
   (1) 남성
      ◦ 전쟁 중인 사회: 공격적, 자기주장이 강한 남자 → 지도력이 있고 남성적이라고 평가
      ◦ 다양한 의견 청취가 필요한 사회: 조용하고 이해심이 많은 남자 → 존경을 받음
   (2) 여성: 애교 있고 얌전한 여자 / 씩씩하고 독립적인 여자

   ⇒ 남성적, 여성적이라는 특성: 생물학적인 차이에서 생겨나는 거라기보다 어떤 사회에서 키워졌느냐에 따라 만들어지는 것임

2. '프로젝트 수업(project work)의 정의'에 대한 내용입니다. 14

대학한국어2 | **프로젝트 수업(project work)의 정의** | 부교재

1. 크룸(H. Krumm, 1991)
   ◦ 정의: 교재 없이 선생님이 학생들과 공동으로 수업 내용을 정하고 수업 계획 만들고 이 계획에 따라 교재 정하고, 수업을 하는 것
     ⇒ 선생님의 관점에서 정의한 것

2. 프라이드 부스(Fried-Booth, 2002)
   ◦ 학생들 시각에서 프로젝트 수업을 정의함
   ◦ 정의: 학생들이 자발적으로, 주도적으로 수업 계획을 짜는 데 참여하고 수업 내용을 만들어 가는 수업
     ⇒ 수업에서 학생들이 주도적으로 토론을 하고 자신이 지닌 아이디어를 다른 학생들과 공유하면서 문제를 해결하는 학습 방법
   ◦ 학생들의 적극적인 참여가 중요함

1. 다음은 여성학 강의입니다. 강의를 들으면서 다음 부교재에 강의자가 중요하게 생각하는 것에 밑줄을 그어 보십시오. 15

대학한국어2 | **여성학** | 부교재

1. 여성학이란?

(1) 정의: 여성과 여성 문제를 연구하는 학문

⇒ 사회 속에서 여성의 지위와 역할을 이해하고자 하는 학문

(2) 연구 대상: 남성과 여성과 관련된 모든 문제

(예) 성 구별 시기, 남녀의 사회화 과정, 가정과 직장에서 남성과 여성의 역할

◦ 여성 입장에서 연구하는 학문, 남성 중심적 시각에서 보던 여성의 삶을 여성 시각에서 이해하려는 학문

2. 사회학적인 성, 젠더(Gender)

(1) 섹스(Sex)와 젠더(Gender)

◦ 섹스(Sex): 생물학적이고 유전적인 성

◦ 젠더(Gender): 사회 문화적인 관점에서 만들어진 성. 여성학의 출발점

(2) 젠더(Gender)

◦ 성 고정관념으로 경험하게 된 사회적 경험과 훈련, 즉 사회화 과정을 통해 형성

└ 남자는 눈물을 보이면 안 된다.

여자는 조용하고 얌전해야 한다.

◦ 놀이를 통한 사회화 과정

	여자아이	남자아이
어렸을 때 놀이	◦ 인형 놀이, 소꿉놀이 ⇩	◦ 로봇 장난감, 축구, 야구 ⇩
학습된 것	◦ 장난감과 감정 교류 ◦ 순종적인 성향 ⇩	◦ 경쟁하면서 힘을 기르게 됨 ◦ 공격적인 성향 ⇩
사회화 과정 결과	◦ 경쟁 사회에서 소외됨	◦ 출세와 권력을 향해 경쟁 ◦ 생계를 책임지는 사람, 돈 버는 사람이 돼 버림

3. 여성학의 역할

◦ 현대 사회에서 남성과 여성 모두 피해자

◦ 여성학은 현재의 문제점을 파악 → 해결 방안 제시 → 남성과 여성이 모두 행복한 세상을 만들어 나가는 데 도움을 줌

2. 강의를 다시 들으면서 다음 물음에 답하십시오.

(1) 여성학에 대한 내용으로 알맞지 않은 것은 무엇입니까?

① 훌륭한 여성 지도자를 키우는 방법을 연구했다.
② 남녀에게 평등하지 못한 사회 현상에 대해 연구했다.
③ 여성 입장에서 여성을 보려고 정치, 사회적 측면에서 연구했다.

(2) 강의자가 말한 젠더(Gender)에 대한 내용이 아닌 것은 무엇입니까?

① 여성학 연구의 시작이 됐다.
② 남자와 여자의 평등함을 의미한다.
③ 사회에서 경험하고 훈련받으면서 학습된다.

(3) 여성학의 시각에서 본 남성과 여성에 대한 평가로 알맞은 것은 무엇입니까?

① 여성은 임신이나 육아 때문에 더욱 사회화되었다.
② 남성은 경쟁으로 자신을 돌아볼 여유가 없어졌다.
③ 남성과 여성은 모두 자신들이 차별받고 있다고 생각한다.

(4) 강의자가 수강생들에게 당부한 내용으로 알맞은 것은 무엇입니까?

① 사회적 문제의 해결 방안을 고민하자.
② 소외된 여성을 도울 수 있는 방법을 알아보자.
③ 공격적인 남성들의 문제점을 구체적으로 찾아보자.

생각 넓히기

1. 다음 그래프는 한국의 대학생들이 남녀 차별을 느끼는 경우에 대해 조사한 결과입니다. 여러분은 어떻게 생각합니까? 여러분이 알고 있는 남녀 차별의 예를 찾아 그 해결 방안에 대해 이야기해 보십시오.

Q. 주로 어디에서 혹은 언제 성차별적인 대우를 느끼십니까? (복수 응답 가능)

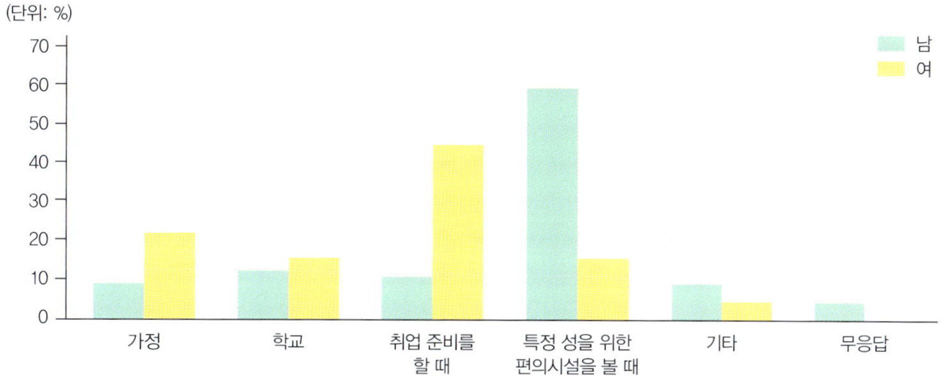

2. 여러분 나라는 다른 나라에 비해 남녀가 평등하다고 생각합니까? 왜 그렇게 생각합니까? 이야기해 보십시오.

03 말하기

여자 대학의 미래

준비하기

1. 다음은 대학 입학을 앞둔 수험생을 대상으로 한 설문 조사 결과입니다. 여러분은 조사 결과에 대해 어떻게 생각합니까? 왜 이런 결과가 나타났다고 생각하는지 말해 보십시오.

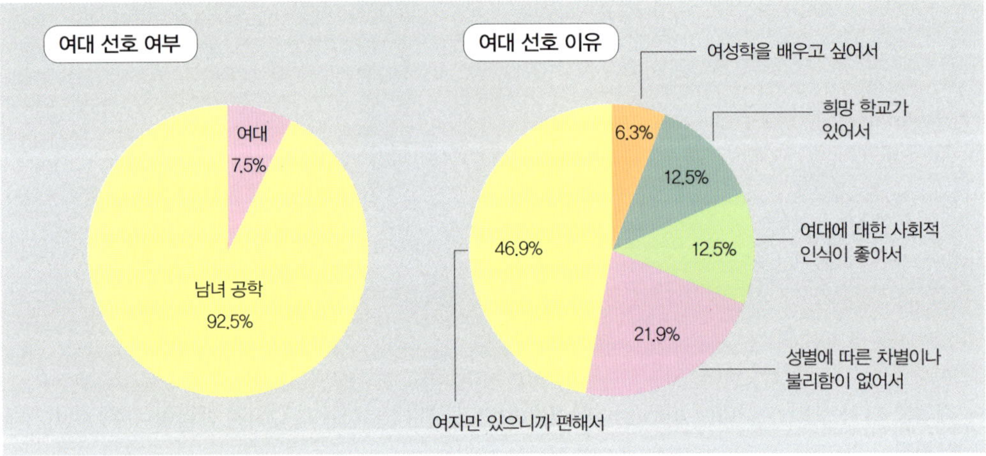

2. 여학생들이 여자 대학을 선호하지 않는 이유라고 생각하는 것 세 가지를 선택해 보십시오. 그리고 그렇게 생각한 이유를 말해 보십시오.

- ☐ 경쟁력이 약해서
- ☐ 학점 따기가 어려워서
- ☐ 여대 특유의 분위기가 싫어서
- ☐ 남녀 공학을 경험해 보고 싶어서
- ☐ 대학 생활이 재미없을 것 같아서
- ☐ 인맥을 형성하는 데 한계가 있어서
- ☐ 기타 ______________________________

어휘 익히기

1. 여자 대학과 관련된 어휘입니다.

(1) 여자 대학의 존재 이유에 대한 신문 기사입니다. 밑줄 친 어휘의 의미를 추측해 보십시오.

여자 대학의 존재 이유

여성들에게 교육의 기회를 제공하기 위해 생겨난 여대가 여성들의 ① <u>권익</u>이 향상됨에 따라 점차 그 의미를 잃어가고 있다. 여대는 졸업생들의 ② <u>취업률</u>이 점차 낮아지고 대학 평가 순위가 하락하는 등 사회적인 ③ <u>평판</u>이 안 좋아지면서 경쟁력이 떨어진다는 지적도 있다. 또한 여대의 지원자 수가 감소하는 것도 여대가 위기에 처해 있다는 것을 보여준다. 이러한 경향에 따라 여대들은 급변하는 사회 속에서 살아남기 위한 전략을 찾고 있으며 그 해결책으로 일부 여대는 ④ <u>남녀 공학</u>으로의 전환을 추진하고 있다. 반면 여대가 남녀 공학과 경쟁하기 위해서는 남녀 공학과 다른, 여성만을 위한 교육을 추구해 나가야 한다고 주장하는 사람들도 있다. 또한 여자들의 사회적 지위가 높아졌다고 하더라도 남녀 간의 완전한 ⑤ <u>양성평등</u>이 이루어지지 않았기 때문에 ⑥ <u>리더십</u>을 갖춘 여성 지도자들을 키워 내는 여성 중심의 교육이 여전히 필요하다고 보기도 한다. 여대의 위기론이 대두되고 있는 지금, 각 여대는 이 위기를 극복해 나가기 위한 대책을 마련해야 할 것이다.

김보은 기자 boyun@ewhailbo.com

(2) 다음은 (1)에서 살펴본 어휘입니다. 어휘의 사전적 의미를 찾아 연결해 보십시오.

어휘			의미
① 권익	•	•	권리와 이익
② 취업률	•	•	취직한 사람의 비율
③ 평판	•	•	세상 사람들의 비평
④ 남녀 공학	•	•	지도자로서 갖추어야 할 자질
⑤ 양성평등	•	•	남자와 여자를 같은 학교에서 교육시키는 학교
⑥ 리더십	•	•	성에 따른 차별을 받지 않고 자신의 능력에 따라 동등한 기회와 권리를 누리는 것

2. 다음을 읽고 보기에서 알맞은 어휘를 찾아 대화를 완성해 보십시오.

보기

배제되다 퇴색되다 배출하다 소멸하다 조성되다 신장시키다

(1) A: 조상들에게 지내는 제사를 대행해 주는 업체가 있다면서요?
B: 그러게 말이에요. 제사는 후손들이 돌아가신 분을 생각하며 정성으로 지내는 것인데 그 본래의 의미가 ________________ 가는 것 같아요.

(2) A: 이번 대통령 후보들의 공약 들어 봤어요? 특별한 공약을 내건 후보가 있나요?
B: 김민재 후보는 여성을 대상으로 한 공약을 했는데요. 여성을 위한 일자리 확대를 통해 여권을 ________________ 것을 공약으로 내걸었대요.

(3) A: 김 기자, 이번에 소방 공무원에 대한 복지 정책이 확대된다지요?
B: 네. 소방 공무원은 기존의 정책에서 ________________ 직업군이었는데요. 이번 법률 개편으로 이들에 대한 복지가 개선될 것으로 보입니다.

(4) A: 교장 선생님, 축하드립니다. 올해 대학 입시에서 좋은 성적을 거두셨다고 들었습니다.
B: 감사합니다. 저희는 다른 학교와는 차별화된 교육 방식으로 우수한 인재를 ________________ 것을 목표로 삼고 열심히 가르치고 있습니다.

(5) A: 이 기자, 요새는 개인의 취향이 다양해짐에 따라 취미 생활도 다양화되고 있다지요?
B: 네, 그렇습니다. 20대를 중심으로 여가를 의미 있게 보내자는 분위기가 ________________ 에 따라 자신에게 맞는 취미를 찾아 즐기는 사람들이 점차 많아지고 있습니다.

(6) A: 이번 주말에 태풍이 온다는 소식이 있던데요. 이미경 기상 캐스터, 자세한 주말 날씨 알려 주시죠.
B: 네. 태풍이 어제까지는 한반도로 올라올 것으로 예상됐는데요. 다행히 세력이 약해져 내일 제주도 남쪽 바다에서 ________________ 것으로 예측됩니다.

전략 익히기

입론은 논제에 대해 근거를 들어 입장을 제시하는 것이다. 입론을 할 때는 다음과 같은 점을 유의해야 한다.

① 문제 제기, 개념 정의, 입장 표명, 근거 제시, 요약정리 등으로 구성되어야 한다.
② 문제의 심각성을 부각시키고 논제의 주요 용어에 대한 개념을 명확하게 정의해야 한다.
③ 객관적이고 타당한 근거를 들어 설득력을 갖추어야 한다.
④ 주장을 정리할 때 논증을 중심으로 요약정리를 하는 것이 좋다.

예

'공공장소에서의 음주를 금지해야 한다.'라는 논제에 대한 주장입니다. 다음을 읽고 입론을 해 보십시오.

논제: 공공장소에서의 음주를 금지해야 한다.	
문제 제기	• 한강이나 공원과 같이 여러 사람이 같이 이용하는 장소에서 술을 마시고 난동을 부리는 사태가 자주 일어남. 이에 따라 국가에서 공공장소를 금주 구역으로 지정하는 법을 제정하려고 함
개념 정의	• 공공장소: 공원, 지하철역, 놀이터 등과 같이 사회의 여러 사람 또는 여러 단체에 공동으로 속하거나 이용되는 곳
입장 표명	• 공공장소에서 음주를 금지해야 한다.
근거 제시	• 미국, 캐나다, 영국 등 선진국에서는 공공장소에서의 음주를 금지함 • 작년 한 해 동안 발생한 범죄 중 25.6%가 술을 마신 사람이 저지른 것으로 나타남
요약정리	• 선진국에서는 이미 공공장소에서의 음주를 금지하고 있음 • 음주는 범죄 발생률을 높임

⇩

여러분은 한강이나 공원에서 술을 마시고 난동을 피우는 사람들 때문에 불편함을 겪은 적이 있습니까? 최근 공공장소에서 이러한 사태가 자주 일어남에 따라 공공장소를 금주 구역으로 지정하려는 방안에 대한 논의가 활발합니다. 공공장소란 공원이나 지하철역, 놀이터와 같이 여러 사람들이 공동으로 이용하는 장소를 말합니다.

저희는 이러한 공공장소에서의 음주를 금지해야 한다고 생각합니다. 그 이유는 첫째, 공공장소에서의 음주 금지는 세계적인 추세이기 때문입니다. 실제로 미국, 캐나다, 영국 등과 같은 나라에서 이미 공공장소에서의 음주를 금지하고 있습니다. 둘째, 작년 한 해 동안 발생한 범죄 중 25.6%가 술을 마신 사람들이 저지른 것으로 나타났다고 합니다. 따라서 저희 팀은 공공장소에서의 음주는 이미 선진국에서 금지하고 있을 뿐만 아니라 음주로 인한 범죄율이 높기 때문에 금지시켜야 한다고 생각합니다.

연습 다음을 읽고 각각의 논제에 대해 입론을 해 보십시오.

1. '외모는 경쟁력이 될 수 없다.'라는 논제에 대한 찬성 입장입니다. 다음을 읽고 입론을 해 보십시오.

논제: 외모는 경쟁력이 될 수 없다.	
문제 제기	• 사회적으로 외모가 아름다우면 사회생활을 하는 데 유리하다는 생각이 널리 퍼짐. 이에 따라 준수한 외모가 교육 수준, 부모 배경보다 성공하기 위한 가장 중요한 요인으로 떠오름
개념 정의	• 경쟁력: 경쟁할 만한 힘이나 그런 능력
입장 표명	• 외모는 경쟁력이 될 수 없다.
근거 제시	• 기업 인사 담당자에 따르면 외모가 뛰어나면 면접 시 호감은 가나 실제 업무 능력과 연관성이 떨어지므로 취업에 큰 영향을 미치지 않는다고 함 • 기업 인사 담당자들은 취업 시 더 중요한 것은 외모가 아니라 자신감 있는 자세, 일에 대한 열정과 의지, 그리고 남과는 다른 경쟁력을 갖추고 있는 것이라고 함
요약정리	• 취업할 때 외모는 큰 영향을 미치지 않음 • 외모보다 자신감 있는 자세로 면접에 임하고 남과는 다른 경쟁력을 갖추는 것이 더 중요함

⇩

2. '지하철 여성 배려칸을 확대하여 운영해야 한다.'라는 논제에 대한 반대 입장입니다. 다음을 읽고 입론을 해 보십시오.

논제: 지하철 여성 배려칸을 확대하여 운영해야 한다.	
문제 제기	• 성범죄를 예방한다는 취지에서 부산 지하철에서 여성 배려칸을 운행한 이후 전국적으로 여성 배려칸을 확대하여 운영하려는 움직임이 있음
개념 정의	• 지하철 여성 배려칸: 여성을 보호하려는 취지로 마련된 여성 전용 칸
입장 표명	• 지하철 여성 배려칸을 확대하여 운영하는 것은 적절하지 않다.
근거 제시	• 성범죄자들은 소수에 불과한데 여성 배려칸을 확대하여 운영하는 것은 모든 남성을 잠재적 성범죄자로 간주하는 것임 • 여성만을 위한 배려칸을 두는 것은 남녀평등 정신에 어긋남
요약정리	• 여성 배려칸의 확대 설치는 남녀 간의 갈등을 유발함

⇩

말하기 여자 대학의 필요성에 대해 토론하기

1. 다음은 여자 대학과 남녀 공학에 대한 의견입니다. 여러분의 생각에 V표 하고 말해 보십시오.

- ☐ 남녀 공학에 가면 여학생도 취업을 잘할 수 있다.
- ☐ 남녀 공학에 다니는 여학생은 성차별을 느낀다고 생각한다.
- ☐ 남녀 공학에 가면 남자와 여자에 대한 평등한 가치관을 가질 수 있다.
- ☐ 여자 대학에는 남녀 공학에 비해 여학생들에게 맞춘 다양한 프로그램이 있다.
- ☐ 여자 대학에 가면 여성지도자로서 필요한 리더십을 키우고 잠재력을 계발할 수 있다.

2. 여자 대학의 필요성에 대한 글입니다. 다음을 읽고 주장과 근거를 찾아 밑줄을 그어 보십시오.

(1) 여자 대학은 필요하다.

현대 사회가 남녀평등 사회라고 하지만 아직 사회에는 여전히 성차별이 존재하고 있다. 사회 진출의 기회는 늘었으나 남자들과의 경쟁에서 불이익을 받는 것은 여자의 몫인 경우가 많다. 사회뿐만이 아니라 대학 생활에서도 마찬가지이다. 그러나 여자 대학은 구성원이 여자로 한정되어 있어 여성의 사회성을 신장시킬 기회가 남녀 공학에 비해 더 많다. 또한 여학생의 특성에 맞춘 다양한 프로그램을 운영하여 사회생활에 실질적인 도움을 주기도 한다. 이와 같이 남녀 공학과 차별화된 전략을 세워 우수한 여성 리더들을 배출하는 것이야말로 현재 여자 대학의 역할이다. 먼 훗날 남녀 차별이 사라지는 날, 비로소 여자 대학은 소멸하게 될 것이다.

(2) 여자 대학은 필요하지 않다.

고등 교육이 남자들만의 전유물이었던 시대에 여자 대학은 교육의 대상에서 배제된 여성들의 교육을 책임지는 기관으로 역할을 수행했다. 그렇지만 현대에는 여성들이 마음만 먹으면 어디에서든지 교육받을 수 있는 환경이 조성되었다. 사회적인 인식도 바뀌어 여성의 권리를 신장시키는 법과 정책이 늘어나고 있다. 실제로 사회 각 분야에서 여성 지도자들의 활약상을 쉽게 볼 수 있다. 이와 같이 남녀 차별이 사라지고 있는 시대에 여자 대학은 본래 설립 취지가 퇴색되었다. 또한 대학 입시를 앞둔 여고생들도 다양한 경험을 할 수 없을 것 같다는 이유로 여대 진학을 기피하고 있다고 한다. 이러한 시대에 여자 대학은 더 이상 존재할 이유가 없다.

3. 다음 논제에 대해 찬반 토론을 하려고 합니다. 자신의 입장을 정하고 주장의 근거를 정리해 보십시오.

논제: 여자 대학은 존재해야 한다.	
자신의 입장	□ 찬성 □ 반대
주장의 근거	• •

4. 찬반 토론을 시작하기 전에 의견이 같은 친구들과 토의를 통해 입론할 내용을 정리해 보십시오.

(1) 입장 정하기

문제 제기	
개념 정의	
입장 표명	
근거 제시	
요약정리	

(2) 입론하기

입론	

5. '여자 대학은 존재해야 한다.'라는 논제에 대해 다음 순서에 따라 찬반 토론을 해 보십시오.

입론하기 → 확인 질문하기 → 반론하기 → 최종 발언하기

생각 넓히기

여러분 나라에도 여자 대학이 있습니까? 여러분 나라에서는 여자 대학에 대해 어떻게 생각합니까? 조사한 후 발표해 보십시오.

Q

1. 두 사람이 입은 옷은 무엇입니까? 언제 입는 옷이라고 생각합니까?

2. 여러분 나라의 전통 의상은 무엇입니까? 주로 언제 입습니까?

제4과

역사와 변천

【듣기】 한복의 변천

어휘 익히기 　한복 관련 어휘
전략 익히기 　시대순으로 도식화해서 필기하기
듣기 　한복의 변천에 대한 강의 듣기

【말하기】 역사를 만든 발명

어휘 익히기 　발명 관련 어휘
전략 익히기 　발표를 위한 PPT 작성하기
말하기 　발명품에 대해 발표하기

04 듣기

한복의 변천

준비하기

1. 다음은 한복에 대한 설명입니다. 잘 듣고 한복의 각 부분에 대한 명칭을 써 보십시오. 16

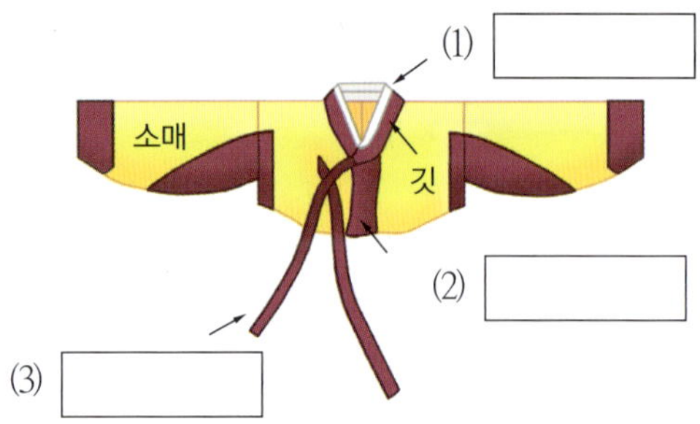

저고리

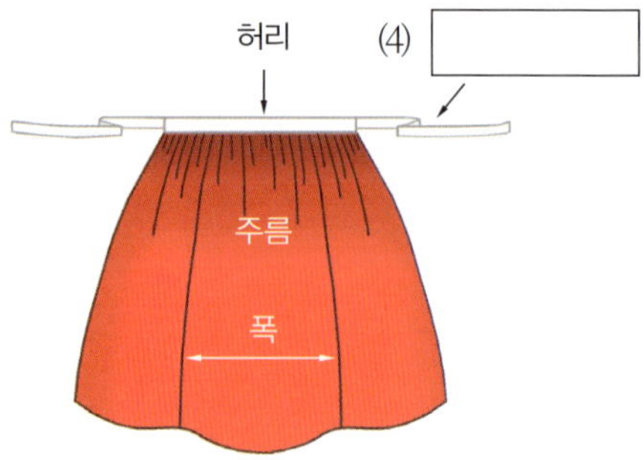

치마

2. 다음은 여성 한복의 변화를 보여 주는 그림입니다. 한복이 어떻게 변화했는지 이야기해 보십시오.

어휘 익히기

1. 한복과 관련된 어휘입니다. 다음을 듣고 그림에 맞는 어휘를 **보기**에서 찾아 써 보십시오. 17

보기

수를 놓다	고름을 매다	버선을 신다
노리개를 달다	족두리를 쓰다	두루마기를 입다

(1)

____

(2)

____

(3)

____

(4)

____

(5)

____

(6)

____

2. 강의에서 들을 어휘입니다.

(1) 옆 사람과 함께 밑줄 친 어휘의 의미를 대화에서 추측해 보십시오.

① A: 박사님께서는 어떤 분야를 연구하고 계십니까?
B: 저는 한복이 어떻게 변화해 왔는지 그 변천사를 연구하고 있습니다.

② A: 이 한복은 다른 남성 한복과는 모양이 좀 다른데요.
B: 네. 이건 관리들이 궁궐에 들어갈 때 입던 관복이라는 겁니다.

③ A: 박사님, 조선 시대엔 양반과 서민의 한복이 같았나요?
B: 아니요. 신분 제도가 엄격했던 만큼 양반과 서민의 옷도 많이 달랐습니다.

④ A: 교수님, 한 시대의 복식을 연구하려면 어떤 자료들이 필요합니까?
B: 그 시대의 옷이나 장신구에 관한 자료들이 필요합니다. 그런데 조선 시대 이전에는 그 자료들이 거의 없어 아쉽습니다.

⑤ A: 선생님, 고려 시대와 조선 시대의 차이점으로는 뭐가 있나요?
B: 여러 가지가 있겠지만 고려는 불교 사상을, 조선은 유교 사상을 통치 이념으로 한 것이 가장 큰 차이점이라고 할 수 있습니다.

⑥ A: 조선 시대 그림을 보면 여자들이 외출할 때 치마 같은 걸로 얼굴을 가리고 외출하던데 왜 그런 거예요?
B: 아, 그건 '쓰개치마'라는 건데요. 조선 시대에는 여자가 다른 남자에게 얼굴을 보이면 안 될 정도로 남녀 간의 내외가 심해서 그런 거예요.

(2) 다음은 (1)에서 살펴본 어휘의 의미입니다. 의미에 알맞은 어휘를 찾아 써 보십시오.

① 옷과 장신구를 모두 가리키는 말 ____________

② 옛날에 관리가 공적으로 입던 옷 ____________

③ 시간의 흐름에 따라 바뀌어 온 역사 ____________

④ 개인의 사회적 신분이 고정된 계급 제도 ____________

⑤ 조선 시대의 통치 이념으로 인과 예를 기본 개념으로 함 ____________

⑥ 모르는 남녀 사이에 서로 얼굴을 마주 대하지 않고 피하는 것 ____________

전략 익히기

시대순으로 도식화해서 필기하기

시대에 따른 변화를 설명하는 강의를 들을 때는 각 시대에 따라 그 특징을 중심으로 도식화해서 필기하면 강의를 더 쉽게 이해할 수 있다.

① 먼저 시대 이름이나 연도를 중심으로 표를 만든다.

② 그 후 그 시대의 특징이나 변화를 간단히 필기한다.

예

다음은 '한국 역사'에 대한 내용입니다. 강의를 들으면서 시대순으로 도식화해서 필기해 보십시오. 18

여러분은 한국의 역사에 대해 잘 아십니까? 한국의 역사를 살펴보기 전에 한국 역사의 시대 구분부터 해 보죠. 먼저 삼국 시대부터 보겠습니다. 기원전 1세기 이후 크고 작은 여러 나라가 합쳐져 4세기 초부터 7세기 중반까지 고구려, 백제, 신라 세 나라가 각기 발전을 하게 되는데 이 시기를 삼국 시대라고 부릅니다. 이 세 나라는 675년에 신라에 의해 통일이 되는데 이 시기를 통일 신라 시대라고 부릅니다. 이 시대를 지나 918년 왕건은 고려를 건국하게 되는데 이 시기가 고려 시대입니다. 고려는 개성을 수도로 하여 918년부터 475년간 계속됐습니다. 1392년 이성계는 고려를 멸망시키고 새로운 왕조를 건국하여 조선이라고 국호를 정합니다. 조선 시대는 유교 사상을 통치 이념으로 한 국가로 양반이 지배 계층이었습니다. 이 조선 시대 이후 일제 강점기를 거쳐 1948년 대한민국이 세워졌습니다.

⇩

삼국 시대 →	통일 신라 시대 →	고려 시대 →	조선 시대 →	대한민국
4세기 초~ 7세기 중반	675년~	918년~	1392년~	1948년~
고구려 백제 신라	신라 삼국 통일	건국: 왕건 수도: 개성	건국: 이성계 이념: 유교 지배층: 양반	

연습 강의를 들으면서 시대순으로 도식화해서 필기해 보십시오.

1. '김치의 역사'에 대한 내용입니다. 19

삼국 시대
- 여러 가지 채소를 ______ 먹음

↓

______
- ______의 영향으로 ______ 선호 → 김치 발전
- 김치의 ______ : 오이, 갓, 부추, 미나리 등 다양
- 물김치 등 ______
- ______ 생김

↓

조선 시대
- 17~18세기에 ______
- 현재의 ______의 모습을 갖춤

2. '비행기의 역사'에 대한 내용입니다. 20

15세기 후반 ~ ______

레오나르도 다 빈치 (Leonardo da Vinci)
- ______
- 기구 발명
- ______ 그림

↓

______ 이후

유인·동력 비행기 연구 활발
- 1783년 몽골피에 형제(Montgolfier brothers) ______ 성공
- 1852년 지파르(Henri Giffard) ______ 성공

↓

______

______
- ______ 성공
- ______ 가능

1. 다음은 여성 한복의 변천에 대한 강의입니다. 강의를 듣고 한복의 변천을 시대순으로 도식화해서 필기해 보십시오. 21

삼국 시대: 신분 제도에 따라 나뉘기 시작

(1) 저고리: 허리 밑까지 내려옴

허리띠로 옷을 여밈

(2) 여성은 ______________________

__________: 다른 나라로부터 많은 영향, 특히 관복에 영향

(1) 저고리: 길이가 짧아짐, 허리띠 대신 고름 사용하기 시작

(2) 치마: 길이가 길어지고 치마폭 __________

(3) 여성들은 ______________________

조선 시대: 엄격한 신분 제도에 따라 __________________

(1) 서민 여성

① 양반 가문의 여성들의 복식에 비해 __________

② ______________ 금지 ③ 머리 장식품 금지

(2) 양반 여성

① 저고리: 조선 중기, 후기로 가면서 점차 더 __________

섶, 동정도 좁아짐.

② 치마: 부풀려 하체가 풍성해 보이도록 하는 것 유행

____

속옷을 겹쳐 입어 풍성해 보이도록 함

※ ______________

유교의 영향으로 남녀 간에 내외 심해 필요

→ 외출할 때 얼굴이 ______________________

2. 강의를 다시 들으면서 다음 물음에 답하십시오.

(1) 들은 내용과 같으면 ○, 다르면 X 하십시오.

① 삼국 시대의 저고리는 허리 밑까지 내려왔다. ( )
② 고려 시대에는 전 시대보다 치마가 짧아졌다. ( )
③ 조선 시대에는 치마를 부풀려 입는 것이 유행이었다. ( )

(2) 각 시대의 여성 한복의 특징에 대한 설명 중 맞지 않는 것은 무엇입니까?

① 삼국 시대에는 허리띠를 둘러 옷을 여몄다.
② 고려 시대에는 한복에 고름을 달기 시작했다.
③ 조선 시대에는 고름이 없어지고 허리띠가 생겼다.

(3) 각 시대와 한복의 특징을 맞게 연결하십시오.

① 삼국 시대 • • 외국 복식이 관복에 영향을 미쳤다.
② 고려 시대 • • 남자뿐만 아니라 여자도 바지를 입었다.
③ 조선 시대 • • 하체를 풍성해 보이도록 치마 속에 속옷을 겹쳐 입었다.

(4) 한복에 영향을 준 조선 시대의 사회, 문화적 특징이 아닌 것은 무엇입니까?

① 유교 사상의 영향으로 남녀 간의 내외가 심했다.
② 유교의 영향으로 실용성과 활동성이 강조되었다.
③ 신분 제도가 엄격하여 양반과 서민의 차이가 심했다.

생각 넓히기

1. 다음은 여러 나라의 전통 의상입니다. 여러분 나라의 전통 의상은 무엇입니까? 남자와 여자는 어떤 옷을 입었습니까? 사진을 찾아서 여러분 나라의 전통 의상에 대해 설명해 보십시오.

한국

러시아

몽골

불가리아

브라질

아르헨티나

일본

중국

칠레

2. 여러분 나라의 전통 의상은 어떤 변화를 겪었습니까? 어떤 변화가 있었는지 이야기해 보십시오.

04

말하기

역사를 만든 발명

준비하기

1. 다음 중에서 인류 문명의 발전에 지대한 영향을 준 발명품은 뭐라고 생각합니까? 한 가지를 고르고 그 이유를 말해 보십시오.

문자

종이

시계

인쇄술

전기

컴퓨터

2. 다음은 바퀴의 역사를 나타내는 그림입니다. 그림을 보고 어떤 과정을 거쳐 바퀴가 발명되었는지 추측해서 말해 보십시오.

어휘 익히기

1. 발명과 관련된 어휘입니다.

(1) 옆 사람과 함께 밑줄 친 어휘의 의미를 대화에서 추측해 보십시오.

① A: 인쇄술이 발명된 덕분에 지식이 먼 곳까지 전해질 수 있었던 것 같아요.
B: 맞아요. 인쇄술의 발명은 인류 발전에 많은 공헌을 했죠.

② A: 어떤 인류학자들은 바퀴가 종교 행사를 하기 위해서 발명된 거라고 하던데요.
B: 네, 바퀴에 대한 여러 가지 가설이 있는데 아직 확실하게 밝혀진 건 없는 것 같아요.

③ A: 선생님, 한국은 온돌을 언제부터 사용했나요?
B: 3000년 전쯤부터인 것 같아요. 그 당시 유적지에서 온돌을 사용한 흔적이 발견됐거든요.

④ A: 김 선생님, 이번에 종교에 관한 책을 내셨다고 들었는데 어떤 책인지 설명해 주세요.
B: 종교의 기원에 대해서 썼어요. 종교가 어떻게 생겨났고 발전되어 왔는지를 설명한 책입니다.

⑤ A: 박사님, 환율 인상이 우리 경제에 어떤 영향을 미칠까요?
B: 환율이 인상되면 물가도 인상되고 경기가 나빠지는 등 경제에 미치는 파급 효과가 클 것으로 예상됩니다.

⑥ A: 김 기자, 이번 폭우로 산사태가 나서 인명 피해가 컸다면서요? 자세한 소식 알려 주세요.
B: 아직 정확한 수는 안 나왔지만 경찰의 추정으로는 대략 10여 명이 이번 산사태로 사망하거나 실종됐다고 합니다.

(2) 다음은 (1)에서 살펴본 어휘입니다. 어휘의 사전적 의미를 찾아 연결해 보십시오.

① 공헌 •	• 미루어 생각하여 결정함
② 가설 •	• 사물이나 현상이 처음으로 생김
③ 흔적 •	• 어떤 일의 영향이 점점 다른 곳으로 미침
④ 기원 •	• 어떤 것이 없어지거나 지나간 후에 남은 것
⑤ 파급 •	• 힘을 써서 가치 있는 일이 되게 하는 데 역할을 함
⑥ 추정 •	• 어떤 내용을 설명하기 위해 예상한 것으로 아직 사실 여부가 밝혀지지 않은 것

2. 다음을 읽고 보기에서 알맞은 어휘를 찾아 대화를 완성해 보십시오.

보기

달리다 고정되다 변모하다 주입하다 이바지하다 튀어나오다

(1) A: 민수야, 이 자전거 타 봐도 돼?
B: 안 돼. 그거 바퀴에 바람 빠져서 공기를 ________________ 돼.

(2) A: 이 큰 침대를 너 혼자 옮겼어?
B: 어. 침대에 바퀴가 ________________ 있어서 옮기는 데 별로 힘들지 않았어.

(3) A: 컴퓨터 모니터가 잘 안 보이는데 이쪽으로 좀 옮길 수 없어요?
B: 아까 옮겨 보려고 했는데 움직이지 않게 ________________ 있어서 안 되더라고요.

(4) A: 김명수 박사님께서 올해의 과학자상을 받으셨다면서요?
B: 네. 그동안 한국 과학 발전에 크게 ________________ 것을 인정받아 이번에 받게 되셨대요.

(5) A: 왜 다리를 다쳤어? 무슨 일 있었어?
B: 집에 오는데 어두운 골목에서 갑자기 고양이가 ________________ 바람에 깜짝 놀라 넘어졌어.

(6) A: 교수님, 한국에는 얼마 만에 오신 거예요?
B: 한 20년 된 것 같아요. 그 사이 서울이 몰라보게 ________________ 처음 와 본 곳처럼 그저 신기할 따름이에요.

발표 내용을 정확히 전달하기 위해서는 발표할 때 활용할 발표 보조 자료인 PPT를 작성하는 것이 좋다. PPT는 다음 사항에 유의하면서 작성하는 것이 좋다.

① PPT의 순서를 발표 내용 순서에 맞게 만든다.
② PPT에는 발표 내용을 그대로 나열하지 않고 핵심 내용만 간략하고 알기 쉽게 적는다.
③ 발표 내용에 따라 도형이나 표를 PPT에 활용하거나 애니메이션 효과를 주면 의도하는 바를 효율적으로 전달할 수 있다.

예

다음은 '바퀴의 기원'에 대한 내용입니다. 다음을 읽고 PPT에 들어갈 중요한 내용에 밑줄을 긋고 이를 PPT로 작성해 보십시오.

발표 자료	PPT 제목
사람이나 물건이 먼 곳으로 이동해야 할 때 바퀴가 있는 자동차, 기차, 비행기 등을 이용한다. 이러한 바퀴는 과연 언제, 어디서, 어떤 과정을 통해 발명되었고 어떻게 발전되어 왔을까?	바퀴의 발명
바퀴 기원의 첫 번째 가설은 기원전 3000년경에 메소포타미아 문명을 발달시켰던 사람들이 발명했다는 것이다. 이들 유적지에서 나무 및 금속으로 된 바퀴 유물과 바퀴 달린 마차의 흔적이 발견되었다.	바퀴의 기원에 대한 가설 1
또 다른 가설은 기원전 1400년경에 고대 이집트에서 바퀴가 발명되었다는 것이다. 이때는 여러 개의 바퀴살이 있는 바퀴를 사용했다. 당시 바퀴는 전투할 때와 큰 조각상을 운반하는 마차에 사용했다고 알려져 있다.	바퀴의 기원에 대한 가설 2
시대가 변함에 따라 바퀴도 변모하였다. 바퀴는 나무에서 금속으로 바뀌었고, 그 후 공기를 주입하는 타이어로 바뀌었다. 타이어의 발명으로 바퀴의 성능은 더욱 빨라졌다. 바퀴가 발명됨으로써 이동수단이 발전하고 문명이 발달하게 됐다.	바퀴의 변천과 영향

⇩

발표 보조 자료의 예

① 첫 번째 화면: 제목

② 두 번째 화면: 목차

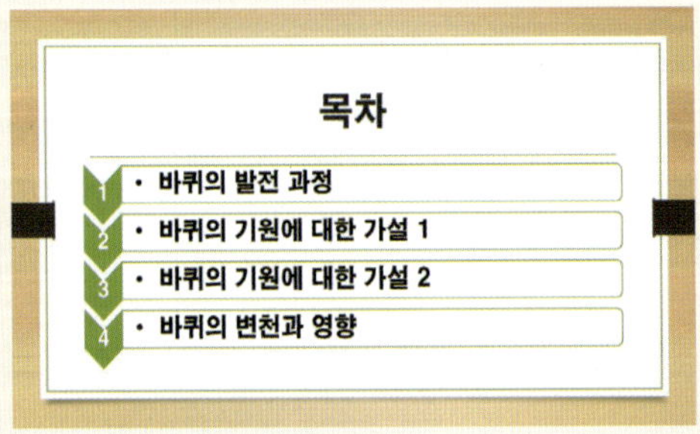

③ 세 번째 화면: 바퀴의 발명

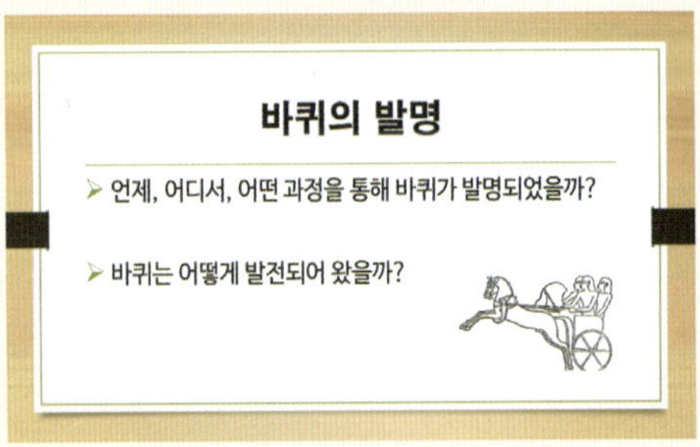

④ 네 번째 화면: 가설 1

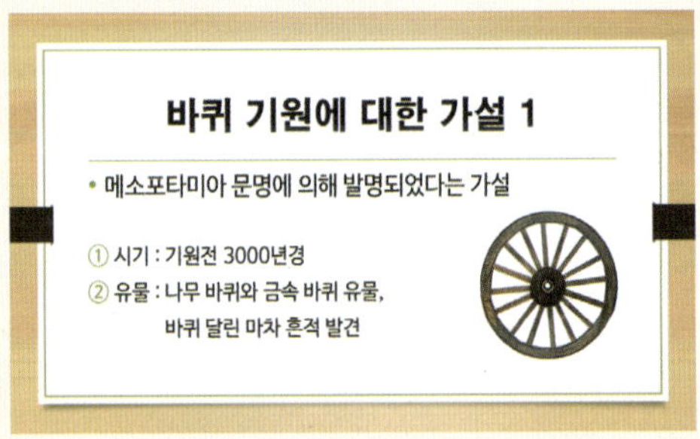

⑤ 다섯 번째 화면: 가설 2

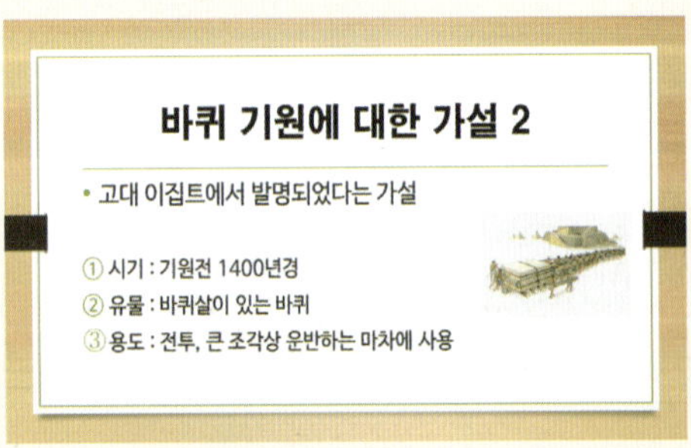

⑥ 여섯 번째 화면: 바퀴의 변천과 영향

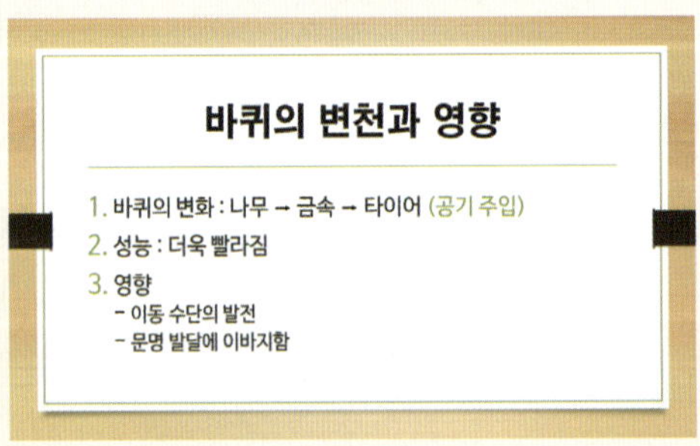

tip

● 발표 보조 자료를 활용해서 발표할 때 사용하는 표현

- 말씀드린 내용을 표로 정리하면 이렇습니다.
- 준비된 자료를 중심으로 설명하도록 하겠습니다.
- 관련된 동영상 자료를 준비했습니다. 잠시 보시죠.
- 여러분의 이해를 돕고자 PPT 자료를 준비했습니다.
- 이 그림을 보시면 이해하는 데 도움이 되실 겁니다.
- 앞의 결과를 종합해 간략하게 표로 제시해 보면 다음과 같습니다.

연습 **다음을 읽고 PPT에 들어갈 중요한 내용에 밑줄을 긋고 이를 PPT로 작성해 보십시오.**

1. '영화의 유래'에 대한 내용입니다.

발표 자료	PPT 제목
최초의 영화는 에디슨(Thomas Alva Edison)이 발명한 '키네토스코프(Kinetoscope)'(1892년)에 의해 제작된 영화였다. 이것은 연속되는 동작의 사진들을 빠르게 지나가게 해서 움직이는 영상처럼 보이게 한 것으로 20~30초 정도 볼 수 있었다.	
최초의 대중적인 영화는 프랑스 뤼미에르 형제(Les frères Lumière)가 만든 '시네마토그래프(Cinematograph)'(1895년)를 통해서 제작한 영화였다. 이 영화에서는 50초의 짧은 시간 동안 열차가 도착하는 장면을 보여 주었다.	
그 이후 영화는 소리 없이 동작만 보여 주던 무성 영화에서 소리를 들을 수 있게 된 유성 영화로 발전했고, 흑백 영화에서 색채 영화 시대로 변했다. 현대에는 스크린에 보이는 이미지가 밖으로 튀어나오는 듯한 특수 효과를 넣은 입체 영화로까지 발전을 거듭했다.	

2. '라면의 역사'에 대한 내용입니다.

발표 자료	PPT 제목
라면은 보통 일본의 전통 음식으로 알려져 있으나 본래 중국 사람들이 즐겨 먹던 국수에서 유래했다. 1870년대에 일본으로 이주한 중국 사람들이 국수를 길거리에서 팔기 시작했다. 그 국수를 라멘으로 부르면서 일본에 처음 알려지게 되었다.	
라면이 지금의 인스턴트 라면의 형태를 갖추게 된 것은 1958년이다. '오랫동안 상하지 않으면서 싸게 팔리고 쉽게 먹을 수 있는 식품을 만들겠다'는 생각으로 만들게 되었다. 라면은 현재 중국과 일본, 한국 외에도 호주, 멕시코, 미국 등 세계 여러 곳에서 각광을 받고 있는 식품이 되었다.	
이처럼 많은 사람들이 라면을 좋아하는 것은 맛이 좋고 언제 어디서나 쉽고 빠르게 조리해서 먹을 수 있기 때문이다. 또한 식사가 가능한 식품 중에서 꽤 저렴하게 먹을 수 있는 경제성도 있다. 뿐만 아니라 오래 보관할 수 있고 다양한 종류의 라면을 기호에 따라 즐길 수 있다는 장점도 있다.	

말하기 발명품에 대해 발표하기

1. 여러분은 역사를 바꿔 놓은 위대한 발명품에 대해 발표하려고 합니다. 역사를 바꿔 놓은 발명품에는 어떤 것이 있습니까? 발명품을 하나 선정해 보십시오.

2. 여러분이 선정한 발명품에 대한 자료를 조사해 보십시오.

(1) 자료에서 알게 된 정보를 간략하게 메모해 보십시오.

발명품 이름	
발명품 자료 조사 내용	• • • • •

(2) 메모한 내용을 바탕으로 PPT에 들어갈 순서를 정해 발표 개요를 작성해 보십시오.

발표 제목	역사를 바꿔 놓은 위대한 발명 '________________'에 대한 발표
처음	
중간	
끝	

3. 발표 개요를 바탕으로 PPT를 작성해 보십시오.

① 첫 번째 화면: 제목

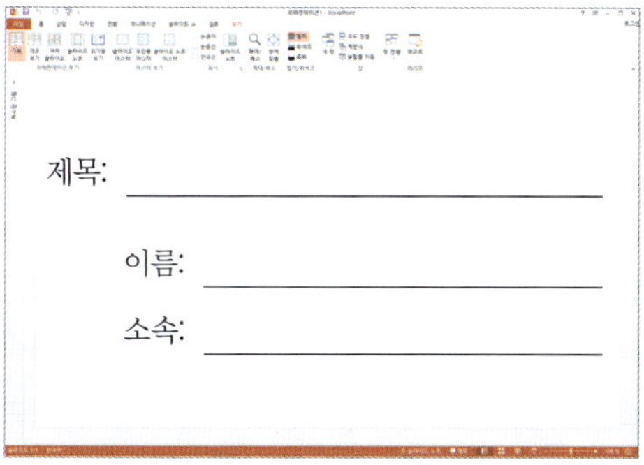

② 두 번째 화면: 목차

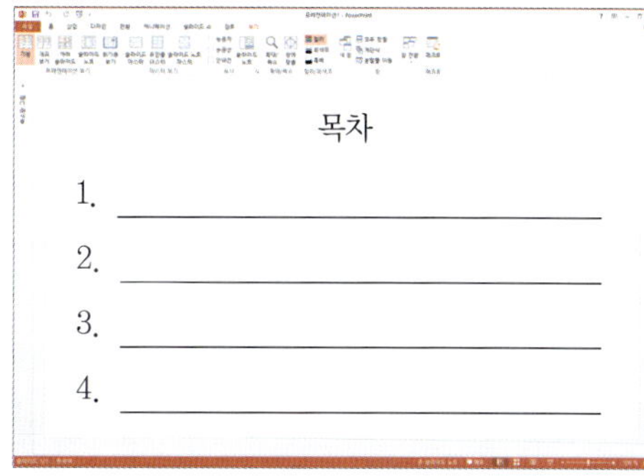

③ 세 번째 화면: 내용

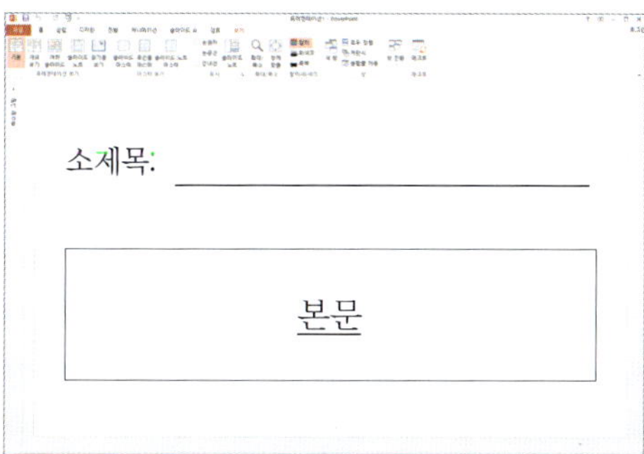

④ 네 번째 화면: 내용

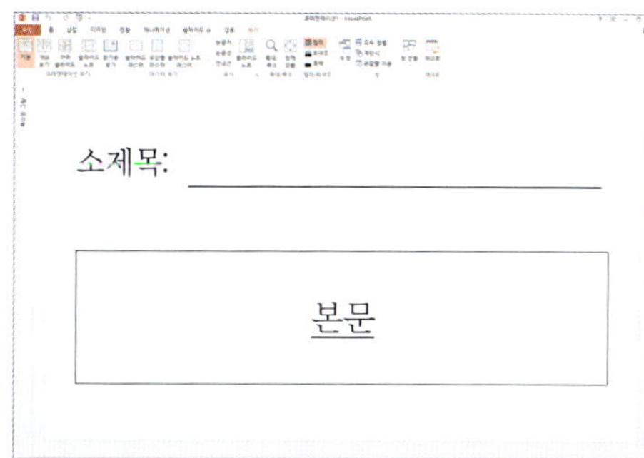

4. 역사를 바꿔 놓은 위대한 발명품에 대해 PPT를 활용해 발표해 보십시오.

생각 넓히기

여러분은 앞으로 어떤 것이 발명되었으면 좋겠습니까? 이유와 함께 표에 쓰고 이야기해 보십시오.

희망하는 발명품	이유

Q

1. 기계 속에 사람이 들어가 있습니다. 이것은 무엇을 표현하고 있다고 생각합니까?

2. 하고 싶은 일을 마음껏 할 수 있는 24시간이 주어진다면 여러분은 무엇을 하고 싶습니까? 그 이유는 무엇입니까?

제5과
현대 사회와 인간

【듣기】 인간 소외

어휘 익히기	인간 소외 관련 어휘
전략 익히기	부연 설명, 요약, 정리하는 표현을 통해 강의 내용 파악하기
듣기	인간 소외에 대한 강의 듣기

【말하기】 여가 활동

어휘 익히기	여가 활동 관련 어휘
전략 익히기	표와 그래프 만들기
말하기	여가 활동에 대해 자료 조사해 발표하기

05

듣기

인간 소외

준비하기

1. 다음은 영화 〈모던 타임즈(Modern Times)〉의 장면입니다. 어떤 장면인지 서로 이야기해 보십시오. 그리고 사진에 알맞은 설명을 보기에서 찾아보십시오.

(1)

____

(2)

____

보기

(가) 노동자들이 하루 종일 쉴 틈 없이 공장에서 나사못을 조이는 일을 반복한다.

(나) 인간을 기계의 일부로 생각한다. 인간을 위해 기계가 있는 것이 아니라 기계를 잘 돌리기 위해 인간이 있는 것이다.

2. 다음은 '인간 소외'에 대한 정의입니다. 어떠한 현상을 의미하는지 이야기해 보십시오.

인간 소외

- 인간성이 상실되어 인간다운 삶을 잃어버리는 것
- 산업 사회에서 인간이 수단으로 바뀌어 가는 현상

ㄱㄴㄷ 어휘 익히기

1. 인간 소외와 관련된 어휘입니다.

(1) 알맞은 어휘를 골라 보십시오.

① A: 저 미술관은 누가 지었어요? 건물 모양도 실내 구조도 정말 최고예요.
B: 네. 설계와 인테리어 전문가들이 각자 (분업해서, 성취해서) 만든 거래요.

② A: 그 나라는 지난 100년간 다른 나라하고 전쟁을 많이 했다고 들었어요.
B: 네. 그런데도 다른 나라에 (빼앗은, 지배당한) 적은 한 번도 없었어요.

③ A: 최근에는 과학과 철학, 인문학과 공학과 같이 융합 학문이 많아지는 것 같아요.
B: 맞아요. 학문의 경계가 (허물어지는, 뚜렷해지는) 추세예요.

④ A: 이민호 씨, 의료 보험 들었죠? 보험 있으면 병원비 걱정 크게 안 해도 돼요.
B: 그렇지 않아도 지난달에 보험료를 안 내서 보험사에 물어봤는데 다행히 보험 혜택을 받을 자격은 (분류되지, 상실되지) 않았대요.

⑤ A: 이 공장에서 만드는 나무 상자는 모두 똑같은 크기, 똑같은 모양이에요?
B: 네. 저희는 대량 생산만 해서 크기와 모양을 모두 (표준화시켜, 합리화시켜) 만들고 있습니다.

⑥ A: 인간의 존엄성이라는 말을 많이 하는데요. 정확히 무슨 뜻이에요?
B: 남자건 여자건, 지위가 높건 낮건 관계없이 누구나 인간으로서 (존중받아야, 선택받아야) 한다는 말이에요.

(2) 다음은 (1)에서 살펴본 어휘의 의미입니다. 의미에 알맞은 어휘를 찾아 써 보십시오.

① 일을 나누어서 하다 ____________

② 높여 귀중하게 대함을 받다 ____________

③ 어떤 것이 아주 없어지거나 사라지다 ____________

④ 어떤 사람이나 집단이 다른 힘에 의해 종속되다 ____________

⑤ 심리적으로 이미 있었던 생각이나 믿음 따위가 없어지다 ____________

⑥ 물건의 종류, 모양, 크기 등을 일정한 기준에 따라 통일시키다 ____________

2. 다음을 읽고 보기에서 알맞은 어휘를 찾아 대화를 완성해 보십시오.

보기					
부품	개성	수단	창의성	부작용	인간성

(1) A: 이 시계 고칠 수 있어요?
B: 그럼요. 시계 안에 있는 ________________을 교체하면 잘 갈 거예요.

(2) A: 이 광고 회사는 어떤 사람을 선호하는지 알아요?
B: 새롭고 기발한 것을 생각해 내는 ________________이 풍부한 사람을 뽑지 않을까요?

(3) A: 이 그룹은 대학생들에게 인기가 엄청 많은데 혹시 왜 그런지 알아요?
B: 노래도 잘하지만 멤버마다 ________________이 뚜렷하거든요.

(4) A: 우리 회사 전 직원이 거의 이번 프로젝트에 매달리는 거 같아요.
B: 맞아요. 그러니까 ________________과 방법을 가리지 말고 꼭 성공해 냅시다.

(5) A: 이 약을 한 달 정도 먹었더니 피부병은 나았는데 소화가 잘 안 되는 거 같아요.
B: 약을 오래 먹으면 ________________이 생길 수 있어요. 병원에 한번 가 보세요.

(6) A: 박사님, 과학 기술이 발전되면 좋은 점도 있지만 안 좋은 점도 있겠죠?
B: 그럼요. 과학 기술이 발전되면 오히려 ________________이 상실되고 인간이 과학 기술의 일부가 돼 버릴지도 모릅니다.

tip

● 강의를 시작할 때, 화제를 전환할 때, 마무리할 때 사용하는 표현

구분	표현
시작할 때	• 지금부터 ○을/를 알아볼까요? • 오늘은 ○에 대해 살펴보겠습니다. • 오늘 수업에서는 ○에 대해 이야기해 보겠어요.
화제를 전환할 때	• 이제 다음 내용으로 넘어가 볼까요? • 이건 여기까지 하고 지금부터 ○에 대해 살펴볼게요. • ○에 대해서는 여기에서 끝내고 이제 ○을/를 공부해 보겠어요.
마무리할 때	• 오늘은 여기에서 마치겠습니다. • 오늘 수업은 여기에서 끝내겠습니다. • 오늘은 여기까지 하고 다음 시간에 이어서 하죠.

전략 익히기

부연 설명, 요약, 정리하는 표현을 통해 강의 내용 파악하기

강의 내용을 부연 설명하거나 강의 내용을 요약, 정리할 때 사용하는 표현이 있다. 이 표현을 익혀 두면 강의 내용과 흐름을 파악하는 데 도움이 된다. 부연 설명할 때 쓰는 표현과 강의 내용을 요약, 정리하는 표현은 다음과 같다.

구분	표현
부연 설명	• -(으)ㄹ 뿐만 아니라 • 덧붙여 말씀드리면 • 좀 더 추가해서 말씀드리면 • 앞에서 언급한 말에 하나 더 보충한다면
요약, 정리	• 정리하자면 • 그러니까 결론적으로 • 앞에서 말한 내용을 종합하면 • 지금까지 설명한 걸 요약해 볼까요?

예

다음은 '커피와 화학 작용'에 대한 내용입니다. 강의를 들으면서 부연 설명한 내용과 요약, 정리한 내용을 메모해 보십시오. 22

여러분, 커피 좋아하시는 분들 많죠? 커피를 어떻게 끓이면 맛있을까요? 구수한 맛과 향이 나는 커피에도 화학이 동원됩니다. 커피에 95도에서 98도의 물을 부어 커피를 만들었을 때 맛과 향기가 가장 좋아요. 물의 온도가 이보다 더 높으면 산성이 너무 높아져서 신맛이 나고, 이보다 온도가 낮으면 커피 가루에서 향기가 충분히 나오질 않아서 향도 맛도 좋지 않습니다. 이때 바로 화학 변화가 진행되는 거죠. 그래서 커피 전문점에서 물을 모두 이 온도에서 끓여 필터에 걸러 커피를 만들죠.

이에 대해 하나 덧붙여 말씀드리면 95도에서 98도의 물로 커피를 끓이는데 커피 가루를 물에 넣고 끓이는 것하고 필터에 커피를 넣어 물을 부어 커피를 만드는 것하고 어떤 게 더 맛이 좋을까요? 여러분 생각은 어때요? 최근 연구 결과에 의하면 커피 가루를 물에 넣고 끓이는 게 더 맛있다고 합니다. 커피 맛을 좋게 하는 건 콜레스테롤인데, 물에 넣고 끓이는 게 콜레스테롤이 더 녹아 나오기 때문에 맛이 고소하고 좋다는 겁니다. 진짜 그런지 여러분도 한번 집에 가서 실험해 보세요.

⇩

1. 커피 물이 95~98℃일 때 커피 맛과 향이 가장 좋음
2. 물의 온도가 ↑: 산성이 높아져 신맛이 남
물의 온도가 ↓: 가루에서 향이 나오지 않아 향도 맛도 안 좋음
⇒ 화학 변화가 진행되는 것임
3. 커피 가루를 물에 넣고 끓이는 것과 필터에 거르는 것 중 어느 것이 더 맛이 좋을까?
⇒ 물에 넣고 끓이는 게 더 맛있음
∵ 콜레스테롤이 더 많이 나오기 때문에 맛이 고소하고 좋음

연습 강의를 들으면서 부연 설명하거나 요약, 정리한 내용을 메모해 보십시오.

1. '시험 불안'에 대한 내용입니다. 23

1. 시험 준비를 철저히 할 것
2. 시험을 잘 보는 자신을 상상하는 이미지 훈련을 할 것

부연 설명

- 방법: ______________________

____

____

2. '인류학의 현지 조사'에 대한 내용입니다. 24

1. 현지 조사(field work): 연구자가 1년 이상 현지 조사 지역에서 현지인들과 생활하면서 그 사람들의 생활을 관찰, 기록, 분석하는 연구 방법

요약, 정리

- ______________________

____

____

1. 다음은 인간 소외에 대한 강의입니다. 강의를 들으면서 필기해 보십시오. 25

1. 영화 <모던 타임즈(Modern Times)>

- 1936년에 제작됨
- 산업 사회에서 인간성이 상실되고 인간이 ____________처럼 되어 버림
  → 주인공 '찰리 채플린(Charles Chaplin)'이 공장에서 나사못을 조이는 일을 함
- 산업 사회에서 우리의 모습을 상징적으로 그렸음

2. 산업 사회의 등장

- 공장에서 물건을 대량으로 만듦
- 공장에서 기계를 돌려 ____________
- 사람들이 기계 부품처럼 ____________
  → 대량 생산을 위해 ____________

3. 인간 소외 현상

- 정의: 산업 사회에서 인간이 수단으로 바뀌어 가면서
  ____
- 원인: 인간이 ____________이 아닌 수단이 되었기 때문임
- 인간 소외 현상이 심해지면 자신의 사고방식과 행동 양식까지 표준화시킴
  → ____________

요약

- 산업 사회 → 문명 발달 → 생활이 발전함 → 부작용도 있음
- ____________

- 인간의 존엄성을 회복하는 노력이 필요함

2. 강의를 다시 들으면서 다음 물음에 답하십시오.

(1) 강의에서 말한 영화 〈모던 타임즈(Modern Times)〉 설명으로 알맞은 것은 무엇입니까?

① 주인공은 자신이 만드는 것이 무엇인지 모른다.
② 기계를 안전하게 운전하는 모습을 표현하고 있다.
③ 등장인물은 나사못을 빨리 조일 수 있는 방법을 찾았다.

(2) 강의에서 말한 인간 소외 현상의 정의로 알맞은 것은 무엇입니까?

① 산업 사회에서 자기중심적으로 행동하는 현상
② 다른 사람과 조화를 이루지 못하고 고립되는 현상
③ 인간의 존엄성을 잃고 조직의 일원으로만 존재하는 현상

(3) 강의자가 〈모던 타임즈(Modern Times)〉에 대해 부연 설명한 내용이 <u>아닌</u> 것은 무엇입니까?

① 영화의 시대적 배경
② 영화의 소재가 된 실제 사건
③ 영화 주인공의 달라진 외모 묘사

(4) 들은 내용과 같으면 ○, 다르면 × 하십시오.

① 산업 사회의 부작용으로 인간 소외 현상이 생겼다. ( )
② 영화 주인공은 상품을 예쁘게 잘 만드는 것을 연구했다. ( )
③ 산업 사회에서 사람들은 다른 사람이 하는 일에 관심이 많다. ( )

생각 넓히기

1. 인간 소외 현상의 극복 방안으로 어떤 것이 있을지 토의하고 그 내용을 정리하고 이야기해 보십시오.

개인적으로 할 수 있는 것	사회적으로 해야 하는 것
• 경제력으로 사람을 평가해서는 안 된다. • • •	• 모두가 인간다운 삶을 살 수 있도록 사회 보장 제도를 확립해야 한다. • • •

2. 여러분이 읽은 시, 소설, 연극, 영화 중에서 '인간 소외'를 주제로 만든 작품이 있습니까? 어떤 내용입니까? 그 작품을 소개해 보십시오.

작품	내용

05 말하기

여가 활동

준비하기

1. 여러분이 주로 하는 여가 활동은 무엇입니까? 그 활동을 즐겨 하는 이유는 무엇입니까? 말해 보십시오.

TV 시청

등산

컴퓨터 게임

봉사 활동

2. 여러분이 하고 싶은 여가 활동을 실제로 못하는 이유는 무엇입니까? 다음 그래프를 보고 말해 보십시오.

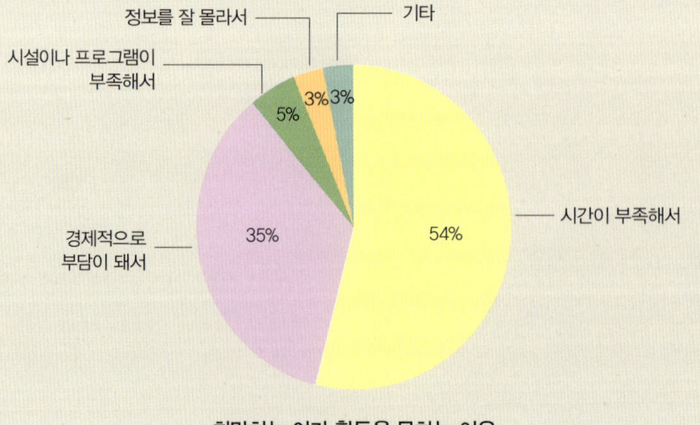

희망하는 여가 활동을 못하는 이유

어휘 익히기

1. 여가 활동과 관련된 어휘입니다.

(1) 옆 사람과 함께 밑줄 친 어휘의 의미를 대화에서 추측해 보십시오.

① A: 스트레스가 쌓일 때는 어떻게 푸세요?
B: 전 가까운 곳으로 여행을 다녀와요. 여행이 제 삶의 활력소거든요.

② A: 영화배우 김민우 씨가 활동을 중단했다고 하더라고요.
B: 네. 최근 몸이 많이 안 좋아져서 재충전의 시간을 가진 후에 복귀할 예정이래요.

③ A: 요즘 서울 근교에도 동남아 휴양지 부럽지 않은 휴양 시설이 늘어나고 있는 것 같아요.
B: 그렇죠? 저도 얼마 전에 강원도에 있는 리조트에 갔다 왔는데 정말 좋더라고요.

④ A: 매일 퇴근하자마자 어디 가요? 요새 무슨 일이 있어요?
B: 너도나도 자신의 발전을 위해 자기 계발을 한다고 해서 저도 매일 영어 학원을 다니고 있어요.

⑤ A: 금메달 따신 걸 축하드립니다. 올림픽을 위해 어떤 준비를 해 오셨나요?
B: 매일 밤낮 가리지 않고 땀을 흘리며 체력 단련과 연습을 한 덕분에 좋은 결과를 얻은 것 같습니다.

⑥ A: 한국인의 행복지수가 낮은 편에 속한다면서요?
B: 네. 1인당 노동 시간이 길고 실업률도 높은 편에 속해 삶의 질이 OECD 국가 중 최하위권이라는 평가가 나왔더라고요.

(2) 다음은 (1)에서 살펴본 어휘입니다. 어휘의 사전적 의미를 찾아 연결해 보십시오.

① 활력소 •	• 활동하는 힘의 기본 바탕
② 재충전 •	• 신체를 튼튼히 하고 힘을 키움
③ 휴양 시설 •	• 자신의 능력을 키우고 발달하게 함
④ 자기 계발 •	• 몸과 마음을 편히 쉴 수 있도록 만든 시설
⑤ 체력 단련 •	• 휴식을 통해 힘을 충전하여 힘이 생기게 함
⑥ 삶의 질 •	• 인생에서 행복을 누리고 있는 정도, 생활의 질

2. 진하게 표시된 어휘와 연결 지을 수 있는 것을 골라 보십시오.

(1) A: 김 기자, 최근 한식이 세계적으로 인기를 끌고 있다지요?
B: 네. 최근 건강식으로 알려지면서 세계인들에게 **각광을** (받고, 주고) 있습니다.

(2) A: 의사 선생님, 약을 먹어도 감기가 잘 낫지 않는데 어떻게 하면 좋을까요?
B: 감기가 잘 낫지 않을 때는 무엇보다 잘 쉬는 게 중요합니다. 며칠 휴가를 내셔서 **휴식을** (줘, 취해) 보세요.

(3) A: 세계적으로 저출산 문제가 심각한데요. 저출산의 원인으로는 뭐가 있을까요?
B: 저출산의 원인으로는 여러 가지가 있겠지만 결혼을 기피하는 **현상이** (확산된, 늘어난) 것이 가장 큰 원인이겠지요.

(4) A: 지역별 평균 소득을 조사한 결과가 나왔다고요?
B: 네. 조사한 결과 지역별 **소득 편차가** (큰, 많은) 것으로 나타나 지역 간 균등한 경제 발전을 위한 대책이 시급한 것으로 보입니다.

(5) A: 암 환자가 암을 대하는 마음가짐에 따라 생존율이 다르다는 뉴스 들었어요?
B: 네. 적극적으로 암을 이기려는 사람들과 그렇지 않은 사람들의 생존율이 다섯 배나 **차이를** (보였대요, 발견했대요). 모든 건 마음먹기 나름인 것 같아요.

(6) A: 요새는 인터넷 강의가 일반화돼서 강의를 집에서 듣는 사람들이 많더라고요.
B: 정말 그런 것 같아요. 학원에 직접 가지 않아도 공부할 수 있는 **여건이** (마련되다, 준비되다) 보니까 누구나 마음만 먹으면 공부할 수 있게 된 것 같아요.

발표할 때 듣는 사람의 이해를 돕기 위해서 발표할 내용을 표나 그래프와 같은 시각 자료로 구성하는 게 좋다. 표나 그래프를 활용할 경우 먼저 발표 내용을 가장 효과적으로 전달할 수 있는 적합한 유형을 정한다. 이때 다음 사항에 유의한다.

① 표는 비교를 하고자 하는 대상의 차이를 정리해 한눈에 나타낼 때 주로 사용한다.

② 그래프에는 막대그래프, 선 그래프, 원그래프 등이 있는데 특징에 따라 선택하여 사용한다.

- 막대그래프: 수량의 차이를 비교하여 제시할 때
- 선 그래프: 시간에 따른 추이를 보여 줄 때
- 원그래프: 상대적 비율이나 차지하는 비중을 보여 줄 때

예

'한국인의 휴일 여가 활용 방법에 대한 조사'에 대한 내용입니다. 다음을 읽고 중요한 내용에 밑줄을 긋고 표나 그래프로 만들어 보십시오.

자료 내용
① 한국인들은 주말이나 휴일과 같은 여가를 어떻게 보내고 있을까? 작년에 문화체육관광부가 발표한 '국민 여가 활동 조사'에 따르면 한국인의 여가 시간은 늘고 있지만 여가를 충분히 만끽하는 사람은 그리 많지 않은 것으로 나타났다. 20세 이상 성인이 주말이나 휴일에 하는 여가 활동으로 'TV 시청'이 48.4%로 가장 높게 나타났으며 그다음으로 '인터넷 검색' 15.4%, '컴퓨터 게임' 9.1%, '휴식 및 수면' 8.5%, '집안일' 7.3%, '산책' 7.2% 순으로 나타났다. 즉 집에서 특별히 하는 일 없이 시간을 보내는 경우가 많은 것으로 조사되었다.

⇩

작성할 시각 자료 종류	표나 그래프
원그래프 (각 항목의 비율을 잘 보여 주기 위해)	1. 한국인의 휴일 여가 활용 방법에 대한 조사 결과 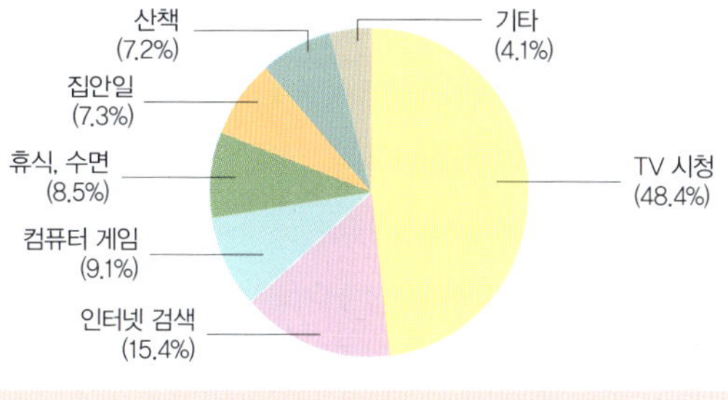

자료 내용
② 성별에 따라서 주로 하는 여가 활동의 종류도 다르게 나타났는데 남성은 'TV 시청(49.4%)', '인터넷 검색(14.3%)', '컴퓨터 게임(8.3%)', '휴식 및 수면(6.3%)' 순이었고, 여성은 'TV 시청(47.3%)', '휴식 및 수면(7.2%)', '집안일(6.2%)', '산책(5.3%)' 순으로 나타났다. 여성이 남성에 비해 가사에 대한 부담이 큰 것으로 보인다.

⇩

작성할 시각 자료 종류	표나 그래프
표 (남성과 여성을 비교하기 위해)	2. 성별에 따른 휴일 여가 활용 방법

순위	남성	여성
1	TV 시청(49.4%)	TV 시청(47.3%)
2	인터넷 검색(14.3%)	휴식 및 수면(7.2%)
3	컴퓨터 게임(8.3%)	집안일(6.2%)
4	휴식 및 수면(6.3%)	산책(5.3%)

연습 **다음을 읽고 중요한 내용에 밑줄을 긋고 표나 그래프로 작성해 보십시오.**

1. '결혼 연령과 결혼 상대자와의 나이 차이'에 대한 내용입니다.

자료 내용
① 결혼정보회사에서 최근 2년 간 결혼한 부부 2,742명(1,371쌍)을 대상으로 결혼 연령과 결혼 상대자와의 나이 차이에 대해 조사한 결과를 발표했다. 조사 결과에 따르면 한국인의 평균 결혼 연령은 남성 35.9세, 여성 32.7세로 10년 전(남 33.4세, 여 30.3세)과 비교하면 남성의 결혼 연령은 2.5세 상승했고, 여성은 2.4세 올랐다. 이와 같이 결혼 연령이 높아진 것으로 보아 결혼을 기피하는 현상이 확산된 것을 알 수 있다. ② 부부의 나이 차이에 대한 조사도 동시에 실시했다. 조사 결과, 남자 연상 부부가 대부분(90.6%)이었고, 동갑 부부는 6.3%, 여자 연상 부부는 3.1%로 나타났다.

⇩

작성할 시각 자료 종류	표나 그래프

2. '희망하는 여가 활동과 실제로 하고 있는 여가 활동의 차이 및 여가 활동비'에 대한 내용입니다.

자료 내용
① 한국인의 평균 여가 시간이 작년에 비해 늘어난 것으로 조사됐다. 여가 시간에 실제로 한국인들은 어떤 활동을 하면서 보내고 있을까? 현재 7개 대도시에 거주하는 20세 이상의 남녀 400명을 대상으로 조사한 결과에 따르면 희망하는 여가 활동과 실제 여가 활동에는 많은 차이가 있는 것으로 나타났다. 희망하는 여가 활동은 여행(25%)에 대한 선호도가 가장 높았으며, 헬스나 에어로빅과 같은 생활 체육(18.5%), 골프나 행글라이딩 등과 같은 레저 스포츠(16.9%), 자기 계발(12.5%), 악기 연주(10%), 공연 관람(9%), 기타(8.1%)의 순으로 높게 나타났다. 하지만 실제 하고 있는 여가 활동은 TV 시청(39.1%), 영화 관람(19.7%), 잠자기(14.4%), 음주(9.4%), 독서(8.6%), 컴퓨터 게임(5.8%), 기타(3%)의 순으로 나타나 소극적으로 휴식을 취하는 경우가 많았다. ② 그렇다면 한국인들은 여가 활동비로 얼마를 지출하고 있을까? 전체 가계 지출을 100%로 보았을 때 여가 활동비는 10.8%인 것으로 나타났다. 이는 재작년의 2.2%, 작년의 8.6%에 비해 다소 증가한 것이다. 이를 통해 한국인들은 여유롭고 만족스러운 삶을 위해 여가 활동에 점차 많은 지출을 하고 있는 것을 알 수 있다.

⇩

작성할 시각 자료 종류	표나 그래프

말하기

여가 활동에 대해 자료 조사해 발표하기

1. 여러분 나라에서 주로 하는 여가 활동에 대해 발표하려고 합니다. 여가 활동 중 어떤 내용을 발표할지 주제를 선정해 보십시오.

2. 여러분 나라의 여가 활동에 대한 발표 개요를 작성해 보십시오.

발표 제목	'____________________의 여가 활동'에 대한 발표
처음	
중간	
끝	

3. 여러분 나라의 여가 활동에 대한 자료를 조사해 보십시오.

(1) 자료에서 알게 된 정보를 간략하게 메모해 보십시오.

-
-
-
-
-

(2) 표나 그래프로 작성할 부분을 정리하고 어떤 시각 자료를 활용할지 정해 보십시오.

자료 내용	작성할 시각 자료(표나 그래프)

(3) (2)에서 정한 것을 바탕으로 시각 자료를 만들어 보십시오.

4. 여가 활동에 대해 표나 그래프로 작성한 것을 바탕으로 발표해 보십시오.

생각 넓히기

여러분은 인생에서 여가 활동이 중요하다고 생각합니까? 그 이유는 무엇입니까? 여가 활동의 중요성을 세 가지씩 이야기해 보십시오.

Q

1. 미래에는 어떤 산업이 새로 생길 것 같습니까?

2. 여러분은 로봇이 개발된다면 어떤 로봇이 개발되었으면 좋겠습니까?

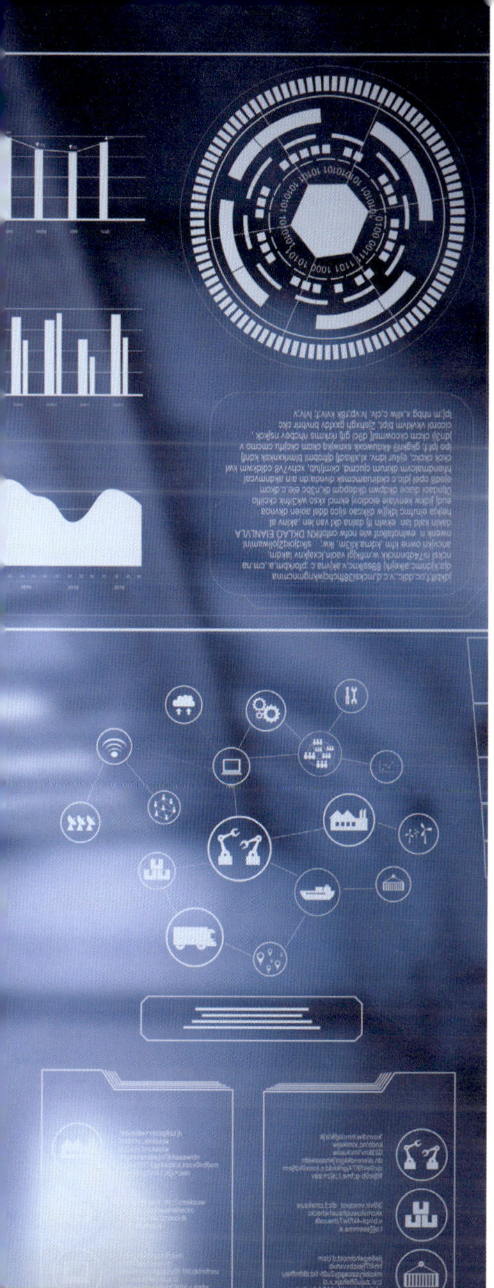

제6과

새로운 산업의 시작

【듣기】 빅 데이터

어휘 익히기	빅 데이터 관련 어휘
전략 익히기	강의 중 모르는 내용 부교재, PPT에 표시하기
듣기	빅 데이터에 대한 강의 듣기

【말하기】 인공 지능

어휘 익히기	인공 지능 관련 어휘
전략 익히기	확인 질문하기
말하기	인공 지능에 대해 토론하기

06 듣기

빅 데이터

준비하기

1. 다음을 듣고 '데이터(Data)'가 무엇인지, 우리 주변에 어떤 데이터들이 있는지 이야기해 보십시오. 26

2. 다음은 빅 데이터를 활용해 독감이 유행하는 지역을 심한 정도에 따라 색깔로 표시한 '독감 세계 지도'입니다. 어느 지역에 독감 환자가 많고 어느 지역에 독감 환자가 적은지 이야기해 보십시오.

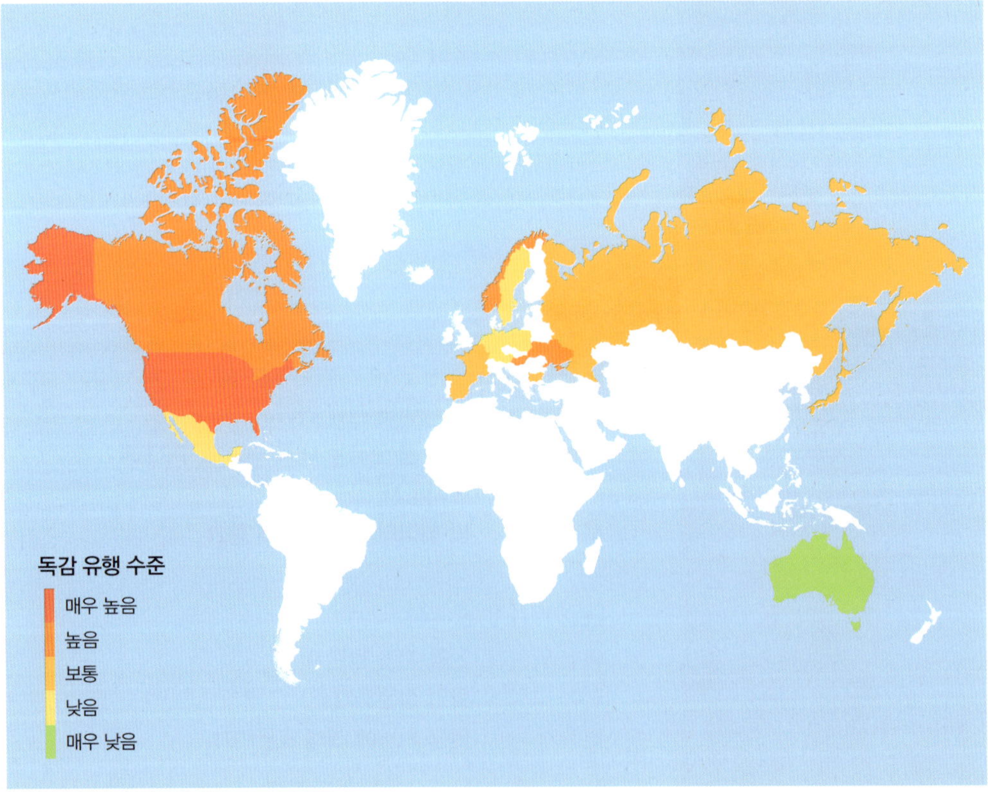

어휘 익히기

1. 빅 데이터와 관련된 어휘입니다. 빅 데이터를 만들고 모아서 우리 생활에 이용할 때까지의 진행 과정은 어떻게 됩니까? 다음을 듣고 빈칸에 진행 과정을 순서대로 보기에서 찾아 써 보십시오. 27

보기

활용하다 예측되다 축적되다 생성되다 분석하다 방대하다

빅 데이터가 ① 생성되다

빅 데이터가 ② ____________

빅 데이터의 양이 ③ ____________

빅 데이터를 ④ ____________

빅 데이터로 결과가 ⑤ ____________

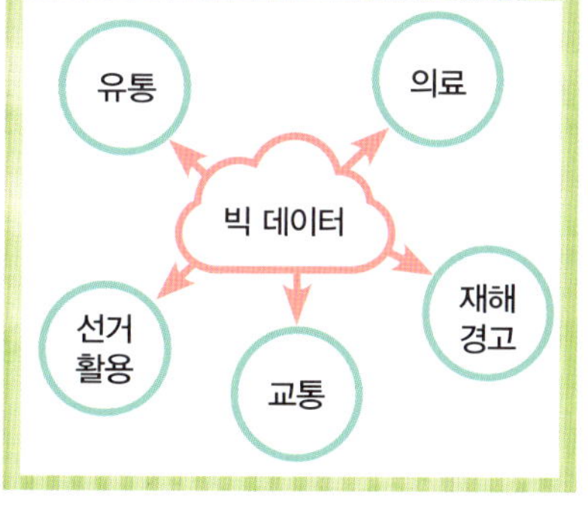

빅 데이터를 ⑥ ____________

2. 강의에서 들을 어휘입니다.

(1) 옆 사람과 함께 밑줄 친 어휘의 의미를 대화 안에서 추측해 보십시오.

① A: 민수 씨, 지금 뭐 하고 있어요?
B: 여행에서 찍은 사진들을 같이 간 친구들에게 이메일로 전송해 주고 있어요.

② A: 수진 씨, 이 컴퓨터 꽤 오래된 것 같은데요. 지금도 사용하는 거예요?
B: 아니요. 20년 전에 산 컴퓨터인데 이제 사용할 수 없게 돼 쓸모없는 기계가 되었어요.

③ A: 휴대 전화 새로 샀네요? 최신형인 것 같은데요?
B: 네, 맞아요. 최신형이라서 인터넷 데이터를 읽거나 볼 수 있도록 처리하는 속도가 굉장히 빨라요.

④ A: 박사님, 음성 인식이라는 것이 뭔가요?
B: 사람의 목소리로 인터넷 검색은 물론, 전화를 걸거나 음악을 재생시킬 수 있는 기술을 말합니다.

⑤ A: 선생님, 빅 데이터는 어떤 분야에서 활용이 되나요?
B: 빅 데이터는 기업의 마케팅, 공공 정책, 범죄 예방 등 셀 수 없을 정도로 무궁무진하게 여러 분야에서 활용되고 있어요.

⑥ A: 요즘 야근하느라 퇴근을 좀 늦게 했는데 그 시간에는 대중교통이 없어서 좀 불편하더라.
B: 그래? 아마 너처럼 야근하는 사람들이 많아서 그런지 다음 달부터 밤 열두 시부터 오전 다섯 시까지 심야 버스를 운행하기로 했다던데.

(2) 다음은 (1)에서 살펴본 어휘의 의미입니다. 의미에 알맞은 어휘를 찾아 써 보십시오.

① 사용할 만한 가치가 없다 ____________

② 소리를 구별하고 정확히 아는 것 ____________

③ 정해진 길을 따라 운전하면서 가다 ____________

④ 끝이 없고 다함이 없을 정도로 많다 ____________

⑤ 일을 절차에 따라 정리하여 마무리하다 ____________

⑥ 글이나 사진 등을 인터넷을 통해 보내다 ____________

전략 익히기

강의 중 모르는 내용 부교재, PPT에 표시하기

강의자의 말이 빠르거나 표현이나 단어가 어려워서 강의 중 일부 내용이 이해되지 않을 때가 있다. 그때는 이해하지 못한 것을 부교재나 PPT 같은 강의 자료에 표시해 두고 수업 후에 확인해 보는 것이 좋다. 표시할 때는 각자 정한 부호를 사용한다.

예) 이해가 안 되는 부분에 표시할 때는 동그라미나 밑줄을 긋고 물음표(?)를 한다.
중요하다고 생각되는 부분에는 밑줄을 긋고 별표(☆)를 해 놓는다.

예

다음은 '유전자 조작 농작물'에 대한 내용입니다. 강의를 들으면서 강의 중 모르는 내용을 다음 부교재에 표시해 보십시오. 28

오늘 수업에서는 유전자 조작 농작물에 대해 이야기해 보죠. 우선 유전자 조작이 뭘까요? 유전자 조작이란 어떤 생물의 유전자 중에서 우리에게 필요한 유전자를 빼내서 다른 생물에 넣어 새로운 종류의 생물을 만들어 내는 기술을 말합니다. 이런 기술을 이용해서 재배한 농작물을 유전자 조작 농작물이라고 하는데요. 이 같은 유전자 조작 농작물에는 수박만한 감자, 오래 두고 먹을 수 있는 토마토 등이 있어요. 그 외에도 콩, 옥수수, 호박 같은 다양한 종류의 유전자 조작 농작물이 있습니다. 이런 유전자 조작 농작물은 대부분 미국에서 생산되는데 그 양이 전 세계의 유전자 조작 농작물 중 약 60~70%라고 해요. 한국이 미국에서 가장 많이 수입하는 게 콩하고 옥수순데, 현재 미국에서 재배하는 콩의 57%, 옥수수의 33%가 유전자 조작 농작물이라고 하니까 한국에 수입된 콩과 옥수수 중에도 유전자 조작 농작물이 상당량 포함돼 있을 겁니다.

대학한국어2 | **유전자 조작 농작물** | 부교재

1. 유전자 조작 농작물(GMO) 이게 뭐의 약자?
   1) 유전자 조작: 어떤 생물의 유전자 중에서 우리에게 필요한 유전자를 빼내서 다른 생물에 넣어 새로운 종류의 생물을 만들어 내는 기술 → 이게 무슨 뜻? 왜 이렇게 하지?
   2) 유전자 조작 농작물: 유전자 조작 기술을 이용해서 재배한 농작물
      (예) ☆ 수박만한 감자, 오래 두고 먹을 수 있는 토마토, 콩, 옥수수, 호박 등
   3) 유전자 조작 농작물의 생산
      – ☆ 미국에서 생산되는 양이 전 세계의 약 60~70%
      – 한국이 미국에서 수입하는 콩과 옥수수 중 유전자 조작 농작물이 상당량 포함됨

연습 강의를 들으면서 강의 중 모르는 내용을 다음 부교재와 PPT에 표시해 보십시오.

1. '빅 데이터를 활용한 도로 관리 사례'에 대한 내용입니다. 29

대학한국어2 | 6과 빅 데이터 | 부교재

1. 빅 데이터를 활용한 도로 관리 사례
  1) 방법: 어플리케이션 활용
  2) 어플리케이션 기능
    – 사람이 걷다가 흔들리거나 차가 덜컹거리면 그러한 행동이 발생한 위치를 어플리케이션으로 파악
    – 어플리케이션이 파악한 정보를 도로 관리 회사에 전송
  3) 효과
    – 깨진 도로를 신속하고 정확하게 관리할 수 있음

2. '인공 지능'에 대한 내용입니다. 30

1. 인공 지능의 정의 PPT

• '사람처럼' 생각하고 문제를 해결하는 컴퓨터 시스템

2. 인공 지능 로봇 PPT

• 인공 지능 시스템을 탑재한 로봇
➢ 사람처럼 말할 수 있음
➢ 창의적이고 숙련된 기술이 필요한 분야에서 활용 가능

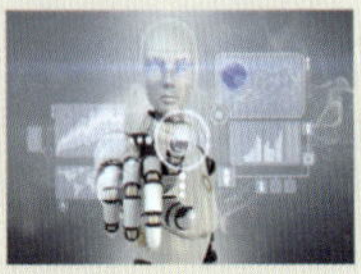

3. 인공 지능 로봇 사례 PPT

• 인공 지능 시스템을 탑재한 컴퓨터: 슈퍼 컴퓨터 '왓슨(Watson)'

IBM Watson

4. 슈퍼 컴퓨터 '왓슨(Watson)' PPT

• 퀴즈쇼에 출연해 76회 우승한 사람을 이김
• 1초에 100만 권 분량의 데이터를 스스로 학습할 수 있음

1. 다음은 빅 데이터에 대한 강의입니다. 강의를 들으면서 다음 부교재에 모르는 내용을 찾아 표시해 보십시오. 31

대학한국어2 | 6과 빅 데이터 | 부교재

1. 빅 데이터 환경
   (1) 스마트폰을 누르지 않고 음성 인식을 통해 전화를 걸 수 있음

2. 빅 데이터의 특징
   (1) 인터넷 상에서 생성되는 문자, 숫자, 소리 등 다양한 종류의 데이터로 만들어짐
   (2) 빅 데이터의 축적 속도는 상당히 빠름
   (3) 빅 데이터의 양도 방대함

3. 빅 데이터 활용 분야
   (1) 다양한 분야에서 활용되고 있음
   (2) 빅 데이터 활용 사례
      – 기업의 마케팅 분야
        예) 고객의 취향에 맞는 맞춤형 상품 정보를 제공함
      – 공공 정책 분야
        예) 심야에 버스를 이용해야 하는 시민을 위해
        심야 버스 노선을 만듦
      – 그 외 활용 분야: 범죄 예방, 독감 경고,
        자연 재해 예고, 선기 운동 등

4. 빅 데이터의 미래
   (1) 상상할 수 없는 엄청난 사회 변화가 예상됨

2. 강의를 다시 들으면서 다음 물음에 답하십시오.

(1) 빅 데이터에 대한 설명으로 맞지 않는 것은 무엇입니까?

① 빅 데이터를 통해 음성 인식 기술이 발전할 수 있었다.
② 빅 데이터의 생성으로 데이터의 양이 증가하게 되었다.
③ 빅 데이터의 발전을 통해 인공 지능도 발전하게 되었다.

(2) 기업의 마케팅 분야에서 빅 데이터를 활용하여 고객도 만족하고 기업에도 이익이 되는 상황을 어떻게 표현했습니까?

____

(3) 빅 데이터를 활용한 사례가 아닌 것은 무엇입니까?

① 독감을 많이 검색한 지역의 주민들에게 독감 경고를 한다.
② 몇 년간의 지진 통계를 분석해서 언제 지진이 일어날지 예고한다.
③ 인터넷 쇼핑몰에서 구매한 고객을 파악해 연말 감사 카드를 보낸다.

(4) 들은 내용과 같은 것을 고르십시오.

① SNS로 친구에게 보낸 문자도 빅 데이터가 된다.
② 서울의 모든 버스 노선이 빅 데이터를 통해 만들어졌다.
③ 활용할 수 없어 버려지는 데이터가 많이 만들어지고 있다.

생각 넓히기

1. 빅 데이터가 우리 생활에 어떤 도움을 주면 좋겠습니까? 왜 그런지 이야기해 보십시오.

-
-
-
-
-
-

2. 다음은 국내외에서 빅 데이터를 활용한 사례입니다. 만약에 여러분이 빅 데이터를 활용할 수 있다면 어떤 분야에서 활용하고 싶습니까? 이유와 함께 이야기해 보십시오.

활용 분야	이유
통신 서비스	스마트폰 이용자가 통신사를 바꾸지 않고 유지할 수 있도록 꾸준히 관리할 수 있음.
제조	자동차 내부에 센서를 붙여 고장 여부를 확인하고 관리할 수 있음.

06 말하기

인공 지능

준비하기

1. 다음 사진을 보고 인공 지능이 어떻게 활용됐는지 말해 보십시오.

자율 주행 자동차
운전자가 조작하지 않아도 스스로 주행

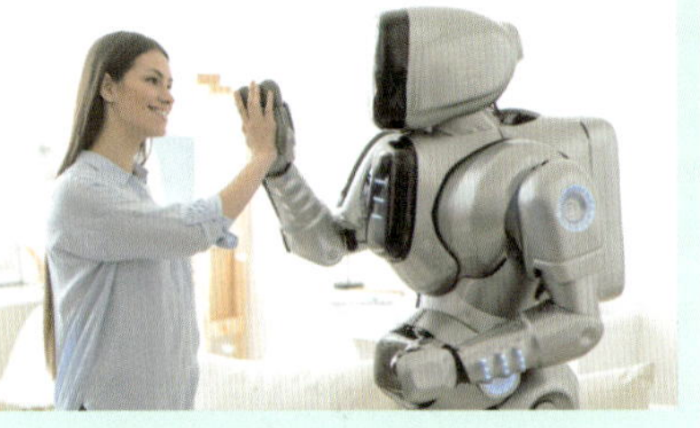

감성 로봇
사람의 감정을 느끼고 반응하는 로봇

알파고
인공 지능 바둑 프로그램 컴퓨터

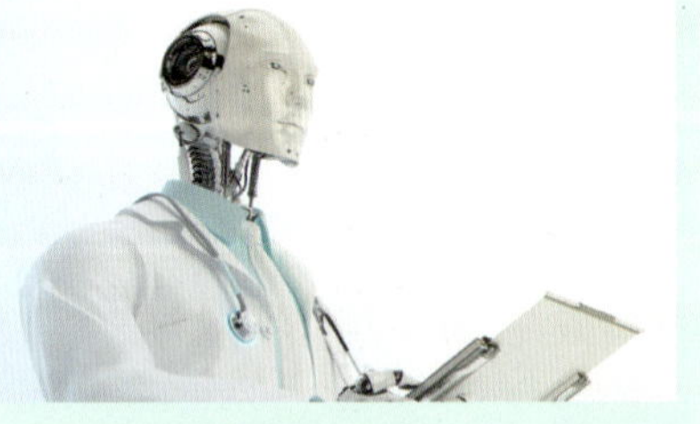

의료 로봇
환자 자료를 검토해 치료 방법을 제시하는 로봇

2. 다음 중 인공 지능이 활용된 것은 무엇입니까? V표 해 보십시오.

- ☐ 로봇이 변호사를 대신해서 법 관련 상담을 한다.
- ☐ 산업용 로봇이 부품이나 도구를 옮기는 일을 한다.
- ☐ 원격 조정으로 로봇이 폭발물을 찾아내고 해체한다.
- ☐ 모국어로 말하면 자동 번역기가 원하는 언어로 말한다.
- ☐ 자동차에 바꿔야 할 부품이 있으면 자동차가 주인에게 알려 준다.
- ☐ 로봇이 투자자들이 원하는 주식 시세 정보를 제공하거나 유망 종목을 추천한다.

ㄱㄴㄷ 어휘 익히기

1. 인공 지능과 관련된 어휘입니다.

(1) 옆 사람과 함께 밑줄 친 어휘의 의미를 대화에서 추측해 보십시오.

① A: 어제 화재경보기 오작동으로 회사가 발칵 뒤집혔다면서요?
B: 네. 불도 나지 않았는데 갑자기 화재경보기가 울려서 대피하느라고 난리였어요.

② A: 인공 지능이 발전하면 많은 사람들이 직장을 잃게 되지 않을까요?
B: 네. 인공 지능 로봇이 사람들의 일자리를 대체하면 대량 실직 사태가 일어날 수도 있을 거예요.

③ A: 가사 도우미 로봇이나 교육용 로봇 같은 지능형 로봇이 활용되고 있다면서요?
B: 그래요? 집안일을 스스로 판단해서 처리하는 가사 도우미 로봇이 있다면 정말 좋겠네요.

④ A: 요즘 주문하고 계산하는 걸 기계가 하는 식당이 많다면서요?
B: 네. 그런데 자동화가 편한 면도 있지만 문제가 생겼을 때 도움받을 방법이 없어서 불편해요.

⑤ A: 컴퓨터가 인간처럼 느끼고 지각한다는 게 과연 가능할까요?
B: 저도 신문에서 봤는데 컴퓨터에 데이터를 입력해서 스스로 학습하게 해서 새로운 지식을 얻어내는 기계 학습(Machine Learning)을 시키면 가능하다고 하네요.

⑥ A: 한국의 노동 생산성이 경제협력개발기구(OECD) 국가 중 최하위라고 하네요.
B: 글쎄 말이에요. 다른 나라에 비해 근무 시간은 길지만 일의 결과는 상대적으로 좋지 않다는 건데 우리 회사도 단시간에 집중해서 일할 수 있게 근무 시간을 단축했으면 좋겠어요.

(2) 다음은 (1)에서 살펴본 어휘입니다. 어휘의 사전적 의미를 찾아 연결해 보십시오.

어휘			의미
① 오작동	•	•	아주 많은 사람들이 직업을 잃음
② 대량 실직 사태	•	•	다른 힘을 빌리지 않고 스스로 움직임
③ 지능형 로봇	•	•	일정 시간이 투입된 노동량과 생산량과의 비율
④ 자동화	•	•	기계나 전자 제품이 기능 이상으로 잘못 작동함
⑤ 기계 학습	•	•	사람이 학습하듯이 컴퓨터에도 데이터를 줘서 학습하게 함
⑥ 노동 생산성	•	•	입력된 정보를 통해 사람처럼 스스로 판단해 적절한 행동을 하는 로봇

2. 다음을 읽고 알맞은 어휘를 골라 보십시오.

(1) A: 인건비가 너무 많이 드는데 좋은 방법이 없을까요?
B: 자동화 설비를 갖추면 장기적으로는 인건비를 (줄, 줄일) 수 있을 겁니다.

(2) A: 4학년 학생들 중에 이미 취업한 학생들은 기말시험을 보러 오기 힘들 것 같은데 어떻게 하지요?
B: 그럼 기말시험을 보고서로 (대체하기로, 대체되기로) 하지요.

(3) A: 인공 지능 로봇이 쓴 시나리오를 영화로 만든다면서요?
B: 저도 뉴스 봤는데요. 로봇에게 일자리를 (빼앗는, 빼앗기는) 것은 이제 시간문제겠어요.

(4) A: 이렇게 많은 사람들이 한꺼번에 행사장 안으로 들어오게 하면 어떻게 합니까?
B: 갑자기 많은 사람들이 몰려 적은 수의 직원으로는 사람들을 (통제할, 통제될) 수 없었어요.

(5) A: 청년 실업률이 아직도 증가 추세네요.
B: 네. 생각보다 심각한 것 같아요. 무엇보다 정부가 적극적으로 개입해서 일자리를 (늘어야, 늘려야) 할 것 같아요.

(6) A: 최근 몇 년 사이에 과학이 비약적으로 발전하면서 산업 현장에서 로봇이 담당하는 역할이 점점 (크고, 커지고) 있습니다.
B: 그러면 생산비를 절감할 수 있겠네요.

memo

전략 익히기

확인 질문하기

상대방의 입론을 듣고 명확하지 않은 부분이 있거나 보충 설명이 필요한 경우에는 예의를 갖추어 질문하거나 설명을 요청해야 한다.

① 상대방이 사용한 개념의 의미나 범위를 확인 질문한다.
② 자신이 상대방의 논점을 제대로 이해했는지 확인 질문한다.
③ 상대방의 입론 내용 중 불충분한 부분에 대해 보충 설명을 요청한다.

예

'인공 지능 로봇의 발전으로 인간의 삶은 물질적으로 풍요로워질 것이다.'라는 논제에 반대하는 사람의 입론 부분입니다. 다음을 읽고 확인 질문을 해 보십시오.

반대 기존의 로봇이 인간의 육체노동을 대신해 왔다면 인공 지능 로봇은 인간의 정신노동까지 대신할 수 있습니다. 그런 인공 지능 로봇의 사용이 생활 속에서 보편화된다면 일이 자동화되어 많은 사람이 일자리를 잃게 될 것입니다. 일자리가 없어지는데 어떻게 물질적으로 풍요로워질 수 있겠습니까? 그러므로 저희는 인공 지능 로봇의 발전으로 인간의 삶은 물질적으로 풍요로워질 것이라는 논제에 반대하는 입장입니다.

찬성 일이 자동화되어 많은 사람이 일자리를 잃게 될 거라고 하셨는데 그 일은 구체적으로 어떤 일을 말씀하시는 겁니까?

반대 여러 가지 일이 있겠지만 특히 단순 반복적인 업무의 비중이 큰 제조업이나 서비스업에 해당하는 일자리가 인공 지능에 의해 자동화되기 쉬운 일이라고 생각합니다.

찬성 인공 지능 로봇에 의한 자동화는 생산성 증가로 이어질 수 있는데 그 부분은 인정하지 않는다는 말씀으로 이해해도 되겠습니까?

반대 물론 인공 지능으로 인한 자동화는 생산성 증가를 가져올 수 있을 겁니다. 그러나 아무리 생산성이 증가한다고 하더라도 전체의 물질적 풍요로 이어지지는 않을 거라고 생각합니다.

찬성 인공 지능 로봇은 인간의 정신노동까지 대신할 수 있다고 하셨는데 정신노동이란 어떤 것을 말씀하시는지 예를 들어 말씀해 주시겠습니까?

반대 가령 의료 상담, 법률 상담, 기사 작성과 같은 업무는 대표적인 정신노동인데 이런 분야도 인공 지능에 의해 대체 가능하다고 생각합니다.

연습 **다음을 읽고 확인 질문을 해 보십시오.**

1. 여러 논제에 대한 입론입니다.

(1) 논제: 청소년들은 화장해도 된다.

반대	화장을 하는 청소년의 수가 날로 증가하고 있는데 저는 청소년들이 화장하는 것은 바람직하지 않다는 입장입니다. 화장하는 것은 학생답지 않을뿐더러 나이도 아직 어려서 피부에도 좋지 않기 때문입니다.
찬성	______________________________
반대	학생은 학업에 전념해야 학생답다고 말할 수 있습니다. 학업에 전념하지 않고 외모에 지나치게 신경쓰는 것은 학생답지 않다고 생각해서 반대하는 겁니다.

(2) 논제: 학교 폭력 예방을 위해 교실에 CCTV를 설치해야 한다.

반대	학교 폭력이 심하다고 해서 교실에 CCTV를 설치하는 것은 안 된다는 입장입니다. 학생들의 사생활이 그대로 노출되어 학생들은 행동을 자유롭게 하지 못할 것입니다. 학생들의 인권이 침해되기 때문에 교실에 CCTV를 설치하는 것은 절대 있을 수 없는 일입니다.
찬성	______________________________
반대	네, 맞습니다. 학교 폭력은 교실이 아닌 공간에서도 이루어집니다. 학교 폭력을 예방한다는 이유로 학생들의 인권을 침해해서는 안 된다고 생각합니다.

(3) 논제: 영어 조기 교육이 필요하다.

찬성	저희는 영어 조기 교육이 필요하다는 입장입니다. 학습 효과가 가장 높은 시기가 있는데, 이 시기를 놓치면 시간이 지날수록 영어 학습의 효과는 떨어지고 더 많은 시간과 노력이 필요합니다. 따라서 조기 교육은 매우 중요하고 필요하다고 봅니다.
반대	① ______________________________
찬성	조기 교육을 1세부터 6세까지의 유아기에 이루어지는 교육이라는 의미로 사용했습니다.
반대	② ______________________________
찬성	유아기에 영어를 배우면 영어를 모국어처럼 학습하게 되어 학습 효과가 높습니다. 뿐만 아니라 억양과 발음도 이 시기가 지나면 모국어 화자처럼 하기 힘듭니다.

2. '인공 지능의 발전이 인간의 삶에 득이 될 것이다.'라는 논제에 대해 찬성하는 입장의 입론입니다.

(1) 밑줄 친 부분에 대해 확인 질문이나 보충 설명을 요청하는 메모를 써 보십시오.

최근 인공 지능의 급속한 발전으로 미래 사회에 대한 기대가 커지고 있습니다. 인공 지능은 컴퓨터가 기계 학습을 통해 인간의 두뇌와 같이 스스로 추론, 학습, 판단을 하면서 ① 전문적인 작업을 하거나 지적인 행동을 합니다. 특히 인공 지능 로봇은 인간을 대신하면서 우리 사회의 문제에 많은 해결책을 제시할 것입니다. 그러므로 ② 저희는 인공 지능 기술의 발전이 인간의 삶에 득이 될 것이라는 입장입니다. 그 첫 번째 이유는 인공 지능 로봇이 인간을 대신해 ③ 위험한 일이나 열악한 환경에서 일을 하게 되면 인간은 위험과 힘든 노동에서 벗어나 더 많은 시간을 다른 ④ 창의적이고 예술적인 일에 쓸 수 있을 거라는 겁니다. 두 번째, 인공 지능의 발전으로 생산성이 늘고 자원 이용의 효율성이 증가되어 ⑤ 앞으로 인간의 삶은 물질적으로 더 풍족해질 겁니다. 세 번째, 인공 지능이 의료 분야에 응용될 경우 환자의 건강 기록을 분석해 질병 발생을 예측하고 맞춤 상담하며 관리할 수 있어 인간의 건강과 수명 연장에도 도움을 줄 겁니다.

①

②

③

④

⑤

(2) 메모한 것을 바탕으로 확인 질문을 해 보십시오.

말하기 인공 지능에 대해 토론하기

1. 인공 지능의 발전으로 미래에 어떤 일이 생길까요? 다음 중 가능성이 높은 것에 V표 하고 그것이 미래 사회에 긍정적인 영향을 줄지 부정적인 영향을 줄지 말해 보십시오.

- ☐ 자율 주행 자동차의 오작동으로 사고가 일어날 수 있다.
- ☐ 인공 지능이 특정한 목적을 가진 집단에 의해 악용될 수 있다.
- ☐ 인공 지능 로봇이 인간의 통제를 벗어나 스스로 판단할 수도 있다.
- ☐ 의료 로봇 덕분에 병원까지 갈 필요 없이 집에서 진료받을 수 있다.
- ☐ 인공 지능 로봇이 인간의 일을 대신해 인간은 더 이상 힘든 노동을 할 필요가 없다.
- ☐ 그림이나 소설 창작과 같은 예술 영역까지 인공 지능이 인간을 대신할 수 있을 것이다.

2. 인공 지능에 대한 글입니다. 다음을 읽고 주장과 근거를 찾아 밑줄을 그어 보십시오.

(1) 인공 지능의 발전은 인간의 삶에 득이 될 것이다.

미래 사회 연구 보고서에 따르면 인공 지능은 많은 분야에 활용되어 다양한 서비스를 제공함으로써 인간의 삶의 질을 향상시킬 것이라고 한다. 인공 지능 로봇은 고령화 사회에 필요한 복지 업무를 담당할 수 있으며, 인공 지능이 가전 제품과 연결되면 생활 환경을 보다 편리하게 개선하여 삶의 질을 향상시킬 것이다. 또한 음성 인식 기술과 결합돼 인간이 필요한 지식을 보다 편리하고 정확하게 찾아낼 수 있게 할 것이며 실시간 번역 서비스를 가능하게 해 언어 장벽을 없애줄 것이다. 이와 같이 인공 지능의 발전은 다양하고 편리한 서비스를 제공하여 삶의 질을 향상시키는 데 도움이 될 것이다.

(2) 인공 지능의 발전은 인간의 삶에 실이 될 것이다.

인공 지능의 발전은 소득 양극화라는 사회 문제를 야기할 것이다. 과학 기술이 경제에 미치는 영향을 연구해 온 미국 대학교의 한 교수는 "인공 지능의 발전으로 실업이 증가하고 중산층이 사라지는 등 소득 양극화가 심각한 수준으로 나타날 수 있다"고 경고했다. 인공 지능이 단순한 반복 작업뿐만 아니라 복잡하고 섬세한 지적인 작업까지 대체해 가는 상황이다. 특별한 기술을 가진 컴퓨터 전문가, 능력이 뛰어난 일부 기업가나 투자자, 인공 지능을 능가하는 창의력을 가진 예술가 등 소수의 사람들과 그 외에 인공 지능에게 일자리를 빼앗긴 다수의 사람들 사이의 소득 양극화는 심각한 사회 문제가 될 것이다.

3. 다음 논제에 대해 찬반 토론을 하려고 합니다. 자신의 입장을 정하고 주장의 근거를 정리해 보십시오.

논제: 인공 지능의 발전은 인간의 삶에 득이 될 것이다.	
자신의 입장	□ 찬성　　□ 반대
주장의 근거	• •

4. 찬반 토론을 시작하기 전에 의견이 같은 친구들과 토의를 통해 주장의 근거를 세 가지 정도로 정리해 보십시오. 그리고 상대방 주장의 근거를 예측한 후 확인 질문할 내용을 메모해 보십시오.

상대방의 입장	□ 찬성　　□ 반대
예상되는 상대방 주장의 근거	• • •
확인 질문 계획	• •

5. '인공 지능의 발전은 인간의 삶에 득이 될 것이다.'라는 논제에 대해 다음 순서에 따라 찬반 토론을 해 보십시오.

입론하기 → **확인 질문하기** → 반론하기 → 최종 발언하기

생각 넓히기

인공 지능의 발전이 여러 분야에서 진행되고 있습니다. 각 분야에서 어느 정도 진행되고 있는지 한 분야를 선택해서 조사한 후 말해 보십시오.

□ 교통　□ 가정　□ 의료　□ 교육　□ 법률　□ 기타 (　　　　　　　　)

Q

1. 여러분은 저상버스를 본 적이 있습니까?
   저상버스는 다른 버스와 어떤 차이점이 있습니까?

2. 여러분 나라에서는 장애인을 위한 시설로 어떤 것이 있습니까?

제7과
인권

【듣기】 장애인의 인권

어휘 익히기	인권 관련 어휘
전략 익히기	강의에서 근거 듣고 주장 이해하기
듣기	장애인의 이동권과 노동권에 대한 강의 듣기

【말하기】 사형 제도의 존폐

어휘 익히기	사형 제도 관련 어휘
전략 익히기	근거 자료 제시하며 반론하기
말하기	사형 제도의 존폐에 대해 토론하기

07

듣기

장애인의 인권

준비하기

1. 다음에서 사회적 약자에 속한다고 생각되는 사람은 누구입니까? 왜 이들이 사회적 약자라고 생각합니까? 이야기해 보십시오.

노인

어린이

장애인

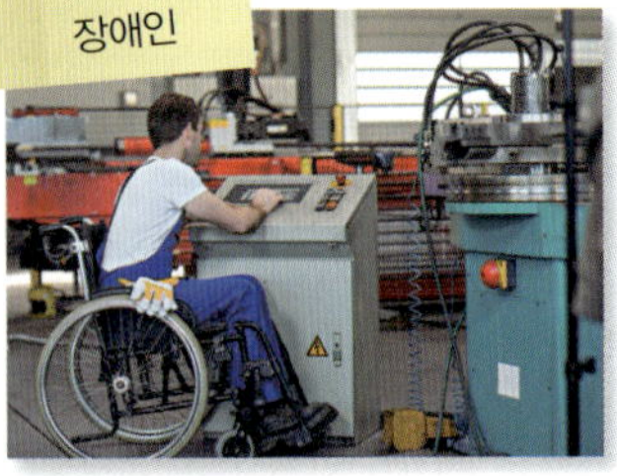

임산부

노숙자

2. 다음은 서울에서 운행 중인 저상 버스입니다. 어떤 목적으로 만들어진 버스라고 생각하는지 서로 이야기해 보십시오.

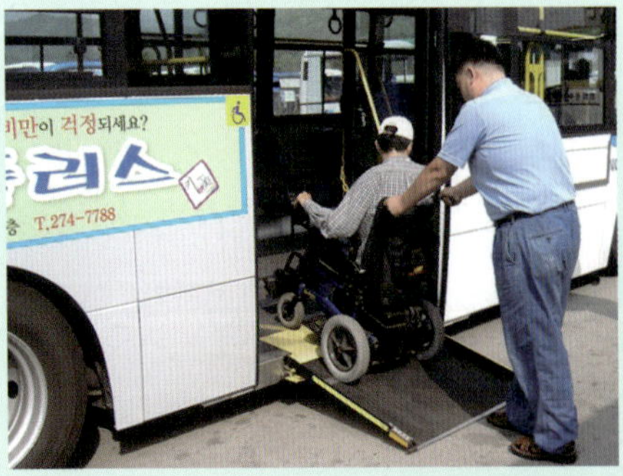

어휘 익히기

1. 인권과 관련된 어휘입니다. 진하게 표시된 어휘와 연결 지을 수 있는 것을 골라 보십시오.

(1) A: 선생님, 토론할 때 가장 주의할 점은 무엇입니까?
B: 무엇보다 상대방의 **의견을** (승낙할, 존중할) 줄 알아야 합니다.

(2) A: 육아 휴직을 쓰고 싶은데 나중에 승진하기 어려워질까 봐 못 쓰겠어.
B: 그런 일로 회사에서 **불이익을** (받는, 취하는) 일은 없을 테니까 걱정하지 말고 푹 쉬어.

(3) A: 앞으로 인터넷에 악플이 달리면 그 사이트에서 즉각 삭제할 수 있는 법이 생긴대.
B: 그래? 잘된 거긴 한데 **표현의 자유를** (보호한다고, 침해한다고) 반대하는 사람들도 있을 것 같은데.

(4) A: 장애인 고용과 관련된 법을 만든 목적이 무엇입니까?
B: 장애인들이 적성에 맞는 직업을 찾아 일을 하게 함으로써 그들의 **기본 생활을** (보장해, 인정해) 주기 위한 것입니다.

(5) A: 장애인들의 고용을 늘리려면 어떻게 해야 할까요?
B: 장애인의 **고용을** (완화하기, 촉진하기) 위해서는 정부 차원에서 직업 훈련을 시켜 주거나 창업할 때 지원을 해 주는 게 필요합니다.

(6) A: 이번 회의의 안건은 뭔가요?
B: 기숙사 앞 경사가 너무 심해서 오르내리기 힘들다고 **불편함을** (접수하는, 호소하는) 학생들이 많아서 그 해결 방안에 관해 논의해야 합니다.

2. 강의에서 들을 어휘입니다.

(1) 옆 사람과 함께 밑줄 친 어휘의 의미를 대화 안에서 추측해 보십시오.

① A: 김 과장, 지난해에 출시된 노트북의 올해 판매율은 어떻습니까?
B: 경제 불황으로 판매율이 지난해에 비해 <u>현격히</u> 감소했습니다.

② A: 민호야, 다음 학기 등록금은 다 마련했어?
B: 아니. 방학 동안 아르바이트를 두 개나 했는데도 아직 <u>턱없이</u> 부족해서 걱정이야.

③ A: 요즘 회사에 지원할 때 이력서에 학력, 성별, 사진을 넣지 않아도 된대.
B: 그래? 그럼 이제 학력이나 성별에 따른 <u>차별 대우</u> 없이 능력만으로 사람을 뽑게 되겠네.

④ A: 시장님, 2030년까지 바닥이 낮고 출입구에 계단이 없는 저상 버스를 100% 도입하신다고 들었습니다.
B: 네, 그렇습니다. 장애인의 이동권을 위해 저상 버스를 100%까지 늘리기로 했습니다.

⑤ A: 김 기자, 장애인의 고용 실태 조사 결과가 나왔다고요?
B: 네. 신체가 건강한 비장애인의 실업률이 3% 정도인데 반해, 장애인은 7%가 넘어 2.5배 정도 차이가 나는 것으로 나타났습니다.

⑥ A: 김종원 선수, 올해 최고의 야구 선수로 뽑히셨는데 소감 한 말씀 해 주시죠.
B: 이루 다 말할 수 없을 만큼 기쁩니다. 저를 응원해 주신 여러분들과 동료 선수들 덕분에 제가 이 자리에 설 수 있었습니다. 진심으로 감사합니다.

(2) 다음은 (1)에서 살펴본 어휘의 의미입니다. 의미에 알맞은 어휘를 찾아 써 보십시오.

① 아무리 해도 ____________________

② 차이가 매우 심하게 ____________________

③ 수준에 한참 모자라 맞지 않게 ____________________

④ 여러 대상을 각각 등급, 수준 등의 차이를 두어 대함 ____________________

⑤ 원하는 곳으로 이동하는 데 불편함 없이 움직일 수 있는 권리 ____________________

⑥ 장애인의 반대 개념으로, 일상생활을 하는 데 불편함이 없는 신체 건강한 사람 ____________________

전략 익히기

하나의 주제를 가지고 강의할 때는 일관된 주장이 있기 마련이다. 주장하는 방법은 다음과 같다.
① 자신의 의견을 직접 주장하는 것과 자신의 주장에 반대되는 내용을 먼저 반박한 후 주장하는 바를 더 분명히 말하는 방법이 있다.
② 보다 설득력 있게 주장하기 위하여 강의자는 여러 가지 근거 자료를 제시한다. 근거 자료는 구체적인 예시를 열거하거나 통계 수치로 제시한다.

예

다음은 '공동 주택에서의 대형견 허용 여부'에 대한 내용입니다. 강의를 들으면서 강의자의 주장과 근거를 써 보십시오. 그리고 주장하는 방법을 찾아보십시오. 32

요즘 아파트와 같은 공동 주택에서 대형견을 키워도 되는지에 대해 뜨거운 논쟁이 벌어지고 있는데요. 저는 공동 주택에서는 이웃에게 피해를 줄 수 있기 때문에 대형견을 키우면 안 된다고 생각합니다. 얼마 전 한 대형견이 이웃집 어린아이를 물어 상처를 입히는 사건이 있었고 개를 싫어하는 이웃 주민에게 공포감을 준 경우도 있었어요. 이처럼 이웃에게 피해를 주는 일이 종종 발생하기 때문에 공동 주택에서는 대형견을 키우지 말아야 한다고 봅니다.

그러나 한편에서는 개를 좋아하는 사람들의 행복 추구권도 존중해 줘야 하기 때문에 대형견을 키우는 것에 반대하면 안 된다고 말하는 사람들이 있어요. 그러나 개인의 행복 추구권이 다른 사람들의 행복 추구권을 침해한다면 그 권리는 제한되어야 합니다. 그러므로 공동 주택에서 대형견을 키우는 것은 허락하면 안 된다고 생각합니다.

⇩

첫 번째 주장

- 주장: 공동 주택에서는 피해를 줄 수 있기 때문에 대형견을 키우면 안 됨
- 근거: (1) 대형견이 이웃집 어린아이를 물어 상처를 입히는 사건이 있었음
  (2) 개를 싫어하는 이웃 주민에게 공포감을 준 경우도 있었음
- 방법: 직접 주장하기, 반박해서 주장하기

두 번째 주장

- 주장: 공동 주택에서 대형견을 키우는 것을 허락하면 안 됨
- 근거: (1) 개인의 행복 추구권이 다른 사람들의 행복 추구권을 침해한다면 그 권리는 제한되어야 함
- 방법: 직접 주장하기, 반박해서 주장하기

연습 **강의를 들으면서 강의자의 주장과 근거를 써 보십시오. 그리고 주장하는 방법을 찾아보십시오.**

1. '정년 연장'에 대한 내용입니다. 33

- 주장: ______________________________
____
____
- 근거: ______________________________
____
____
- 방법: 직접 주장하기, 반박해서 주장하기

2. '초등학생의 스마트폰 사용'에 대한 내용입니다. 34

- 주장: ______________________________
____
____
- 근거: ______________________________
____
____
- 방법: 직접 주장하기, 반박해서 주장하기

1. 다음은 장애인의 이동권과 노동권에 대한 강의입니다. 강의를 들으면서 필기해 보십시오. 35

1. 장애인의 인권: 장애인이건 비장애인이건 관계없이 동등하게 존엄성을 존중받는 것

2. 장애인의 이동권과 노동권

(1) 이동권: 원하는 곳으로 이동하려고 할 때 ________________ 권리

(2) 노동권: 일할 능력이 있는 사람이 ________________ 권리

3. 장애인의 이동권 보장

(1) 주장: __________ 저상 버스와 지하철 엘리베이터를 100% 도입해야 함

(2) 근거와 이유

① 근거: 한 달에 평균적으로 5번 정도만 외출함

② 이유

- 대중교통을 이용하기 위해 ________________ 이 매우 불편함
- 저상 버스나 지하철 엘리베이터 같이 ________________ 이 턱없이 부족함

4. 장애인의 노동권 보장

(1) 주장: 장애인에 대한 __________ 비장애인들과 __________ 기회를 줘야 함

(2) 근거와 이유

① 근거: 장애인 고용 촉진법이 있지만 여전히 차별을 받음

② 이유

- ________________ 선입견을 가지고 있어서 고용을 꺼림
- 취직을 했다고 하더라도 비장애인과 다르게 ________________ 만 맡기기 때문에 임금을 많이 받을 수 없음

2. 강의를 다시 들으면서 다음 물음에 답하십시오.

(1) 장애인 이동권에 대한 설명으로 맞는 것은 무엇입니까?

① 장애인들의 외출을 도와주는 단체가 많이 늘어났다.

② 저상 버스는 장애인, 노약자 등을 위해서 마련한 버스이다.

③ 서울의 지하철에는 장애인을 위한 시설이 거의 다 설치돼 있다.

(2) 장애인 고용 촉진법에 대한 설명으로 맞지 않는 것은 무엇입니까?

① 이 법은 1991년에 처음 시행되었다.

② 장애인을 고용하는 회사의 수가 많이 늘었다.

③ 장애인의 취업률이 비장애인의 취업률보다 여섯 배 높다.

(3) 대기업에서 장애인들의 고용을 꺼리는 이유는 무엇입니까?

① 직장을 여기저기 자주 옮기는 사람이 많아서

② 다른 사람보다 일을 못할 거라는 선입견 때문에

③ 서류 복사 같은 단순한 업무만 하기를 원하기 때문에

(4) 강의자는 장애인의 이동권과 노동권에 대해서 어떻게 주장했습니까? 장애인의 이동권과 노동권에 대한 주장 방법을 쓰십시오.

① 장애인의 이동권: ____________________

② 장애인의 노동권: ____________________

생각 넓히기

1. 장애인의 이동권과 노동권에 대해 여러분은 어떻게 생각합니까? 여러분 나라에서는 어떤 방법으로 이 문제를 해결하고 있습니까? 여러분 나라의 경우와 연관 지어 그 대책을 이야기해 보십시오.

나라	이동권 해결 방법	노동권 해결 방법

2. 여러분은 장애인 고용의 성공 사례에 대해 알고 있는 것이 있습니까? 다음 신문 기사 제목을 참고하여 성공 사례를 찾아 이야기해 보십시오.

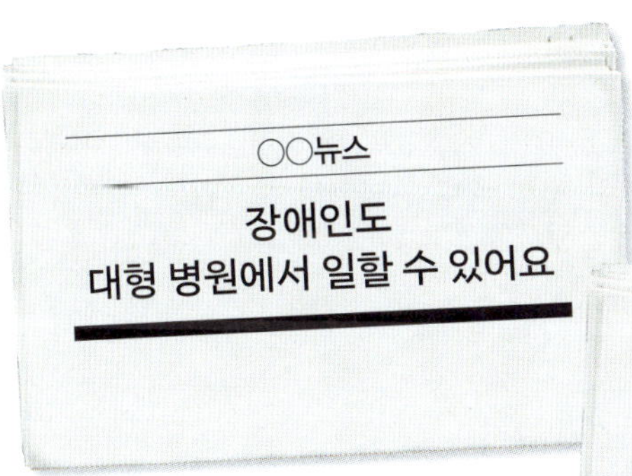
○○뉴스

장애인도
대형 병원에서 일할 수 있어요

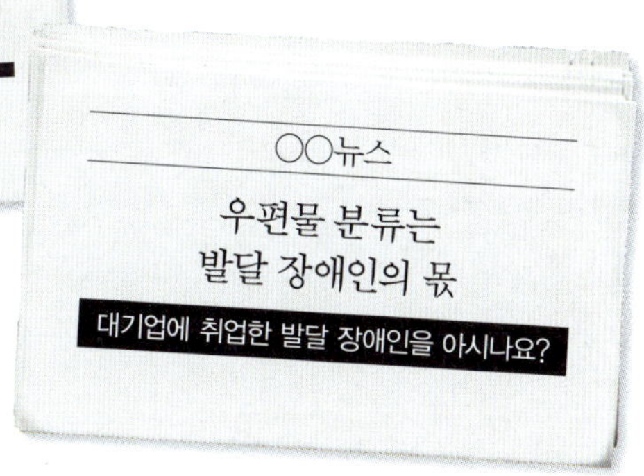
○○뉴스

우편물 분류는
발달 장애인의 몫

대기업에 취업한 발달 장애인을 아시나요?

07

말하기

사형 제도의 존폐

준비하기

1. 다음은 한국의 범죄 중 강력 범죄의 발생 추이를 나타내는 그래프입니다. 어떤 변화를 보이고 있습니까? 여러분 나라는 어떻습니까? 범죄 발생 추이에 대해서 말해 보십시오.

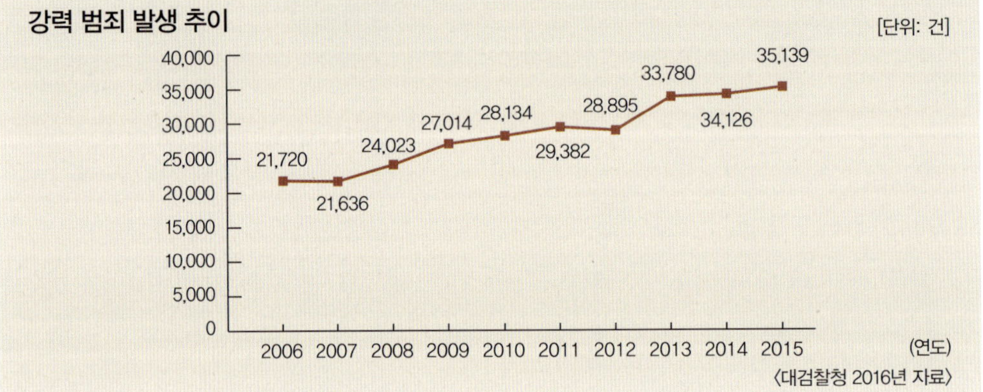

<대검찰청 2016년 자료>

2. 다음은 국가별 사형 제도 현황입니다. 여러분 나라에서는 사형 제도가 어떻게 규정되어 있는지 알고 있습니까? 다음 표를 보면서 말해 보십시오.

국가	사형 제도 현황
독일, 프랑스, 영국, 스웨덴, 스위스, 뉴질랜드 등 103개국	사형 제도가 완전히 폐지됨
스페인, 이스라엘, 칠레, 페루 등 7개국	특수 범죄를 제외하고 사형 제도가 폐지됨
파라과이, 스리랑카, 한국 등 71개국	사형 제도가 있으나 집행되지 않음
미국, 일본, 중국, 대만, 북한, 베트남, 말레이시아, 싱가포르, 사우디아라비아, 태국 등 36개국	사형 제도가 있고 실행되고 있음

어휘 익히기

1. 사형 제도와 관련된 어휘입니다.

(1) 옆 사람과 함께 밑줄 친 어휘의 의미를 대화 안에서 추측해 보십시오.

① A: 어제 사형이 집행됐다면서요?
B: 네. 죄는 밉지만 그래도 그렇게 죽다니 좀 안됐어요.

② A: 뉴스 봤어요? 판사가 유아 살해범에게 사형을 선고했다고 하네요.
B: 그래요? 그런 큰 범죄를 지은 사람에게는 그래야 되는 거 아닐까요?

③ A: 어제 TV에 나온 사람 봤어요? 살인죄로 교도소에서 20년을 복역하고 나와 사회에 적응하며 새 삶을 살고 있다는 사람 말이에요.
B: 네, 저도 봤어요. 사람이 그렇게 바뀌기 쉽지 않은데 대단하죠?

④ A: 김 형사, 저 사람은 왜 혼자 따로 있는 거야?
B: 아, 저 사람요? 갑자기 사람들을 때리고 소리를 질러서 다른 사람들로부터 따로 떨어뜨려 격리시켜 놓았어요.

⑤ A: 전 죄를 지은 사람을 처벌하는 것보다는 잘못을 뉘우치고 고칠 수 있는 기회를 먼저 줘야 한다고 생각합니다.
B: 동의합니다. 저도 처벌보다는 교화하는 게 먼저라고 생각합니다.

⑥ A: 친구들에게 괴롭힘을 당하고도 왜 선생님에게 말하지 않은 거니?
B: 선생님께 말씀드리면 그 친구들이 저한테 몇 배 더 괴롭게 보복할 거라고 해서 말할 수 없었어요.

(2) 다음은 (1)에서 살펴본 어휘입니다. 어휘의 사전적 의미를 찾아 연결해 보십시오.

① 집행되다 •	• 실제로 실행되다
② 선고하다 •	• 죄인이 일정 기간 동안 교도소에 갇혀 살다
③ 복역하다 •	• 재판에서 재판장이 판결을 선언하여 알리다
④ 격리시키다 •	• 가르치고 이끌어서 좋은 방향으로 나아가게 하다
⑤ 교화하다 •	• 다른 것과 통하지 못하게 사이를 막거나 떼어 놓다
⑥ 보복하다 •	• 남이 자기에게 해를 준 대로 자기도 그에게 해를 주다

2. 다음을 읽고 보기에서 알맞은 어휘를 찾아 대화를 완성해 보십시오.

보기

범죄 살인 가해자 죄책감 흉악범 종신형

(1) A: 어제 TV 뉴스 봤어? 그 사람은 어떻게 사람을 죽이고도 얼굴을 들고 나올 수 있어?
B: 글쎄 말이야. ________________이/가 얼마나 큰 범죄인 줄 모르는 거 아냐?

(2) A: 지난번에 뉴스에 나온 초등학생 살해범이 우리 동네에 살았다면서요?
B: 네. 어린아이를 잔인하게 죽인 그런 ________________하고 같은 동네에 살았다니 생각만 해도 끔찍해요.

(3) A: 사람을 죽인 그 범인들도 자신의 잘못을 반성하고 괴로워하겠지요?
B: 그렇지 않겠어요? 사람인데. 아마 평생 사람을 죽였다는 ________________에 시달릴 거예요.

(4) A: 큰 잘못도 아닌데 벌금을 내야 합니까?
B: 네. 인터넷에서 불법 사이트를 만든 건 ________________에 해당하기 때문에 벌금을 내셔야 합니다. 앞으로는 법규를 잘 지키십시오.

(5) A: 이번 한 번만 용서해 주시면 안 될까요? 교통사고를 낸 ________________이/가 잘못을 깊이 반성하고 있는데요.
B: 변호사님, 음주 운전으로 제 동생이 저렇게 다쳤는데 전 그럴 생각이 없습니다.

(6) A: 그 범인이 사형을 받은 게 아니라면서요? 어떻게 그럴 수 있어요?
B: 어쩌면 죽을 때까지 감옥에 있어야 하는 ________________이/가 사형보다 더 고통스러울지도 몰라요.

토론에서 상대방의 주장을 반박하기 위해서는 적절한 논거가 필요하다. 논거 자료로는 상대방의 주장과 직접 관계가 있는 ① 실제 통계 자료, ② 실제 사례, ③ 기사, ④ 전문가의 의견 등을 이용할 수 있다. 자료는 중요한 부분만 정리해서 자신의 말로 바꿔 활용해야 한다.

예

'사형 제도는 유지되어야 한다.' 라는 논제에 찬성하는 주장입니다. 이 주장에 대한 반론 근거 자료를 읽고 요약한 후 반론해 보십시오.

찬성

사형 제도는 범죄자의 공포심을 유발해서 범죄율을 낮추고 범죄를 예방하는 데 효과가 있습니다. 그러므로 사형 제도는 유지되어야 합니다.

반대 팀의 반론 근거 자료

사형 제도의 범죄 예방 효과에 대해 조사한 결과, 사형 제도는 범죄 억제에 영향을 미치지 않는다고 한다. 예를 들어 미국에서 사형 제도를 유지한 주의 살인 발생률은 10만 명당 여섯 명이었으나 폐지한 주의 살인 발생률은 10만 명당 네 명이었다. 또한 한국의 경우, 사형이 집행되던 1988년부터 1997년까지의 살인 범죄 증가율은 31%가 넘었지만 사형이 집행되지 않은 2001년부터 2010년까지의 살인 범죄 증가율은 18%였다.

⇩

사형 제도가 범죄 예방에 효과가 있다고 하셨는데 조사 결과에 따르면 사형 제도는 범죄의 억제에 영향을 미치지 않았습니다. 미국에서 조사한 결과 사형 제도를 유지한 주의 살인 발생률은 10만 명당 여섯 명이었으나 폐지한 주는 10만 명당 네 명이었습니다. 오히려 사형 제도가 없는 주의 살인 발생률이 낮게 나타났습니다. 한국의 경우도 사형이 집행되지 않은 시기의 살인 범죄 증가율이 31%인데 반해 사형이 집행되지 않은 시기는 18%로 오히려 더 감소한 것으로 나타났습니다. 결론적으로 말하면 사형 제도가 없다고 해서 범죄율이 더 높아지는 것은 아니었습니다. 그러므로 사형 제도는 유지될 이유가 없습니다.

연습 다음을 읽고 반론해 보십시오.

1. 혼전 동거를 찬성하는 주장입니다. 이 주장에 대한 반론 근거 자료를 읽고 요약한 후 반론해 보십시오.

찬성	결혼하기 전에 동거를 하면 서로에 대한 이해의 폭이 넓어집니다. 서로에 대한 이해는 결혼 후 위기를 해결하는 데 도움을 주어 이혼율을 낮출 수 있습니다. 그러므로 저는 혼전 동거에 대해 찬성합니다.

반대 팀의 반론 근거 자료

유럽에서 여성 1만 1000명을 대상으로 동거와 이혼율의 관계를 조사한 결과, 혼전 동거 경험이 있는 여성의 경우에 이혼율이 더 높은 것으로 나타났다. 5년 이상 동거한 커플의 70%는 결혼에 성공하지만 이들 중 38.5%는 10년 내에 이혼한다는 것이다. 반면 동거한 경험이 없는 부부는 31%만이 이혼한 것으로 나타났다. 이에 대해 이화여대 사회학과 김민숙 교수는 "동거가 상대에 대한 이해의 시간을 가져 갈등을 해결하는 데 도움을 줄 것 같지만 사실은 그렇지 않다"고 하면서 "동거 커플들은 '마음이 맞지 않으면 헤어질 수 있다'는 생각을 가지고 있어 '법률적 약속'에 대해 부담을 덜 가진다."며 "이 같은 성향이 실제 결혼에까지 이어지는 경우가 많다."고 분석했다.

⇩

2. 사형 제도를 반대하는 주장입니다. 이 주장에 대한 반론 근거 자료를 읽고 요약한 후 반론해 보십시오.

반대

형벌의 목적은 처벌이 아니라 교화에 있습니다. 아무리 큰 범죄를 지었어도 생명권을 침해하면 안 되며 교화의 기회를 주어야 합니다. 그러므로 교화의 기회조차 뺏는 사형 제도는 폐지되어야 합니다.

찬성 팀의 반론 근거 자료

얼마 전 강간죄로 12년을 복역하고 나와 다시 살인을 저지른 사람에게 무기 징역이 선고되었다. 보통 형벌의 목적은 처벌이 아니라 교화에 있다고 한다. 그렇지만 모든 범죄자가 교화되는 것은 아니다. 살인이나 강간, 유괴 같은 죄를 저지른 흉악범 경우에는 더욱 교화가 쉬운 일이 아니다. 작년에 잡힌 흉악범 중 전과자 비율은 50.5%였다. 이 통계 자료에서 알 수 있듯이 흉악범들의 교화는 특히 어려운 일이다. 또한 작년 여름, 산에서 처음 만난 여자를 이유도 없이 살해한 사건의 범인도 강도 살인으로 15년을 복역한 사람이었는데 사회로 나온 후 얼마 되지 않아 다시 범행을 저질러 사람들을 놀라게 했다. 오히려 흉악범에 대해 한국의 경우 최대 사형 선고가 가능한데 15년의 선고는 너무 가볍지 않았나 하는 생각까지 해 보게 하는 사건이었다.

⇩

말하기 사형 제도의 존폐에 대해 토론하기

1. 다음은 사형 제도에 대한 여러 의견입니다. 사형 제도 찬성의 근거인지, 반대의 근거인지 V표 하고 여러분의 의견을 말해 보십시오.

	찬성	반대
• 흉악범의 인권은 보호해 줄 가치가 없다.	☐	☐
• 죄를 지으면 그에 맞는 처벌을 받아야 한다.	☐	☐
• 사회로부터 흉악범을 완전히 격리시킬 수 있다.	☐	☐
• 비민주적인 정치 체제에 의해 악용될 우려가 있다.	☐	☐
• 범죄에 대한 책임을 범죄자에게만 돌려서는 안 된다.	☐	☐
• 아무리 큰 범죄를 지어도 기본적인 인권, 생명권은 지켜져야 한다.	☐	☐

2. 사형 제도의 존폐에 대한 글입니다. 다음을 읽고 주장과 근거를 찾아 밑줄을 그어 보십시오.

(1) 사형 제도는 유지되어야 한다.

사형 제도는 피해자가 해야 할 보복을 국가가 대신해 주는 것이다. 그런데 사형 제도가 폐지된다면 범인에게 직접 보복하려는 피해자 가족이 나타날 수 있을 것이다. 그렇게 되면 범죄에 대한 보복이 또 다른 범죄를 만들어 내는 결과가 될 것이다. 또한 벌을 주는 목적은 범죄로부터 사회를 보호하는 것이다. 그런데 교화가 불가능한 흉악한 범죄자라면 다른 사람들의 안전을 위해 사회로부터 영원히 격리할 수밖에 없다. 그러므로 안전한 사회를 위해 사형 제도는 유지되어야 한다.

(2) 사형 제도는 폐지되어야 한다.

사형은 일단 집행되면 어떠한 방법으로도 돌이킬 수 없다. 그런데 만약 그 사형 선고가 잘못된 판결에 의한 것이라면 그 억울한 피해자에게 보상은커녕 구제의 기회조차 주어질 수 없게 된다. 실제 사례를 보면 사형 집행을 기다리던 중 무죄로 밝혀져 풀려난 경우도 있고 34년 복역 후 풀려난 경우도 있다. 잘못된 판결의 위험은 항상 있다. 사형 제도는 이러한 억울한 피해자를 보호하기 위해서라도 폐지되어야 한다.

3. 다음 논제에 대해 찬반 토론을 하려고 합니다. 자신의 입장을 정하고 주장의 근거를 정리해 보십시오.

논제: 사형 제도는 유지되어야 한다.	
자신의 입장	□찬성 □반대
주장의 근거	• •

4. 찬반 토론 전에 의견이 같은 친구들과 토의를 통해 입장을 정하고 상대방의 주장의 근거를 예측해서 세 가지 정도로 정리해 보십시오. 그리고 그에 대한 반론 근거 자료를 찾아 정리해서 메모해 보십시오.

상대방의 입장	□찬성 □반대
예상되는 상대방 주장의 근거	• • •
반론 근거 자료	• • •

5. '사형 제도는 유지되어야 한다.'라는 논제에 대해 다음 순서에 따라 찬반 토론을 해 보십시오.

입론하기 → 확인 질문하기 → **반론하기** → 최종 발언하기

생각 넓히기

사형 제도처럼 존폐 여부가 논란이 되고 있는 법이나 제도에는 무엇이 있을까요? 어떤 것이 있는지 설명하고 그것에 대한 자신의 의견을 이야기해 보십시오.

Q

1. 예술 작품의 상품화에 대해 어떻게 생각합니까? 예술 작품을 생활 용품에 활용하는 것이 예술적으로나 상업적으로 어떤 영향을 미친다고 생각합니까?

2. 예술 작품을 감상할 때 어떤 기준을 가져야 한다고 생각합니까? 자신만의 예술 작품 감상법이 있다면 이야기해 보십시오.

제8과

예술의 이해

【듣기】 미술사의 흐름

어휘 익히기 미술 관련 어휘
전략 익히기 그림 자료에 세부 내용 메모하기
듣기 19세기 후반 서양 미술에 대한 강의 듣기

【말하기】 영화의 작품성

어휘 익히기 영화 관련 어휘
전략 익히기 발표 마무리하기
말하기 작품성 있는 영화에 대해 발표하기

08

듣기

미술사의 흐름

준비하기

1. 여러분은 다음 그림을 본 적이 있습니까? 다음 화가들의 이름을 들어 본 적이 있습니까? 그림을 보고 자유롭게 자신의 느낌을 말해 보십시오.

에두아르 마네(Édouard Manet)
〈풀밭 위의 점심 식사〉

조르주 피에르 쇠라(Georges Pierre Seurat)
〈그랑드 자트 섬의 일요일 오후〉

2. 다음은 인상주의(Impressionism)와 신인상주의(Neo-Impressionism)에 대한 설명입니다. 인상주의와 신인상주의에 대한 특징을 파악하고 위의 그림이 어디에 해당하는지 생각해 보십시오.

인상주의(Impressionism, 1860~1890년대)

- 19세기 후반에서 20세기 초기에 걸쳐 프랑스를 중심으로 유럽에서 유행한 예술 경향
- 빛에 따라 순간적으로 변하는 색채와 형태의 인상을 표현한 유파

신인상주의(Neo-Impressionism, 1880~1890년대)

- 1886년 프랑스의 쇠라, 시냐크 등을 중심으로, 인상파의 수법을 더욱 과학적인 방법으로 나타내려고 한 회화의 한 경향
- 원색의 작은 점을 찍으면 멀리서 봤을 때 색채가 혼합되어 보이는 원리를 이용해 그림을 그린 유파

어휘 익히기

1. 미술에 관련된 어휘입니다. 다음을 읽고 보기에서 알맞은 어휘를 찾아 대화를 완성해 보십시오.

보기					
붓	모방	물감	유파	화풍	입체감

(1) A: 선생님, 한국에서는 옛날에 연필이 없었을 때 무엇으로 글씨를 썼어요?
B: 예전에는 연필 대신에 ________________(으)로 썼어요.

(2) A: 선생님, 이 보라색은 어떻게 만든 거예요? 색이 너무 예뻐요.
B: 빨간색에 파란색 ________________을/를 섞으면 보라색이 돼요. 한번 해 보세요.

(3) A: 요즘 흥행하고 있는 3D 만화 영화 봤어요?
B: 네. 3D로 제작돼서 그런지 ________________이/가 있어서 실제 같은 느낌이 들더라고요.

(4) A: 최근 뉴스를 보면 청소년 범죄가 많이 는 것 같아요.
B: 그렇죠? 청소년 범죄는 TV 드라마나 영화 속 범죄를 그대로 ________________을/를 한 범죄가 많대요.

(5) A: 최근에 70년대 유명 화가 김근수 화백의 새로운 그림이 발견됐다면서요?
B: 그런데 미술학자들은 그 그림이 김근수 화백의 섬세하면서도 다소 거친 ________________와/과 달라서 진품이 아닌 것 같다고 하던데요.

(6) A: 교수님, 19세기에는 다양한 그림들이 그려졌던 것 같아요.
B: 그렇죠. 19세기는 다른 어떤 시기보다 예술 분야가 많이 발전했고 빠르게 변하던 시기라서 사실주의, 낭만주의, 인상주의와 같은 다양한 ________________이/가 있었어요.

2. 강의에서 들을 어휘입니다.

(1) 옆 사람과 함께 밑줄 친 어휘의 의미를 대화에서 추측해 보십시오.

① A: 수진아, 우리 졸업 여행 갔던 거 기억나? 그때 추억 남기겠다고 사진 엄청 찍었었잖아.
B: 그럼. 잊을 수 없지. 10년 전 일인데도 <u>또렷하게</u> 기억이 나.

② A: 이 사진 너무 멋진데요. 새벽에 해 뜰 때 모습을 찍은 거죠?
B: 네. 해가 떠오를 때 산에 비친 빛과 그림자의 <u>명암</u>을 잘 나타낸 작품으로 평가받고 있어요.

③ A: 준수랑 희진이랑 요즘 매일 붙어 다니던데 둘이 사귀는 거 같지 않아?
B: 둘이 십년지기 친구잖아. 그런데 방학 때 배낭여행 다녀오더니 둘 사이에 미묘한 감정이 싹튼 거 같더라고.

④ A: 사진이 정말 멋지네요. 저도 사진을 잘 찍고 싶은데 방법 좀 가르쳐 주세요.
B: 사진 속 인물과 배경을 잘 배치하는 게 중요한데요. 배경은 오른쪽, 인물은 왼쪽에 둔 구도로 사진을 찍어 보세요.

⑤ A: 선생님, 빨강, 파랑, 노랑색은 어떻게 만들 수 있어요?
B: 빨강, 파랑, 노랑과 같은 색은 섞어서 만들 수 없는 원색이에요. 이런 색들을 섞어서 초록, 보라와 같은 색이 만들어지는 거죠.

⑥ A: 선생님, '크로키(croquis)'가 뭐예요?
B: 크로키는 미술 기법 중 하나인데요. 움직이는 동물이나 사람을 보고 짧은 시간에 특징을 찾아내서 간단한 선으로 그리는 표현 기법을 말해요.

(2) 다음은 (1)에서 살펴본 어휘의 의미입니다. 의미에 알맞은 어휘를 찾아 써 보십시오.

① 분명하고 확실하다 ____________________

② 뚜렷하지 않고 묘하다 ____________________

③ 밝음과 어두움을 나타내는 말 ____________________

④ 어떤 것을 나타내기 위해 사용하는 기술적인 기교, 수법 ____________________

⑤ 미적 효과를 위해 모든 부분을 조화롭게 배치하는 구성 방법 ____________________

⑥ 다른 색으로 더 이상 나뉠 수 없는, 모든 색의 바탕이 되는 기본 적인 빛깔 ____________________

전략 익히기

그림 자료에 세부 내용 메모하기

미술 관련 수업을 들을 때 수업 자료로 그림이 제공된다. 수업에서 제공된 그림을 보다 잘 이해하기 위해서는 그림에 직접 중요한 내용을 메모하며 노트 필기하는 전략을 사용할 수 있다. 강의를 들을 때 무엇을 나타낸 그림인지, 나타내고자 한 것을 어떻게 표현했는지, 이를 위해 어떤 색을 사용했는지 등을 강의자의 설명을 들으면서 그림의 해당 부분에 표시한다. 이렇게 강의를 들으면서 강의에서 강의자가 그림에서 강조하는 특징들의 부분을 찾아 그 부분에 자세히 메모한다면 강의 내용을 보다 수월하게 이해할 수 있다.

예

다음은 '요하네스 베르메르(Johannes Vermeer)의 〈우유를 따르는 하녀〉'에 대한 내용입니다. 강의를 들으면서 그림 자료에 세부 사항을 메모하며 필기해 보십시오. 36

오늘은 기름에 물감을 섞어 그리는 그림인 유화에 대해서 알아보도록 합시다. 유화의 특징이 잘 드러나 있는 베르메르의 〈우유를 따르는 하녀〉를 봅시다. 그림 가운데 우유를 따르고 있는 여인의 모습이 보입니다. 이 그림에는 왼쪽 창문으로 들어오는 햇빛에 따라 명암이 다르게 나타나 있는데요. 먼저 벽을 볼까요? 여자의 왼쪽은 어둡게, 오른쪽 뒤는 밝게 표현되어 있어요. 그래서 같은 벽이지만 빛에 따라 왼쪽 벽은 어둡게, 오른쪽 벽은 밝게 표현이 잘 되어 있죠. 물건의 질감도 잘 나타나 있는데요. 식탁 위의 바구니와 옆에 있는 파란색 천을 보세요. 바구니는 딱딱하게, 옆에 걸쳐져 있는 파란색 천은 부드럽게 느껴지세요? 거친 느낌의 바구니와 부드러운 천의 질감이 대조적으로 나타나 있어요.

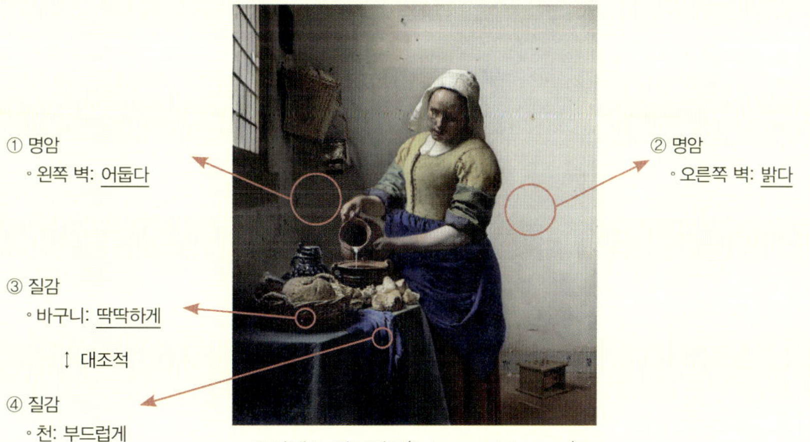

요하네스 베르메르(Johannes Vermeer)
〈우유를 따르는 하녀〉

연습 강의를 들으면서 그림 자료에 세부 사항을 메모하며 필기해 보십시오.

1. '빈센트 반 고흐(Vincent Van Gogh)의 〈해바라기〉'에 대한 내용입니다. 37

② 노란색을 다양하게 사용 (벽, 탁자, 화병)

⇒ ______________

____

③ 날카롭고 뾰족한 꽃잎을 두껍게 칠함

⇒ ______________

____

① 그림자가 없음(화병 ×, 꽃 ×)

____

⇒ 그림 자체에서 나오는 환한 빛을 느낄 수 있음

빈센트 반 고흐(Vincent Van Gogh)
〈해바라기〉

2. '파블로 피카소(Pablo Ruiz y Picasso)의 〈인형을 든 마야〉'에 대한 내용입니다. 38

① 아이의 왼쪽 얼굴: ______

____

② 아이의 오른쪽 얼굴: 옆에서 본 모습

⇒ ______________

↕ 대조적 ⇒ 입체감 강조

③ 인형의 얼굴

→ ______________

④ 아이의 발: ______________

____

____

⇒ 입체감 표현

파블로 피카소(Pablo Ruiz y Picasso)
〈인형을 든 마야〉

1. 다음은 19세기 후반 서양 미술에 대한 강의입니다. 강의를 들으면서 그림 자료에 세부 사항을 메모하며 필기해 보십시오. 39

1. 인상주의(Impressionism)

(1) 특징: • 19세기 후반 프랑스에서 활동했던 화가들이 모여 만든 유파

• 빛에 따라 사물의 색깔과 모습이 다르게 보인다는 것을 발견

⇒ 빛에 따라 ______

예) 햇빛에서 본 사과의 색: 빨간색이 아닌 금색으로 그림

⇒ ______, 주로 ______

(2) 마네(Édouard Manet)의 〈풀밭 위의 점심 식사〉

• "내 눈에 보이는 것만을 그리겠다."고 선언함

• 전통적인 명암법을 부정, ______

② 남자의 옷과 주변 숲: 어두운 색으로 표현
→ 그림 속 인물을 더 평면적으로 보이게 함

① 여자의 몸: 밝고 빛나게 보임
⇒ ______

⇓

③ 그림 전체에서 ______

④ 목욕하는 여자와 나룻배 ______
→ 원근법 ×

에두아르 마네(Édouard Manet)
〈풀밭 위의 점심 식사〉

- 마네는 ______을 사용하지 않고, ______

2. 신인상주의(Neo-Impressionism)

(1) 특징: • 인상주의의 한계점을 직시하고 ______

• 점묘법: 색을 표현할 때 색을 섞어서 칠하지 않고 ______

→ 색이 빛나고 밝게 보이고 멀리서 보면 ______

밝은 색의 효과는 나면서 형태는 단단하게 표현할 수 있었음

(2) 쇠라(Georges Pierre Seurat)의 <그랑드 자트 섬의 일요일 오후>

• 멀리서 보면 사람들이 일요일 오후를 즐기는 모습이 ____________

③ 뒤에 있는 사람들: 규칙적으로 작게 그림

⇒ ____________

① 가까이에서 보면 나뭇 잎을 나타내기 위해

____

____

⇒ 신인상주의 화가들이 밝은 색을 표현하는 방법

② 흰색 원피스를 입은 아이

→ 아이를 중심으로

____

____

조르주 피에르 쇠라(Georges Pierre Seurat)
〈그랑드 자트 섬의 일요일 오후〉

• 쇠라는 빛을 밝게 표현하려고 했고 구도적으로도 정확하게 그리려고 함

2. 강의를 다시 들으면서 다음 물음에 답하십시오.

(1) 다음 그림 중에서 인상주의에 속하는 그림을 골라 보십시오.

①

피에르 오귀스트 르누아르
(Pierre-Auguste Renoir)
〈선상 파티의 점심〉

②

살바도르 달리
(Salvador Dalí)
〈기억의 지속〉

③

바실리 칸딘스키
(Vassily Kandinsky)
〈노랑 빨강 파랑〉

(2) 다음 중 마네의 〈풀밭 위의 점심 식사〉에 대한 설명으로 맞는 것은 무엇입니까?

① 발표 당시 사람들로부터 큰 호평을 받았다.

② 눈에 보이는 인상을 가장 중요시해서 그렸다.

③ 정확한 원근법에 따라 그린 그림으로 유명하다.

(3) 다음 중 쇠라의 〈그랑드 자트 섬의 일요일 오후〉에 대한 설명으로 맞는 것은 무엇입니까?

① 새로운 물감을 사용해 밝은 빛을 표현하려고 했다.
② 전통적인 명암법에 따라 입체감을 나타내려고 했다.
③ 당시 프랑스 사람들의 여가 생활을 사실대로 그렸다.

(4) 들은 내용과 같으면 O, 다르면 × 하십시오.

① 신인상주의는 인상주의 이론에 대한 반발로 생겨났다. (　　　)
② 마네와 쇠라는 그림을 그릴 때 원근법을 다르게 표현하였다. (　　　)
③ 신인상주의도 빛의 인상을 중시했으나 표현 기법은 인상주의와 달랐다. (　　　)

생각 넓히기

1. 다음은 팝아트(Pop Art) 작품입니다. 다음과 같은 그림이 예술이라고 생각합니까? 아니면 예술이 아니라고 생각합니까? 그 이유는 무엇입니까? 이야기해 보십시오.

앤디 워홀(Andy Warhol)
〈캠벨 수프〉

로이 리히텐슈타인(Roy Lichtenstein)
〈행복한 눈물〉

2. 여러분은 특별히 좋아하는 화가나 작품이 있습니까? 여러분이 좋아하는 화가와 그의 작품에 대해 이야기해 보십시오.

08 말하기

영화의 작품성

준비하기

1. 여러분이 영화를 선택하는 기준은 무엇입니까? 해당되는 항목에 표시하고 그 이유를 말해 보십시오.

- ☐ 유명한 감독의 영화인가?
- ☐ 흥행에 성공한 영화인가?
- ☐ 예고편이 좋았던 영화인가?
- ☐ 대형 극장에서 상영하는가?
- ☐ 영화를 본 친구가 추천했는가?
- ☐ 전문가의 영화평이 좋은 편인가?
- ☐ 영화에 유명한 배우가 출연하는가?
- ☐ TV나 인터넷에서 광고를 많이 하고 있나?
- ☐ 유명한 영화제에서 수상한 영화인가?
- ☐ 좋아하는 장르(코미디, 액션, 공포 등)의 영화인가?

2. 다음은 영화를 분석하는 기준입니다. 다음을 읽고 내러티브(narrative) 분석, 미장센(mise-en-scène) 분석, 배우의 연기 분석이 의미하는 것에 대해 말해 보십시오.

내러티브 분석

- 내러티브는 영화 줄거리, 줄거리 구성 방식, 극적 요소 등을 말함
- 내러티브 분석은 줄거리가 어떻게 구성되어 있는지, 줄거리 전개가 타당성이 있는지, 효과적인 극적 요소가 있는지 등을 분석하는 것임

미장센 분석

- 미장센은 촬영된 장면, 편집, 무대 디자인 등 영화를 시각적으로 표현하는 것을 말함
- 미장센 분석은 장면의 카메라 각도와 움직임, 편집, 조명, 분장, 미술, 특수 효과 등이 시각적으로 얼마나 아름다운지 분석하는 것임

배우의 연기 분석

- 배우는 감독이 전하고 싶은 메시지를 대신 전달해 주는 역할을 함
- 배우의 연기 분석은 배우가 얼마나 진실성 있게 감독의 메시지를 잘 전달하는가를 분석하는 것임

어휘 익히기

1. 영화와 관련된 어휘입니다.

(1) 다음을 읽고 보기에서 알맞은 어휘를 찾아 대화를 완성해 보십시오.

보기

개봉하다　수상하다　연출하다　각색하다　편집하다　풍자하다

① A: 김민호 감독님이 이번에 감독상을 받았다면서요?
B: 네. 이탈리아에서 열리는 영화제에서 ________________.

② A: 이 영화가 재미있다는데 언제부터 상영을 시작했는지 알아요?
B: 그거요? 지난주에 ________________.

③ A: 저는 영화를 다 찍으면 그 필름들을 자르고 붙이는 일을 하고 있어요.
B: 영화를 ________________ 일을 하고 계시는군요.

④ A: 이 영화에서 나온 김 사장은 어떤 사람을 빗대어 말한 거예요?
B: 김 사장요? 갑자기 벼락부자가 된 사람을 ________________ 거래요.

⑤ A: 마이클 씨가 추천해 준 이 소설 정말 재미있어요. 내용을 좀 바꿔서 영화로도 만든대요.
B: 그래요? 그런데 내용을 ________________ 원작 내용에서 완전히 바뀌기는 힘들 거예요.

⑥ A: 이 뮤지컬은 무대도 멋있고 배우들 연기도 아주 훌륭하더라고요. 감독이 누군지 알아요?
B: 〈슬픈 가수〉라는 영화 알죠? 그 영화를 만든 감독이 ________________ 거예요.

(2) 다음은 (1)에서 살펴본 어휘의 의미입니다. 의미에 알맞은 어휘를 찾아 써 보십시오.

① 상을 받다 ________________

② 새 영화를 처음으로 상영하다 ________________

③ 소설 같은 문학 작품을 희곡이나 시나리오로 고쳐 쓰다 ________________

④ 문학 작품, 영화 등에서 현실의 부정적 현상을 빗대어 비웃다 ________________

⑤ 영화 필름이나 드라마, 문서 등을 자르고 붙여서 하나의 작품으로 완성하다 ______________

⑥ 연극, 드라마 등에서 각본을 바탕으로 배우의 연기, 무대, 의상, 조명 등을 종합적으로 지도해 작품을 완성하다 ______________

2. 진하게 표시된 어휘와 연결 지을 수 있는 것을 골라 보십시오.

(1) A: 이 영화는 여자들한테 더 인기가 많은 거 같아요.
B: 네. 여자 주인공 이야기가 30~40대 여성 관객들의 **공감을** (막아냈대요, 불러일으켰대요).

(2) A: 전 이 만화 영화 재미있게 봤는데 아이들한테는 인기가 없었어요.
B: 맞아요. 영상은 멋있는데 이야기가 별로여서 그런지 **흥행을** (거두지, 모으지) 못했어요.

(3) A: 아직도 사람들은 작년에 떠들썩했던 그 연쇄 살인 사건을 기억할까요?
B: 거의 기억 못 할 거예요. **관심에서** (멀어지면, 떨어지면) 사람들은 쉽게 잊어요.

(4) A: 이민호 선수가 이번 수영 대회에서 상을 세 개나 받았어요.
B: 정말요? 거의 **상을** (휩쓸다시피, 되풀이하다시피) 했네요. 정말 기대가 되는 선수예요.

(5) A: 어제 신인상주의 작가, 쇠라 전시회에 가서 〈그랑드 자트 섬의 일요일 오후〉라는 그림을 봤는데 강가 주변 풍경을 묘사한 것도, 색깔도 정말 멋있었어요.
B: 맞아요. 그 그림 정말 **예술성이** (돋보이는, 뒤섞이는) 작품이에요.

(6) A: '유해식'이라는 배우 알아요? 어제 그 사람이 나온 〈노란 택시〉라는 영화를 봤는데 연기를 정말 잘하더라고요.
B: 저도 그 영화 보고 반했어요. 신문을 보니까 조연인데도 연기를 잘해 **관객을** (감쌌다고, 사로잡았다고) 평했더라고요.

tip

● **영화를 분석할 때 고려할 점**

- 영화는 최소 2회 이상 볼 것
- 작품에 대한 편견과 선입견을 버릴 것
- 자세히 보고 주의 깊게 들을 것
- 감독의 의도와 작품의 의미를 파악할 것
- 객관적이고 거리를 둔 냉정한 판단을 할 것

발표 끝부분에서는 발표한 내용 중 핵심 내용을 정리해 말한다. 그리고 다음 사항을 덧붙여 말하면서 발표를 마무리한다.

① 발표 준비를 하면서 느낀 소감이나 어려웠던 점에 대해 말한다.
② 발표를 도와준 사람에 대한 감사 인사를 한다.
③ 발표 내용에 대해 질문이 있는지 청중에게 묻는다.
④ 질문이 있으면 질문의 요점을 정확하게 파악해 알고 있는 한도 내에서 성실하게 답변한다.

예

'제7예술, 영화'에 대한 내용입니다. 다음을 읽고 발표를 마무리해 보십시오.

중간	(1) 1911년 리치오토 카누도(Ricciotto Canudo)가 영화를 '제7예술'로 명명함 (2) 제7예술의 의미 ◦ 건축, 조각, 회화, 음악, 무용, 문학 등 이전의 예술에 이어 일곱 번째로 탄생한 것을 의미함 ◦ 영화는 이전 예술들의 영향을 받아 발생한 것이 아니라 이전 예술을 하나로 통일시켰다는 것을 의미함 → 영화는 모든 예술의 완성임. 시간 예술과 공간 예술을 모두 통합한 독자적이고 총체적인 예술임. c.f.) 예술은 시간 예술과 공간 예술로 나뉨 ◦ 시간 예술: 일정한 시간 안에서 시작되어 끝이 나는 예술 (예) 음악, 무용 ◦ 공간 예술: 시간적 의미에서 시작과 끝이 없이 공간적, 형태적으로 존재하는 예술 (예) 건축, 조각, 회화

⇩

지금까지 발표한 내용을 정리하도록 하겠습니다. 리치오토 카누도(Ricciotto Canudo)는 영화를 '제7예술'이라고 했는데요. 이는 영화가 이전의 다른 예술에 이어 일곱 번째로 탄생했다는 의미도 있지만 모든 예술의 완성이라는 것을 의미하는 것입니다. 모든 예술의 완성이라는 말은 이전의 예술들의 영향을 받아 이루어진 것이 아니라 시간 예술과 공간 예술을 하나로 통합시킨 것이 바로 영화라는 것입니다.

마지막으로 저는 이 발표를 준비하면서 느낀 점을 간단히 말씀드리려고 합니다. 저는 영화를 단순히 오락으로만 생각했었는데 영화가 모든 예술의 완성이라는 것을 알게 되었습니다. 이 발표를 계기로 영화를 좀 더 깊이 있게 이해하게 된 것 같습니다. 발표는 여기서 마치겠습니다. 발표를 들어 주셔서 감사합니다. 질문이 있으신 분은 질문해 주세요.

연습 다음을 읽고 발표 끝 부분에서 말할 요약 내용, 덧붙일 말을 메모한 후 발표해 보십시오.

1. '서울의 사라진 교통수단, 전차'에 대한 내용입니다.

중간	(1) 서울에서 처음 운행된 시기: 1899년 (2) 전차 운행 목적 • 당시 황제인 조선시대 고종 황제의 편안한 이동을 위해서 만들어짐 (3) 당시 운행 상황 • 고종 황제가 타지 않을 때는 일반 승객이 탔음 • 지방 사람들이 전차를 구경하러 서울에 올라왔을 정도로 인기가 많았음 • 1940년대에는 서울의 대표적인 대중교통 수단이었음 • 1950년 이후 버스와 승용차를 이용하는 사람이 많아지면서 전차 이용객이 줄었음 • 1969년에 전차 운행이 중지됨. 전차가 도로 중앙을 지나다녀서 교통에 방해가 된다는 의견이 많았음

⇩

끝	요약 내용 • • • • • 추가하고 싶은 말: 발표 소감, 감사 인사, 질문 등 • • • •

2. '나비 효과(butterfly effect)'에 대한 내용입니다.

중간	(1) 의미 ① 미국의 기상학자 에드워드 로렌츠(Edward Lorenz)가 1961년 기상 관측 도중 생각해 낸 것임. 처음에는 자연 현상을 표현하는 데 사용했으나 지금은 다른 분야에서도 널리 사용하고 있음 ② 중국 베이징에 있는 나비가 날개를 한 번 퍼덕인 것이 대기에 영향을 주고, 이 영향이 시간이 지날수록 커져 오랜 시간이 흐른 후 미국 뉴욕을 강타하는 엄청난 결과를 가져온다는 예에 빗댄 표현임. → 작은 사건 하나에서 엄청난 결과가 나온다는 뜻으로 한쪽에서 일어난 작은 일이 언뜻 보면 아무 상관이 없어 보이는 먼 곳의 자연과 인간의 삶에 커다란 영향을 미친다는 의미임 (2) 다른 분야의 사용 예 ① 일상생활 • 저녁 식사를 과식함 → 숙면을 방해함 → 아침에 늦게 일어남 → 아침 시간을 활용하지 못함 → 일의 능률이 떨어짐 ② 국제 관계 • 강대국 대통령의 우연한 말 한마디 → 주변에 있는 나라들을 긴장시킴 → 주변에 있는 나라들의 긴장으로 힘이 약한 나라들이 더 긴장함 → 세계 여러 나라가 긴장하게 됨

⇩

끝	요약 내용 • • • • • 추가하고 싶은 말: 발표 소감, 감사 인사, 질문 등 • • •

말하기 작품성 있는 영화에 대해 발표하기

1. 작품성이 있는 영화를 선정해 발표하려고 합니다. 여러분은 다음 중 어떤 영화가 작품성이 있는 영화라고 생각합니까? 이유는 무엇입니까?

- ☐ 감독의 의도가 잘 표현된 영화
- ☐ 영화를 본 후 깊은 생각을 하게 하는 영화
- ☐ 화려한 장면이 많아 보는 내내 즐거운 영화

2. 여러분이 선정한 영화에 대한 자료를 조사해 보십시오.

(1) 자료에서 알게 된 정보를 간략하게 메모해 보십시오.

영화 제목	
영화감독	
출연 배우	
내용 및 주제	
평가	

(2) 이 영화를 내러티브 분석, 미장센 분석, 배우의 연기 분석 중 어떤 면에서 작품성이 있다고 생각하는지 분석 내용을 작성해 보십시오.

내러티브 분석 (영화의 줄거리, 줄거리 구성 방식, 극적 요소 등)	
미장센 분석 (카메라 각도와 움직임, 편집, 조명, 분장, 미술, 특수 효과 등)	
배우의 연기 분석	

3. 작품성이 뛰어난 영화에 대한 발표의 끝 부분을 작성해 보십시오.

발표 제목	'____________________'에 대한 발표
끝	• • • • •

4. 작품성이 있는 영화를 선정해 발표해 보십시오.

생각 넓히기

여러분 나라의 영화감독 중에서 대표적인 사람은 누구입니까? 어떤 작품을 만들었습니까? 여러분 나라를 대표하는 영화감독을 선정해 표에 쓰고 소개해 보십시오.

영화감독 이름	
만든 영화 제목	• • •
유명한 이유	• • •

Q

1. 여러분은 법이 왜 필요하다고 생각합니까?

2. 문제가 생겼을 때 모든 문제를 법으로 해결할 수는 없습니다.
   사회의 질서를 유지하기 위해 법 이외에 또 무엇이 필요하다고 생각합니까?

제9과
법과 질서

【듣기】 법, 도덕, 관습

어휘 익히기 법, 도덕, 관습 관련 어휘
전략 익히기 공통점과 차이점에 주의하며 개념 이해하기
듣기 법에 대한 강의 듣기

【말하기】 법과 인정

어휘 익히기 법과 인정 관련 어휘
전략 익히기 사회자 토론 진행하기
말하기 법과 인정에 대해 토론하기

법, 도덕, 관습

준비하기

1. 다음은 사회 질서를 지키지 않은 경우에 해당하는 예입니다. 한국에서 법적 처벌을 받는다고 생각하는 것에 ○, 그렇지 않다고 생각하는 것에 × 하십시오.

(1) 학교에서 친구가 기분 나쁜 말을 해서 친구를 때려 주었다. (　　　)

(2) 보행자 신호등이 빨간색이었지만 자동차가 없어서 길을 건넜다. (　　　)

(3) 맥주를 세 잔 마셨는데 정신이 멀쩡해서 직접 운전해서 집에 왔다. (　　　)

(4) 지하철 표를 검사하는 사람이 없어서 표를 사지 않고 지하철을 탔다. (　　　)

(5) 아무리 찾아도 쓰레기통이 없어서 과자 봉지를 길거리에 그냥 버렸다. (　　　)

(6) 버스의 노약자석에 앉아 있다가 할머니가 탔는데 피곤해서 자는 척했다. (　　　)

(7) 이웃집 할아버지를 만났는데 인사하기 귀찮아서 못 본 척하고 지나갔다. (　　　)

2. 다음은 특별한 날에 하는 한국의 관습입니다. 사진을 보고 무엇을 하는지 이야기해 보십시오.

설날

장례식

결혼식 폐백

제사

ㄱㄴㄷ 어휘 익히기

1. 법, 도덕, 관습과 관련된 어휘입니다. 다음을 읽고 보기에서 알맞은 어휘를 찾아 대화를 완성해 보십시오.

보기					
관행	계약	무효	분쟁	소송	징역

(1) A: 김민호 씨는 무슨 죄로 교도소에 있었던 거예요?
B: 저도 잘은 모르겠지만 회사 돈을 몰래 사용하다가 걸려서 2년 동안 ________________ 을/를 살고 나왔대요.

(2) A: 며칠 돌아다니다가 어제 겨우 마음에 드는 집을 찾았어요. 그래서 내일 부동산 중개소에 돈을 주기로 했어요.
B: 집 주인도 같이 만나는 거지요? ________________ 을/를 할 때는 집주인하고 직접 해야 돼요.

(3) A: 소식 들었어요? 우리 옆집 사람하고 그 윗집 사람하고 층간 소음 문제로 결국 법원까지 가게 됐대요.
B: 그거 큰 문제도 아닌데 서로 양보 좀 하지 ________________ 까지 하는 건 너무하지 않아요?

(4) A: 저가 항공사가 많아지면서 좋은 점도 있지만 이용자의 불만도 늘고 있다면서요?
B: 네. 항공사와 이용자 간의 ________________ 이/가 점차 증가하고 있대요. 한국소비자원에 조정을 신청하는 건수도 많아졌대요.

(5) A: 지금 TV에 나오는 저 사람이 이번 국회의원 선거에서 그렇게 돈을 많이 썼다면서요?
B: 네. 그래서 이번 선거의 당선이 ________________ 이/가 될 거래요. 그러면 저 지역에서는 선거를 다시 해야 될 거예요.

(6) A: 어제 뉴스 봤지요? 아직도 몇몇 대학에서는 교수를 뽑을 때 실력보다는 자기 학교 출신을 우대하는 ________________ 을/를 버리지 못하고 있다니 참 문제예요.
B: 글쎄 말이에요. 요즘도 출신 학교를 따지는 대학이 있다니 그래서야 제대로 교육이 되겠어요?

2. 강의에서 들을 어휘입니다. 진하게 표시된 어휘와 연결 지을 수 있는 것을 보기에서 찾아 대화를 완성해 보십시오.

보기

맺다 받다 띠다 가하다 느끼다 비추다

(1) A: 여러분, 교통 규칙은 꼭 지켜야 합니다. 규칙을 어기면 **처벌을** ________________ 될 겁니다.
B: 네, 알겠습니다.

(2) A: 김 사장님은 대단하지 않아요? 그 회사랑 거래하는 거래처가 어마어마하게 많대요.
B: 네. 그런데 더 놀라운 건 한 번 **관계를** ________________ 곳하고는 거래를 끊는 일이 없다고 하더라고요.

(3) A: 형사님, 전 정말 잘못이 없습니다. 제 **양심에** ________________ 봐도 절대 부끄러운 일을 한 적이 없습니다.
B: 일단 경찰서에 가서 말씀하시지요.

(4) A: 기부금을 얼마나 내야 될까요? 50만 원 이상 내야 돼요?
B: 그렇게 **강제성을** ________________ 건 아니니까 알아서 내세요. 불우이웃을 돕는 거니까 성의껏 내세요.

(5) A: 지난달에 교통사고 낸 걸 자수하러 오셨다고요?
B: 네. 제가 지난달 16일에 시청 앞 사거리에서 교통사고를 냈습니다. 죄송합니다. 사실 그동안 양심의 **가책을** ________________ 너무 괴로웠습니다.

(6) A: 저 회사 앞에 서 있는 사람들이 모두 부당 해고당한 사람들이라면서요?
B: 네, 맞아요. 20명 넘게 해고당했대요. 더 이상 부당 해고를 하지 못하도록 저런 기업에는 정부가 **제재를** ________________ 하지 않나요?

전략 익히기

공통점과 차이점에 주의하며 개념 이해하기

추상적인 개념은 다른 개념과의 비교를 통해 그 의미를 더 명확히 이해할 수 있다. 개념을 설명하는 강의를 들을 때는 개념을 정확하게 이해하기 위해 다음 사항에 유의하며 필기하는 게 좋다.

① 개념의 정의, 의의 등을 필기한다.

② 관계가 있는 다른 개념과의 공통점과 차이점을 간단히 필기한다.

예

다음은 '토론'에 대한 내용입니다. 강의를 들으면서 공통점과 차이점을 필기해 보십시오. 40

요즘 소통이 아주 중요시되고 있지요? 특히 사회생활에서는 토론이 아마도 가장 중요한 의사소통 방법일 텐데요. 오늘은 토론에 대해 알아보겠습니다. 토론은 자신과 다른 주장을 가진 상대를 논리적으로 설득시키는 겁니다. 토론을 하려면 일단 상대방의 의견을 잘 듣고 그 의견이 자신의 의견과 어떻게 다른지 명확하게 파악해야 합니다. 그리고 논리적인 근거를 찾아 반박하고 상대방을 설득시켜야 하지요.

여러분이 지난 시간에 배운 '토의'와 비교해 보면 좀 더 명확하게 이해할 수 있을 것 같은데요. 토론의 핵심이 상대방을 설득하는 것이라면 토의는 서로 의견 차이를 좁혀 합의를 찾는 거지요. 토론은 내가 옳다는 믿음에서 출발하지만 토의는 내가 틀릴 수 있다는 가정에서 시작되는 겁니다. 또한 토론에서는 결론이 없지만 토의에서는 결론이 있습니다. 그렇기 때문에 토론의 주제는 '텔레비전이 우리에게 유해한가, 무해한가?', '사형제도가 유지돼야 하나, 폐지돼야 하나?'처럼 찬성인지 반대인지 자신의 주장을 정하고 상대방을 설득할 수 있는 내용이지요. 자, 이제 우리도 토론을 시작해 볼까요? 먼저 토론의 주제, 논제를 정해 보도록 하겠습니다.

⇩

1. 토론이란?

   ① 정의: 자신과 다른 주장을 가진 상대를 논리적으로 설득시키는 것

   ② 방법: 상대방의 의견을 듣고 자신과 어떻게 다른지 파악

   → 논리적인 근거를 찾아 반박 → 상대방 설득

2. 토론과 토의의 차이

	토론	토의
①	상대방을 설득하는 것	서로 의견 차이를 좁혀 합의를 찾는 거
②	내가 옳다는 믿음에서 출발	내가 틀릴 수 있다는 가정에서 시작
③	결론이 없음	결론이 있음

3. 토론의 예

① '텔레비전 유해한가, 무해한가?'

② '사형제도가 유지돼야 하나, 폐지돼야 하나?

연습 **강의를 들으면서 공통점과 차이점에 주의하며 필기해 보십시오.**

1. '독감'에 대한 내용입니다. 41

1. 독감의 정의: 인플루엔자 바이러스(influenza virus)가 ____________________

2. 독감의 증상: 갑자기 ____________________

cf. 감기: 코가 막히고 ____________________

3. 독감 치료 방법: 폐렴이 될 위험이 있어 ____________________

cf. 감기: 며칠 ____________________ 자연스럽게 그냥 나음

2. '스쿼시(squash)'에 대한 내용입니다. 42

1. 스쿼시란?

① ____________________을 이용해서 하는 운동

② 실내에서 상대 선수와 ____________________

2. 스쿼시와 라켓볼(racquetball)과의 차이

	스쿼시	라켓볼
경기장	____________________	네 벽, 바닥, 천장 모두 여섯 면 이용
공 크기	라켓볼 공보다 작음	____________________
공 탄성	____________________	탄성이 큼
위험 정도	위험하지 않음 여성이나 장년층에게 인기	부상을 막기 위해 ____________________

1. 다음은 법에 대한 강의입니다. 강의를 들으면서 도덕, 관습과 공통점과 차이점에 주의해 필기해 보십시오. 43

1. 법의 필요성

(1) '사회가 있는 곳에 법이 있다.' - 사회 질서 유지하기 위해 지켜야 할 규칙이 필요

(2) 사회 질서 유지를 위한 규칙 중 가장 강력한 것 → 법

2. 법의 정의와 특징

(1) 정의: ______________________

(2) 특징: ______________ → 지키지 않을 경우 처벌

cf. 도덕과 관습: 법과 함께 사회 질서를 유지하는 데 매우 큰 역할

3. 법과 도덕과 관습의 관계

(1) 법과 도덕의 차이

① 도덕: ______________________

② 제재 방법의 차이: 도덕은 양심의 가책을 받음, 법은 처벌

③ 제재 범위의 차이: 도덕은 ______________

법은 ______________에 대해 처벌

④ 법과 도덕과의 관계: 도덕 중 꼭 필요한 것을 강제적으로 지키게 만들어 놓은 규정 → 법

(2) 법과 관습의 차이

① 관습: ______________________

② 제재 방법의 차이: 관습은 어기면 ______________

③ 법과 관습의 관계: 관습이 당연한 것으로 인정, 굳어지면 ______________

예) 1960년까지 아내, 딸은 재산 상속에서 제외

→ ______________________

4. 법의 중요성

(1) 현대 사회에서 ______________________

(2) 도덕, 관습 같은 자율적인 규칙이 사회를 더 건강하게 유지함

2. 강의를 다시 들으면서 다음 물음에 답하십시오.

(1) 법이 도덕, 관습과 구별되는 특징은 무엇입니까?

① 법은 도덕, 관습과 달리 강제성을 띤다.
② 법은 관습과 달리 어기면 비난을 받는다.
③ 법은 도덕과 달리 사회 질서를 유지하는 역할을 한다.

(2) 다음 중 '관습은 법에 영향을 준다.' 에 해당되는 예는 무엇입니까?

① 금연 구역으로 정해진 곳에서 담배를 피우면 벌금을 내야 한다.
② 다른 사람을 고의로 살인한 사람은 법적 최고형인 사형에 처한다.
③ 혼인 신고를 하지 않았지만 부부처럼 생활했다면 사실혼으로 인정한다.

(3) 강의 내용 중 법과 도덕, 관습에 대한 설명 중 맞는 것은 무엇입니까?

① 법과 도덕과 관습은 제재하는 방법이 같다.
② 관습이 당연한 것으로 인정되면 도덕이 된다.
③ 법은 국가가 정하지만 관습은 사회적인 약속이다.

(4) 들은 내용과 같으면 ○, 다르면 × 하십시오.

① 법은 한 번 정해지면 그다음부터는 바꿀 수 없다. (　　)
② 도덕 중에서 꼭 지켜야 하는 것을 법으로 만들어 놓는다. (　　)
③ 현대 사회에서는 법, 도덕, 관습 중에서 법의 역할이 커지는 게 좋다. (　　)

생각 넓히기

1. 법은 나라마다 다릅니다. 다음은 한국과는 다른 법입니다. 다음을 참고해서 한국과 다른 여러분 나라의 법에 대해 이야기해 보십시오.

나라	법
사우디아라비아	술을 마시면 안 된다.
싱가포르	길에서 껌을 씹으면 안 된다.
대만	지하철에서 음식물을 먹으면 안 된다.

2. 다음은 한국에서 관습적으로 내려오는 금기에 대한 것입니다. 여러분 나라에도 관습적으로 내려오는 금기가 있습니까? 여러분 나라의 금기에 대해 다음에 쓰고 이야기해 보십시오.

나라	금기	
한국	출산 관련 금기	출산 후 삼칠일 전에는 가족이 아닌 외부인이 그 집을 방문하지 않고 산모나 가족도 다른 집의 장례식에는 가지 않는다.

09

말하기

법과 인정

준비하기

1. 다음은 '장발장(Jean Valjean) 은행'에 대한 설명입니다. 다음을 읽고 '장발장 은행'에 대해서 어떻게 생각하는지 여러분의 의견을 말해 보십시오.

만약 부양가족이 많은 가장이 교통사고를 내서 200만 원의 벌금을 내야 하는데 경제적인 형편이 어려워 벌금을 내지 못한다면 그 가장은 한 달 안에 교도소에 가게 된다. 이처럼 생활의 어려움을 겪는 사람들이 벌금을 내야 할 일이 생겼을 때 교도소에 가지 않도록 그들에게 이자 없이 돈을 빌려주는 은행이 생겼다. 이 은행은 시민들이 기부한 돈으로 운영되는 장발장 은행이다. 이 은행은 가정 형편이 어렵고 안타까운 사정으로 벌금형을 받은 사람들을 도와주고 있다.

* 장발장: 프랑스의 작가 빅토르 위고(Victor Hugo)의 장편 소설 『레 미제라블(*Les Misérables*)』의 주인공으로 빵 한 조각을 훔친 죄로 19년 동안 감옥에서 살다가 나온 후 정치가가 되어 좋은 일을 많이 함

2. 다음 신문 기사 제목을 읽고 어떤 사건인지 추측해 보십시오. 그리고 여러분은 그 사건을 어떻게 처리해야 한다고 생각하는지 말해 보십시오.

가정폭력 피해 여성의 남편 살해, 살인인가 정당방위인가?
청주여자교도소 남편 살해범의 83%가 학대 경험 있어

치매 걸린 어머니와 동반 자살 시도한 딸 실형 선고
치매에 걸린 어머니를 간병하던 딸이 어머니와 함께 목숨을 끊으려다 혼자 살아남아

'강력 범죄'를 저지른 정신병 환자가 한 해 4,500명
처벌할 땐 심신장애로 감형, 고의로 악용하는 사례도 많아

어휘 익히기

1. 법과 인정에 관련된 어휘입니다.

(1) '1,500원짜리 라면 훔쳐 한 달째 구금'이라는 제목의 신문기사입니다. 밑줄 친 어휘의 의미를 추측해 보십시오.

1,500원짜리 라면 훔쳐 한 달째 구금

두 살짜리 아들과 병든 어머니를 위해 1,500원짜리 라면 하나를 훔치려다 한 달째 경찰서 구치소에 **구금되어** 있는 여자의 사연이 알려졌다. A씨(21)는 한 달 전에 한 편의점에서 라면 한 개를 훔치려다 주인에게 **들켜** 현장에서 경찰에게 **체포됐다**. 이 여자는 그날 아침 배고파 우는 아들과 병든 어머니에게 먹을 것을 구해 오겠다며 집을 나섰다. 그 후 편의점에 들어가 라면을 훔쳐 나가려다 주인에게 붙잡혀 경찰에게 넘겨졌다. 사정을 알게 된 이웃들이 A씨를 **동정하여** 담당 법원에 **선처해** 달라고 했다. 그러나 법원은 A씨의 **딱한** 사정을 이해는 하지만 편의점 주인이 풀어 주는 것에 동의하지 않아서 구금할 수밖에 없다고 밝혔다.

(2) 다음은 (1)에서 살펴본 어휘의 의미입니다. 의미에 알맞은 어휘를 찾아 써 보십시오.

① 숨기려던 것을 남이 알게 되다 ______________

② 사정이 불쌍하여 마음이 슬프다 ______________

③ 죄를 지은 사람이 경찰에게 붙잡히다 ______________

④ 어떤 문제를 넓은 마음으로 처리해 주다 ______________

⑤ 다른 사람의 어려운 사정을 불쌍하게 생각하다 ______________

⑥ 교도소나 구치소에 갇혀 신체의 자유를 빼앗기다 ______________

2. 다음을 읽고 보기 에서 알맞은 어휘를 찾아 대화를 완성해 보십시오.

보기

말리다 방치하다 시달리다 자수하다 판단하다 쇠약해지다

(1) A: 요즘 어머니 건강은 어떠세요?
B: 오랫동안 아프셔서 그런지 몸도 마음도 많이 ____________.

(2) A: 어쩌다가 그렇게 다친 거야?
B: 어젯밤에 길거리에서 술 취한 아저씨 둘이 싸우길래 ____________ 이렇게 됐어.

(3) A: 김 기자, 지난 주말에 일어난 배꽃초등학교 앞 뺑소니 사건의 범인은 잡혔나요?
B: 네. 어젯밤에 그 사건의 범인이 경찰서로 직접 찾아와서 ____________ 합니다.

(4) A: 선생님, 찬반 토론에서 사회자는 어떤 역할을 해야 하나요?
B: 어느 한쪽의 의견에 치우치지 말고 양쪽 말을 듣고 잘 ____________ 정리해 줘야 합니다.

(5) A: 너 왜 자꾸 두통약을 먹어?
B: 일주일 전부터 윗집이 공사를 하는데 밤낮없이 들리는 소음에 ____________ 보니 머리가 아파서 그래.

(6) A: 선생님, 감기 걸린 지 두 달이 됐는데 낫지를 않아요.
B: 그런데 왜 이렇게 병원에 늦게 오셨어요? 감기를 치료하지 않고 그렇게 오랫동안 ____________ 더 큰 병이 될 수도 있어요.

memo

토론에서 사회자는 토론의 논제를 분명히 파악해야 하며 찬성과 반대 어느 편에도 속하지 않아야 한다. 토론을 진행할 때 사회자는 다음과 같은 점을 유의해야 한다.

① 토론에서 진행된 내용들을 요약하여 토론자들의 이해를 돕는다.
② 토론자들이 논점에서 벗어나면 다시 정리해서 알려 준다.
③ 토론 중에 사회자는 전체 토론자들에게 골고루 발언의 기회를 주고 발언할 시간도 고르게 분배하도록 한다.
④ 찬성 팀과 반대 팀이 언쟁을 벌일 때는 중재해야 한다.

예

다음은 '선의의 거짓말은 해도 된다.'라는 논제에 대한 찬성 팀과 반대 팀의 주장입니다. 다음을 읽고 사회자가 할 말을 써 보십시오.

(1) 토론자의 발언 내용 요약하기

찬성	저희 팀은 선의의 거짓말은 해도 된다고 생각합니다. 선의의 거짓말은 나를 위해서 하는 것이 아니라 상대방을 배려하기 위해서 하는 경우가 많습니다. 그렇기 때문에 다른 사람에게 피해를 주지 않습니다. 그러므로 저희 팀은 선의의 거짓말은 해도 된다고 생각합니다.
반대	저희 팀은 선의의 거짓말을 하면 안 된다고 생각합니다. 거짓말은 속인다는 의미를 가지고 있기 때문에 어떤 거짓말도 선의가 될 수 없습니다. 또한 선의의 거짓말을 반복적으로 자주 하게 되면 습관이 되기 때문에 아예 하지 않는 것이 좋습니다. 그러므로 저희 팀은 선의의 거짓말을 하면 안 된다고 생각합니다.

⇩

지금까지 나온 이야기들을 정리해 보면 찬성 팀은 다른 사람을 위해 좋은 뜻으로 하는 선의의 거짓말은 다른 사람에게 피해를 주지 않기 때문에 해도 된다고 말씀하셨습니다. 그리고 반대 팀에서는 거짓말은 남을 속이는 것이고 자주 하면 습관이 되므로 선의의 거짓말을 하면 안 된다고 말씀하셨습니다. 그럼 이번에는 각 팀의 주장에 대해 반박해 주시기 바랍니다. 의견 있으신 분은 손을 들고 말씀해 주십시오. 네. 찬성 팀 김민수 씨 말씀해 주십시오.

(2) 논점에서 벗어났을 때 논점 정리하기

반대

국회의원 선거를 할 때 후보들은 유권자들에게 여러 가지 약속을 합니다. 그러나 정작 국회의원이 되고 나서는 그 약속을 지키는 사람이 별로 없습니다. 이처럼 지켜지지 않을 선의의 거짓말은 유권자들을 실망시킬 뿐이므로 하면 안 된다고 생각합니다.

⇩

지금 반대 팀에서 말씀하신 국회의원이 한 약속은 선의의 거짓말이라고 볼 수 없습니다. 그것은 다른 사람을 배려하기 위해 한 거짓말이라기보다는 선거에 이기고 싶은 자신을 위해 하는 거짓말이기 때문입니다. 그러므로 다시 '선의의 거짓말은 해도 된다.'는 우리의 논점으로 돌아가는 게 좋겠습니다.

연습 다음을 읽고 사회자가 할 말을 써 보십시오.

1. '수학 시간에 계산기 사용을 허용해야 한다.'라는 논제에 대한 찬성 팀과 반대 팀의 주장입니다. 주장을 읽고 찬반 의견을 요약해 보십시오.

찬성

저희는 수학 시간에 계산기 사용을 허용해야 한다고 생각합니다. 학생들이 계산기를 사용하여 실생활과 밀접한 수치들을 직접 계산해 봄으로써 수학 공부에 대한 흥미를 높일 수 있기 때문입니다. 또한 계산기를 사용하면 고차원적인 문제를 풀어야 하는 수학 시간에 학생들이 단순한 계산에 매달리지 않고 문제 해결을 위해 생각하는 능력을 키울 수 있으며 보다 더 창의적으로 사고할 수 있게 될 겁니다.

반대

저희 팀은 단순 계산 또한 문제를 해결하는 능력에 포함되는 것이고 그러한 계산 능력이 수학 능력의 한 부분이라고 생각하기 때문에 계산기로 하기보다는 직접 계산하는 능력을 키워야 한다고 생각합니다. 그리고 만약 계산기 사용이 허용된다면 계산기를 모두 구비하는 데 따르는 비용 부담도 클 것이라고 생각합니다. 또한 수업 중에 계산기를 사용하면 학생들이 수업에 집중하는 데도 방해가 될 수 있습니다. 그러므로 저희 팀은 수학 시간에 계산기를 사용하는 것을 허용하면 안 된다고 생각합니다.

⇩

2. '양성평등을 위해서 여성도 군복무를 해야 한다.'라는 논제에 대한 반대 팀의 주장입니다. 주장을 읽고 논점에서 벗어난 부분을 찾고 논점으로 다시 돌아오도록 정리해 보십시오.

반대	저는 양성평등을 위해서 여성도 군복무를 해야 한다는 주장에 반대합니다. 엄연히 여성과 남성의 신체적 조건이 다르기 때문에 여성이 할 수 있는 일과 남성이 할 수 있는 일을 구분해야 합니다. 출산을 해야 하는 여성이 군대에 가는 것은 현실적으로도 불가능하다고 봅니다. 지금처럼 군복무는 남성이 맡아서 하고 대신 한창 활동할 시기인 20대에 자기 의지가 아닌 의무로 군복무를 하는 남성들에게 취업할 때 혜택을 주어야 합니다. 남성들은 2년 동안의 군복무로 인해 여성들보다 취직을 하거나 학교를 마치는 것이 늦어지기 때문입니다.

⇩

말하기

법과 인정에 대해 토론하기

1. 다음 사건의 내용을 읽고 이에 대한 자신의 의견을 말해 보십시오.

최근 알코올 중독인 아버지로부터 거의 매일 폭력에 시달리던 딸(A양)이 아버지를 숨지게 한 사건이 있었다. 사건 당일에도 술에 취한 아버지가 병으로 쇠약해진 할머니와 할아버지에게 욕설을 하고 폭행하자 이를 말리던 A양이 감정이 격해져서 옆에 있던 화분으로 아버지를 때려 숨지게 했다. 경찰은 A양의 사정이 딱하기는 하나 화분으로 사람을 때린 것은 살인 의도가 분명하게 있었던 것이라며 A양을 구속했다.

2. 위 사건의 법적 처리에 대한 의견입니다. 다음을 읽고 그 의견 외에 다른 의견이 있으면 빈칸에 써 보십시오.

(1) 법과 인정 중에서 인정은 고려되지 않아야 한다.

- 알코올 중독으로 정신 상태가 온전하지 못한 아버지를 화분으로 때린 것을 보면 A양은 살인 의도가 있었기 때문에 법대로 처리해야 한다.
- ______________________________
- ______________________________
- ______________________________

(2) 법과 인정 중에서 인정이 고려되어야 한다.

- A양과 그 가족이 오랫동안 아버지로부터 폭력을 당해 왔기 때문에 자신과 가족을 보호하기 위해 한 행위였으므로 선처해 줘야 한다.
- ______________________________
- ______________________________
- ______________________________

3. 다음 논제에 대해 찬반 토론을 하려고 합니다. 자신의 입장을 정하고 주장의 근거를 정리해 보십시오.

논제: 법과 인정 중에서 법이 우선돼야 한다.	
자신의 입장	□ 찬성 □ 반대
주장의 근거	• • •

4. 찬반 토론을 시작하기 전에 의견이 같은 친구들과 토의를 통해 주장의 근거를 세 가지 정도로 정리해 보십시오.

주장	• • •
근거	• • •

5. '법과 인정 중에서 법이 우선돼야 한다.'라는 논제에 대해 사회자의 진행에 따라 찬반 토론을 해 보십시오.

입론하기 → 확인 질문하기 → 반론하기 → 최종 발언하기

생각 넓히기

최근 신문에 실린 내용 중 법이나 인정에 치우쳐 적절하지 않은 결과가 나왔다고 생각되는 일이 있습니까? 어떤 일인지 소개하고 왜 적절하지 않다고 생각하는지 이야기해 보십시오.

Q

1. 이 사진은 어디입니까? 무엇을 하는 곳입니까?

2. 여러분 나라에서는 정치인에 대한 인식이 어떻습니까?
왜 그렇게 생각하는 것 같습니까?

제10과
민주주의와 정치 참여

【듣기】 직접 민주주의와 대의 민주주의

어휘 익히기 　정치 참여 관련 어휘
전략 익히기 　강의 내용 재필기하기
듣기 　민주주의와 정치 참여에 대한 강의 듣기

【말하기】 집회와 정치 참여

어휘 익히기 　집회 관련 어휘
전략 익히기 　최종 발언하기
말하기 　집회의 허용 범위에 대해 토론하기

10
듣기

직접 민주주의와 대의 민주주의

준비하기

1. 다음은 국민들이 정치에 참여하는 다양한 방법에 대한 것입니다. 어떤 방법들인지 사진을 보고 이야기해 보십시오.

선거

시민 단체 활동

주민 투표

시위 참여

2. 다음은 '직접 민주주의'와 '대의 민주주의'에 대한 정의입니다. 다음을 읽고 두 개념이 어떻게 다른지 이야기해 보십시오.

직접 민주주의

- 국민이 직접 국가 정책의 의사 결정과 집행에 참여하는 민주주의

대의 민주주의

- 국민이 직접 국가 정책의 의사 결정에 참여하지 않고 선거로 국민의 대표를 선출해서 국가 정책을 처리하는 민주주의. 직접 민주주의와 대비되는 개념

어휘 익히기

1. 정치 참여에 관련된 어휘입니다. 다음을 읽고 밑줄 친 어휘와 바꿔 쓸 수 있는 것을 골라 보십시오.

(1) A: 이번에 누가 시장이 될 것 같아요?
B: 3번 후보자가 뽑힐 거 같아요. 지지하는 사람들이 많더라고요.

① 선출될 ② 통제될

(2) A: 한국은 여자들이 언제부터 선거에 나갈 수 있게 됐어요?
B: 1948년부터 여자들에게도 참정권이 주어졌대요.

① 출마할 ② 반영할

(3) A: 민호 씨, 에밀리 씨가 외국인 학생회장직을 받아들였어요?
B: 아니요. 아직 자신의 의사를 분명하게 밝히지 않은 거 같아요.

① 표명하지 ② 위반하지

(4) A: 어떤 정치인이 최고의 정치인일까요?
B: 제 생각엔 어떤 압력에도 굴하지 않고 국민들 생각을 대신해서 말하는 사람이 최고라고 생각해요.

① 실현하는 ② 대변하는

(5) A: 수진 씨 회사는 여자 직원보다 남자 직원한테 해외 연수 기회를 우선적으로 준다던데 사실이에요?
B: 말도 안 돼요. 남자 여자 차별하지 않고 똑같이 기회를 줘요. 남녀차별 같은 거 없어요.

① 충분하게 ② 평등하게

(6) A: 요즘 정치, 환경, 장애인 인권 문제 같은 것에 관심이 있는 사람들이 시민 단체를 만드는 경우가 많아졌죠?
B: 네. 그리고 이 단체들이 자신들의 의견을 적극적으로 표현하더라고요.

① 결성하는 ② 전달하는

2. 강의에서 들을 어휘입니다. 진하게 표시된 어휘와 연결 지을 수 있는 것을 보기에서 찾아 대화를 완성해 보십시오.

보기

갖다　　놓다　　사다　　잡다　　감추다　　누리다

(1) A: 요즘 유행하는 노래를 저희 홍보 동영상에 쓰려고 하는데 누구한테 허락을 받아야 할까요?
B: 글쎄요. 작곡가, 작사가, 가수 모두 법적 **권리를** ______________ 있을 거예요.

(2) A: 저 대기업 회장님은 사람들한테 왜 저렇게 비난을 받는 거예요?
B: 사회 지도층인 분이 법을 지키지 않고 자기 지위를 이용해 **특권을** ______________ 그런 거죠.

(3) A: 마이클 씨, 미국에 대통령 선거가 있었죠? 이번 선거에서 누가 당선됐어요?
B: 존슨이 됐어요. 민주당 후보인데 이번 선거로 이 당이 8년 만에 다시 **정권을** ______________.

(4) A: 몇 년 전만 해도 수진 씨 집 근처 산에 다람쥐가 많지 않았어요?
B: 많았죠. 그런데 산을 깎아서 아파트를 지으면서 다람쥐가 **자취를** ______________. 요즘은 통 볼 수가 없어요.

(5) A: 우리 반 친구들이 민정 씨하고 프로젝트를 같이 하지 않으려는 거 같아요.
B: 네. 지난번 프로젝트 때 열심히 하지 않아서 같은 팀 친구들의 **불만을** ______________ 아마 그게 소문이 났나 봐요.

(6) A: 서울로 인구가 몰리는 걸 막기 위해서 지방에 좋은 중고등학교를 늘려야 한다는 소리가 있던데 이게 무슨 말이에요?
B: 지방에 좋은 학교가 많지 않아요. 이런 교육 격차가 인구 집중 현상이라는 **부작용을** ______________ 있어요. 그래서 나온 말이죠.

강의를 들을 때 강의 내용이 빨라 강의자가 한 중요한 말을 다 필기하지 못하거나 체계적으로 정리하지 못하기도 한다. 이때는 강의 후 1차로 필기한 내용과 교과서를 보면서 재필기를 할 필요가 있다. 재필기를 할 때는 강의 내용에 따라 체계적으로 필기하거나 표에 넣어 정리하는 등 나중에 공부하기 좋도록 필기하면 도움이 된다.

예

다음은 '여성학'에 대한 내용입니다. 강의를 들으면서 1차 필기를 한 후에 재필기해 보십시오. 44

1차 필기

여성학이란?

- 여성과 여성 문제에 대해 연구하는 학문. 사회 속에서 여성의 지위, ...(???). 남성 중심의 가부장제 사회에서 여성의 시각으로 여성을 보지 못함 → 사회와 모든 학문이 남성 중심적임을 인식하고 여성을 ....(???)

남자와 여자는 사회에서 어떻게 다르게 키워졌나?

1. 어렸을 때 여자아이: 인형 놀이와 소꿉놀이를 함. 인형이나 장난감과 이야기하면서 감정 주고받음. 장난감은 감정이 없기 때문에 경쟁보다 부드러움과 순종적인 성향을 가진 사람으로 성장함
2. 어렸을 때 남자아이: 로봇 장난감, 축구, 야구를 함. 경쟁심과 힘을 기름. 경쟁에서 이겨야 하니까 공격적인 성향을 갖게 됨

⇩

재필기

1. 여성학이란?
   (1) 정의
      ① 여성과 여성 문제에 대해 연구하는 학문.
      ② 여성의 지위, 역할, 경험을 이해하고자 하는 학문
         ↳ 가부장제 사회에 살면서 여성의 시각으로 여성을 보지 못했음

정리 사회와 모든 학문이 남성 중심적임을 인식하고 여성을 새로운 시각에서 이해하려는 학문

2. 어렸을 때부터 남자와 여자는 어떻게 다르게 키워졌나?

	여자아이	남자아이
주로 하는 놀이	인형 놀이와 소꿉놀이	로봇 장난감과 축구, 야구
	⇩	⇩
영향	감정이 없는 장난감과 놀면서 순종적인 성향을 가진 사람으로 성장함	경쟁심과 힘을 기름 공격적인 성향을 가진 사람으로 성장함

◦ 체계적으로 정리해 재필기하기
◦ 미처 필기하지 못한 부분 보완해서 재필기하기

내용을 비교하는 표를 활용해 재필기하기

연습 강의를 들으면서 1차 필기를 하고 이를 정리해서 재필기를 해 보십시오.

1. '백화점의 실내장식'에 대한 내용입니다. 45

1차 필기

- 긴 에스컬레이터, 거울이 많음. 왜?
- 긴 에스컬레이터: ______________________
- 거울: 거울 앞을 걸어갈 때 거울에 비친 자신의 모습을 보면서 걸으면 ______________________
______________________. 그래서 ______________________

⇒ ______________________ 고도의 전략이 숨어 있는 것임

재필기

특징	이유
◦ 긴 에스컬레이터	◦ ______________________
◦ 거울	◦ 거울에 비친 자신의 모습을 보면서 됨. 걷는 속도가 느려짐. 이때 사람들이 ______________________

⇩

______________________ 고도의 전략

2. '브라질 땅콩 효과'에 대한 내용입니다. 46

1차 필기

- 브라질 땅콩 효과?
  알갱이 크기가 다른 땅콩들을 한 통에 넣고 흔들면 ______________________
  ______________________. 바닷가 모래를 병에 넣고 흔들면? 땅콩과 같음
  → 알갱이 크기가 다른 것을 한 통에 넣고 흔들면 ______________________
  ______________________. 브라질 땅콩 효과
- 일상생활에서?
  시멘트와 자갈, 모래를 섞어 주는 레미콘. 운행할 때 통을 계속 돌림 → 브라질 땅콩 효과 때문
  돌리지 않으면 운행할 때 ______________________.

재필기

(1) 유래: ______________________

(2) 정의: ______________________

(3) 일상생활에서의 예

- 레미콘: ______________________
  ____

1. 다음은 민주주의와 정치 참여에 대한 강의입니다. 강의를 들으면서 필기해 보십시오. 47

1. 민주주의의 시작

(1) 고대 그리스 도시국가에서 시작

① 소규모 국가: 시민이 모두 참여하는 ______________________가 가능했음

1차 필기

② 민주주의의 시작인 이유: ________________ 을 사용함

↓

어떤 일을 결정할 때 대다수의 사람들이 옳다고 ....(???) 하는 것

⇩

재필기

② ______________ 을 사용함

정의: 어떤 일을 결정할 때 대다수의 사람들이 옳다고 ____________________

____

→ ________________ 의 시작

2. 프랑스 시민혁명(1789): 시민들이 참정권을 갖게 됨

(1) 당시 왕이 지나치게 시민의 경제 활동을 통제함 → 시민 불만 → 시민들이 평등 사회를 주장 → 국민의회 결성 → 대의 민주주의 시작

1차 필기

(2) 국민의회에서 성직자와 귀족들이 누렸던 특권 폐지, 새로운 인권 선언 발표

→ ____________________

↓

(3) 인간의 자유, 평등, 국민 주권을 주장. 시민들의 경제적, 정치적 평등과 자유를 얻게 됨

⇩

재필기

(2) 국민의회: ____

(3) 프랑스 인권선언 발표: ________________________________

↓

시민들의 경제적, 정치적 평등과 자유 획득

3. 대의 민주주의

1차 필기

(1) 사회가 복잡해지면서 모든 국민이 다 정치에 참여할 수 없으니까 전문적인 정치인이 필요하게 되었음

(2) 국민의 의견, 생각을 대신 표현해 주고 국민을 대신해서 정치에 참여하는 대의 민주주의가 생겨나게 됨

(3) 대의 민주주의: ______________________________

(4) 대표적인 방법: ______________

↓

대표를 뽑고 그 대표들이 국민을 대신해 정치적인 의견을 말함

⇩

재필기

(1) 배경

① 사회가 복잡해지면서 모든 국민이 다 정치에 참여할 수 없음 → ______________

____

② 국민의 의견, 생각을 대신 표현해 주고 국민을 대신해서 정치에 참여하는 방식이 필요함 → ______________

(2) 정의: ______________________________

(3) 대표적인 방법: ______________ → 대표로 뽑힌 사람들이 국민을 대신해 정치적인 의견을 말함

2. 강의를 다시 들으면서 다음 물음에 답하십시오.

(1) 강의에서 말한 고대 그리스 도시국가에 대한 설명으로 알맞은 것은 무엇입니까?

① 멸망 이후 민주주의가 발전되지 못했다.

② 인구가 많았고 경제적으로도 풍요로운 국가였다.

③ 직접 민주주의보다 대의 민주주의 방식을 주로 따랐다.

(2) 프랑스 시민들이 주장한 평등 사회는 무엇을 의미합니까?

① 남녀노소가 모두 직접 정치에 참여하는 사회
② 귀족과 동일하게 시민들도 선거에 참여하는 사회
③ 왕이 가지고 있던 법적, 정치적 권한을 귀족에게 나눠 주는 사회

(3) 강의에서 말한 대의 민주주의의 대표적인 방법은 무엇입니까?

① 선거 참여
② 국민의회 결성
③ 인권선언 발표

(4) 대의 민주주의에 직접 민주주의 방식을 가미한 방법이 아닌 것은 무엇입니까?

① 텔레비전에서 하는 전문가 토론
② 시민 단체의 적극적인 의견 표명
③ 주민 투표를 위해 인터넷 기사 검색

생각 넓히기

1. 여러분 나라 사람들은 정치에 관심이 있습니까? 여러분 나라 사람들은 정치에 대한 관심이 어느 정도인지 이야기해 보십시오.

2. 다음 중 여러분이 잘 알고 있는 정치인은 누구입니까? 그 정치인은 어떤 일을 한 사람입니까? 그 사람을 소개해 보십시오.

마하트마 간디(1869~1948)

김대중(1924~2009)

넬슨 만델라(1918~2013)

집회와 정치 참여

준비하기

1. 다음 사진의 사람들은 무엇을 하고 있습니까? 다음과 같은 광경을 실제로 본 적이 있습니까? 이와 같은 일은 무엇을 위해 어떤 사람들이 하는 것입니까?

⑴ 평화 시위

⑵ 과격 시위

2. 여러분 나라에서 시위를 하는 것을 보거나 들은 적이 있습니까? 여러분 나라에서는 어떻게 시위를 하는지 이야기해 보십시오.

어휘 익히기

1. 집회와 관련된 어휘입니다.

(1) 옆 사람과 함께 밑줄 친 어휘의 의미를 대화 안에서 추측해 보십시오.

① A: 김 기자, 오늘 오후에 열린 골프장 설치 반대 시위에서 부상자가 발생했다지요?
B: 네. 경찰이 폭력적으로 진압한 것이 문제점으로 지적되었습니다.

② A: 최근 장애인 보호 시설 설립 계획이 지역 주민들의 반발로 무산되고 말았대요.
B: 세상이 많이 변했다 해도 지역이기주의가 여전히 있는 것 같아요.

③ A: 요즘 일회용 컵 대신에 개인용 컵을 가지고 다니는 사람들이 많던데요.
B: 네. 환경 오염이 심각해지면서 여러 환경 보호 운동에 동참하는 사람들이 늘어나는 추세죠.

④ A: 어제 뉴스를 보니까 강원도에 70cm가 넘게 폭설이 내렸다고 하더라고요.
B: 저도 그 뉴스 봤어요. 어제 갑자기 내린 폭설로 길이 막혀서 쌓인 눈을 치우고 도로를 복구하는 데 많은 군인들이 동원됐대요.

⑤ A: 어젯밤에 오랜만에 2~3시간 동안 운동했더니 잠이 안 와서 거의 밤을 꼴딱 샜어.
B: 그래? 다음부터 좀 더 이른 시간에 운동을 해 봐. 잠자리에 들기 전 몸을 심하게 움직이는 과격한 운동을 하는 게 오히려 숙면에 방해된대.

⑥ A: 어제 배우 김태민 씨가 학교에 온 거 봤어요? 경찰이 가까이 못 가게 해서 속상했어요.
B: 그러게요. 왜 그랬는지 물어보니까 지난번 팬미팅 때 열성 팬이 갑자기 달려드는 바람에 사고가 날 뻔 했대요. 그래서 가까이 다가가는 것을 저지한 거래요.

(2) 다음은 (1)에서 살펴본 어휘입니다. 어휘의 사전적 의미를 찾아 연결해 보십시오.

① 진압하다 •	• 막아서 못하게 하다
② 무산되다 •	• 정도가 지나치게 격렬하다
③ 동참하다 •	• 어떤 모임이나 일에 같이 참가하다
④ 동원되다 •	• 강압적인 힘으로 억눌러 진정시키다
⑤ 과격하다 •	• 일이 성사되지 못하여 없었던 일처럼 되다
⑥ 저지하다 •	• 어떤 목적을 달성하기 위해 사람들이 모이다

2. 다음을 읽고 보기에서 알맞은 어휘를 찾아 대화를 완성해 보십시오.

보기

치안　　도심　　위해　　재량　　보장　　기본권

(1) A: 요즘 초등학교는 방학하고 휴일이 학교마다 다르다면서요?
B: 네. 학교마다 교장의 ____________(으)로 결정할 수 있어요.

(2) A: 요새 뉴스를 보면 정말 세상이 너무 무서워진 것 같아요.
B: 맞아요. 강력 범죄가 많아지면서 정부에서도 ____________을/를 강화하는 대책을 세운다고는 하더라고요.

(3) A: 전 이번 일을 도저히 참을 수가 없어요. 사장님을 만나서 말씀을 드려야겠어요.
B: 마이클 씨, 좀 진정하세요. 무슨 말인지는 알겠는데 우리가 사장님을 만난다고 해도 해결된다는 ____________이/가 없어요. 좋은 방법이 있는지 생각해 봐요.

(4) A: 마지막 수요일마다 영화나 연극을 싸게 볼 수 있다는 게 맞아요?
B: 네. 한국에서는 문화생활도 국민이라면 누구나 당연히 누려야 할 ____________(이)라고 보고 문화의 날을 지정해서 국민들에게 문화 혜택을 주고 있어요.

(5) A: 이 아기 곰을 만져 봐도 돼요? 혹시 사람을 공격하지는 않나요?
B: 여기서 보호하고 있는 곰들은 잘 길들여져 있어서 사람한테 ____________을/를 가하는 일은 거의 없습니다. 걱정하지 말고 만져 보셔도 돼요.

(6) A: 내일부터 추석 연휴가 시작되는데요. 이 기자, 지금 교통 상황은 어떤가요?
B: 추석 연휴에 많은 분들이 귀향길을 계획하고 계실 텐데요. 퇴근 시간이 다가옴에 따라 현재 ____________에서 교외로 나가는 차들이 점점 증가하고 있습니다.

전략 익히기

최종 발언하기

최종 발언은 찬성 팀과 반대 팀으로 나누어 토론을 진행한 후 토론의 마지막 단계에서 각 팀의 입장을 정리해 최종적으로 말하는 것이다. 최종 발언을 할 때 다음과 같은 점을 유의해야 한다.

① 토론 과정 중에서 가장 타당하고 논리적이었던 자기 팀의 주장을 근거와 함께 정리하여 말해야 한다.

② 토론 과정에서 발언하지 않았던 새로운 주장은 하지 말아야 한다.

③ 팀별로 정리해서 한 명이 발표하며 찬성 팀, 반대 팀의 순으로 발표한다.

예

'안락사를 허용해야 한다.'라는 논제에 대한 주장입니다. 다음 토론 내용을 정리한 것을 보고 최종 발언을 해 보십시오.

논제: 안락사를 허용해야 한다.

	주장	근거
찬성	• 시한부 환자의 고통을 최소화시킴 • 환자의 자유의사를 존중해야 함	• 노인을 대상으로 한 연구 결과, 연명 치료에 대해 88.9%가 반대
반대	• 생명 존중 사상에 위배됨 • 타인의 생사를 결정할 권리 없음	• 안락사 허용 국가에서 안락사 선택하는 사람 수 증가 • 생명 경시 풍조가 나타남

⇩

찬성: 지금부터 '안락사를 허용해야 한다.'는 논제에 대한 찬성 팀의 최종 발언을 시작하도록 하겠습니다. 저희 팀은 이 논제에 대해 찬성합니다. 그 이유는 다음과 같습니다. 안락사로 인해 시한부 환자들이 고통에서 벗어날 수 있고 이러한 죽음을 선택하고자 하는 환자의 자유의사를 존중해 줘야 한다고 생각합니다. 실제로 노인들을 대상으로 한 연구 결과에서도 생명을 인위적으로 연장하는 연명 치료에 대해 88.9%가 반대했다고 합니다. 따라서 저희 팀은 안락사를 허용해야 한다는 논제에 대해 찬성합니다. 이상으로 찬성 팀의 최종 발언을 마치도록 하겠습니다.

사회자: 찬성 팀의 최종 발언 잘 들었습니다. 그럼 이어서 반대 팀의 최종 발언 듣도록 하겠습니다.

반대: 지금부터 '안락사를 허용해야 한다.'는 논제에 대한 반대 팀의 최종 발언을 말씀드

리겠습니다. 저희 팀은 이 논제에 대해 반대합니다. 무엇보다 안락사는 생명 존중 사상에 위배되는 것이고 그 누구도 타인의 생사를 결정할 권리가 없습니다. 안락사가 허용된 국가에서 해가 갈수록 안락사를 선택하는 사람들의 수가 더 증가하면서 생명 경시 풍조가 나타났다고 합니다. 따라서 저희 팀은 안락사를 허용해야 한다는 논제에 대해 반대합니다. 이상입니다.

연습 **다음을 읽고 각각의 논제에 대해 최종 발언을 해 보십시오.**

1. 다음은 학교 폭력 예방을 위해 교실에 CCTV를 설치해야 한다는 논제에 대한 근거입니다. 근거를 읽고 최종 발언을 해 보십시오.

논제: 학교 폭력 예방을 위해 교실에 CCTV를 설치해야 한다.

	주장	근거
찬성	• 절도나 폭행 등 학교에서 발생하는 범죄를 예방할 수 있음 • 학교 폭력 사건 발생 시 사건을 해결하는 데 도움이 됨	• CCTV 설치 후 학교 폭력 사건이 현저히 줄어듦 • 문제 발생 시 빠른 시간 내에 사건의 진위를 밝히고 대처하여 문제 학생을 지도할 수 있게 됨
반대	• 학생과 교사의 인권 및 사생활이 침해를 받을 수 있음 • 학교에 CCTV를 설치하는 것 자체가 비교육적임	• 계속해서 감시당하고 있다는 느낌 때문에 반대하는 학생과 교사들이 있음 • 교육이 이루어지는 학교에서 서로 불신하고 있다는 느낌을 주어 비교육적이라는 의견이 많음

⇩

찬성 팀	
반대 팀	

2. 다음은 인터넷 실명제를 실시해야 한다는 논제에 대한 근거입니다. 근거를 읽고 최종 발언을 해 보십시오.

논제: 인터넷 실명제를 실시해야 한다.

	주장	근거
찬성	• 건전한 인터넷 문화를 조성할 수 있음 • 악성 댓글로 인한 피해를 막을 수 있음	• 인터넷 실명제 실시 후 포털 사이트의 악성 댓글 비율이 5.4%로 줄어들었고 내용 자체도 상당히 순화됨 • 악성 댓글로 인해 일부 연예인들은 상처를 받아 자살에 이르기도 함
반대	• 표현의 자유가 침해당할 수 있음 • 개인 정보 유출 가능성이 높아짐	• 인터넷 실명제를 실시한 이후에 악성 댓글 수는 겨우 1.7% 감소한 반면, 전체 댓글 수는 68%나 감소했음 (방송통신위원회 조사 결과) • 개인 정보 유출로 인해 제3자에게 비난의 대상이 되기도 함

⇩

찬성 팀	
반대 팀	

말하기

집회의 허용 범위에 대해 토론하기

1. 여러분은 집회를 하는 것에 대해 어떻게 생각하십니까? 다음 중 집회에 대한 여러분의 생각에 V표 하고 말해 보십시오.

- ☐ 공공장소가 무질서한 장소로 변질될 수 있으므로 규제해야 한다.
- ☐ 시민의 기본권에 속하므로 집회 장소에 제한을 두어서는 안 된다.
- ☐ 시민들에게 불편을 줄 수 있으므로 도심에서의 집회는 제한되어야 한다.
- ☐ 집회의 자유에 따라 누구의 허가 없이, 때와 장소에 상관없이 열 수 있다.
- ☐ 심야 집회의 경우 치안에 문제가 생길 수 있으므로 시간에 제한을 두어야 한다.

2. 다음은 집회의 필요성에 대한 글입니다. 다음을 읽고 주장과 근거를 찾아 밑줄을 그어 보십시오.

(1) 집회는 시간과 장소에 관계없이 허용되어야 한다.

집회의 자유는 민주주의의 기본 요소이며 헌법의 기본권 중에서도 정치적 표현의 자유에 속하는 기본권이다. 따라서 집회의 자유를 보장하는 것은 경찰이 재량으로 마음에 들면 허락하고 마음에 들지 않으면 불허할 수 있는 일이 아니다. 또한 집회를 장소와 방법에 따라 허가해 줄 수 있다는 것도 경찰의 재량으로 할 일이 아니다. 엄연히 헌법에서 기본권으로 보장된 집회의 자유에 대해 조건을 붙여 제한하는 것은 있을 수 없는 일이기 때문이다. 따라서 민주주의를 위협하지 않고 공공질서에 위해가 되지 않는 한 시간과 장소를 불문하고 모든 집회는 허용되어야 한다.

(2) 집회는 시간과 장소를 가려 열려야 한다.

2002년 월드컵 때 거리 응원 이후 새로 조성된 시청 앞 광장과 광화문 등 시내 중심부는 집회 장소로 사용되고 있다. 이렇게 도심에서 대규모 집회나 시위가 열리면 교통 체증이 심해져 서울 시내 전체의 교통 혼잡을 야기하고 그로 인해 시민들은 불편을 감수해야 한다. 뿐만 아니라 늦은 밤에 이루어지는 집회는 인근 주민을 비롯하여 집회에 참여하는 사람들의 치안에도 큰 위협을 준다. 아무리 헌법에서 보장된 집회의 자유라도 다른 사람들에게 피해를 주지 않을 때 보장 받을 수 있는 것이다. 또한 법을 지킬 때 집회의 자유도 존재하는 것이다. 그러므로 국민의 생활권과 행복권을 침해할 수 있는 집회는 반드시 시간과 장소를 가려 열려야 할 것이다.

3. 다음 논제에 대해 찬반 토론을 하려고 합니다. 자신의 입장을 정하고 주장의 근거를 정리해 보십시오.

논제: 집회는 시간과 장소에 관계없이 허용되어야 한다.	
자신의 입장	□ 찬성 □ 반대
주장의 근거	• • •

4. 찬반 토론을 시작하기 전에 의견이 같은 친구들과 토의를 통해 입장을 정하고 주장의 근거를 세 가지 정도로 정리해 보십시오. 그리고 최종 발언할 내용을 정리해 보십시오.

(1) 주장과 근거 정리하기

주장	• •
근거	• •

(2) 최종 발언하기

최종 발언	

5. '집회는 시간과 장소에 관계없이 허용되어야 한다.'라는 논제에 대해 다음 순서에 따라 찬반 토론을 해 보십시오.

입론하기 → 확인 질문하기 → 반론하기 → **최종 발언하기**

생각 넓히기

역사적으로 여러분 나라를 변화시킨 집회가 있습니까? 그 집회가 어떤 집회였습니까? 조사한 후 발표해 보십시오.

부록

- 듣기 지문 및 정답
- 찾아보기

듣기 지문 및 정답

제1과 미래를 위한 준비

듣기 대학 생활

준비하기

1. 01

대학 생활을 시작하는 사랑하는 신입생 여러분, 대학생이 되었다는 것은 여러분이 이제 스스로 판단하고 선택하는 성인으로 성장한다는 건데요. 대학은 그러한 여러분의 성장을 응원하고 돕는 곳입니다. 우리 대학에서 제공하는 많은 기회들을 활용해서 지식과 학문을 쌓고, 감성과 인격을 기르고, 또 미래를 계획하면서 가치 있는 것을 판단할 수 있는 안목과 폭넓은 관심을 만들어 나가시기 바랍니다. 대학 생활 동안 때로는 실수도, 때로는 실패도 할 수 있지만 두려워하지 말고 모든 것들에 도전하면서 항상 새로움을 향해서 마음을 열고 가능한 많은 것들을 경험하기를 바랍니다.

* 2014년 이화여자대학교 입학식 때의 김선욱 총장 연설 중에서 발췌 및 수정함

어휘 익히기

1. 02

(1) A: 저기 진우 씨하고 같이 오는 사람들 누구예요? 처음 보는 사람들이네요.
B: 얼마 전에 우리 과에 입학해서 새로 들어온 신입생들이에요.

(2) A: 요즘 뭐, 걱정거리 있어요? 안색이 안 좋아요.
B: 네. 졸업이 다가오는데 앞으로 뭘 해야 할지 몰라서 걱정이 이만저만이 아니에요.

(3) A: 이번 방학에 뭐 할 거야? 나랑 같이 유럽 여행 안 갈래?
B: 나도 그러고 싶긴 한데 내가 듣고 싶었던 역사 강의를 이번 방학에만 특별하게 연다나 봐. 그래서 그거 들으려고 신청해 놨어.

(4) A: 선배님, 이제 곧 세부 전공을 정해야 하는데요. 어떤 걸 선택해야 할지 잘 모르겠어요.
B: 네가 공부하면서 제일 재미있고, 잘할 수 있는 걸 세부 전공으로 택해.

(5) A: 미나야, 너 무슨 수업을 그렇게 많이 들어?
B: 나 경영학을 두 번째 전공으로 선택했거든. 그래서 들어야 하는 수업이 좀 많아졌어.

(6) A: 너 이번 학기 전공 성적 잘 나왔어?
B: 응. 이번 학기에 처음으로 A+ 받았어. 열심히 한 보람이 있어서 다행이야.

(1) 새내기 (2) 진로 (3) 특강 (4) 적성 (5) 부전공 (6) 학점

2. (2) ① 메우다 ② 주목하다 ③ 우기다 ④ 엮다 ⑤ 추적하다 ⑥ 방황하다

전략 익히기

강연의 처음 듣고 중간의 내용 추측하기

연습 1. 04

여러분, 안녕하세요? 반갑습니다. 오늘은 이화여자대학교에서 새로운 출발선에 선 신입생 여러분을 맞이하게 된 기쁜 날입니다. 신입생 여러분, 진심으로 환영합니다. 그동안 정말 수고 많으셨습니다. 저는 여러분이 앞으로 대학에서 익힌 지식과 능력을 사회의 필요한 곳에서 발휘할 수 있는 창조적이고 자유로운 지성인으로 성장하기를 바랍니다. 그러기 위해서 '여러분이 어떻게 하면 대학 생활을 알차게 보낼 수 있는지', '대학 생활을 하는 동안 여러분이 어떤 기회들을 가져야 하는지'에 대해 여러분의 선배로서 오늘 몇 가지 당부의 말씀을 드리고자 합니다.

* 2012년 이화여자대학교 김선욱 총장 입학식사 중에서 발췌 및 수정함

주제	신입생들에게 당부하는 말
추측할 수 있는 강연 내용	1. 어떻게 하면 대학 생활을 알차게 보낼 수 있을까? 2. 대학 생활을 하는 동안 어떤 기회들을 가져야 하는가?

연습 2. 05

네, 반갑습니다. 저는 교육학과 오인수입니다. 오늘 강연의 주제는 '청소년의 미래: 긍정의 힘'입니다. 저는 22년간 학생들을 가르치면서 학생들의 성장과 변화의 가능성이 제가 생각했던 것보다 더 크다는 것을 알았어요. 10년 전 또는 20년 전에 가르쳤던 학생들을 가끔씩 만나는데 그때마다 예전에는 몰랐던 학생의 잠재력을 보고 깜짝 놀라곤 하거든요. 그것과 관련된 학문이 바로 긍정 심리학이라고 하는 학문입니다. 그래서 오늘 저는 '긍정 심리학이라고 하는 학문의 관점에서 지금 현재 우리가 직면하고 있는 청소년의 문제가 무엇인지'를 살펴보고, '어떻게 하면 지금의 청소년들이 조금 더 나은 사회에서 살 수 있을까' 거기에 대한 아이디어를 같이 생각해 보려고 합니다.

* 이화여자대학교 사범대학 교육상담전공 오인수 교수의 [혁신 이화 시리즈 특강] '청소년의 미래: 긍정의 힘(2017)'에서 발췌 및 수정함

주제	청소년의 미래, 긍정의 힘
추측할 수 있는 강연 내용	1. 긍정 심리학이라고 하는 학문의 관점에서 지금 현재 우리가 직면하고 있는 청소년의 문제가 무엇인가? 2. 어떻게 하면 지금의 청소년들이 조금 더 나은 사회에서 살 수 있을까?

듣기

대학교 신입생들에게 하는 강연 듣기

06

안녕하십니까? 대학 생활을 시작하는 신입생 여러분을 진심으로 환영합니다! 대학은 지금까지 여러분이 살아온 세계와는 정말 다른 새로운 곳입니다. 대학에서 공부하는 이 시기는 여러분이 어떻게 보내느냐에 따라 정말 보람찬 시간이 될 수도 있고, 그냥 헛된 시간이 되어 버릴 수도 있습니다. 오늘 저는 재미있는 그림 석 장을 보여 드리면서 대학이란 과연 어떤 특징을 가진 곳인지, 그리고 이곳에서 이제 여러분이 무엇을, 어떻게 찾아야 하는지에 대해 조언을 드리고자 합니다. 여러분도 제 이야기를 들으면서 앞으로의 대학 생활에 대한 밝은 미래를 계획해 보시기 바랍니다.

자, 여러분, 우선 이 첫 번째 그림을 잘 보세요. 이 그림은 한 심리학자가 제시한 그림입니다. 무엇을 그린 걸까요? 네, 오리라고 말하는 사람도 있고, 토끼라고 대답하는 사람도 있을 겁니다. 어쩌면 이 그림을 놓고 "오리의 부리다", "아니, 토끼의 귀다"라고 서로 우기며 싸움을 할지도 모르지요. 그것도 무리는 아닙니다. 왜냐하면 여러분은 초등학교에서 고등학교에 이르는 12년 동안 정답은 하나라고 배워 왔기 때문이죠. 하지만 이제는 아닙니다. 앞으로 대학에서 배우게 될 가장 큰 공부는 답은 하나가 아니라는 겁니다. 대학이라는 곳은 하나의 답을 찾는 곳이 아니라 다양한 생각과 관점을 통해 여러 가지 가능성을 찾는 곳이라는 걸 잊지 마십시오.

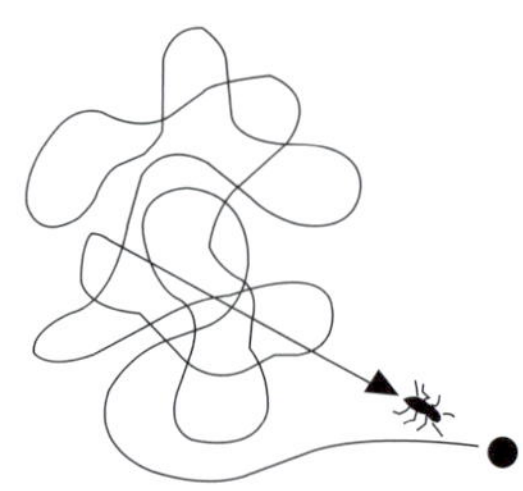

자, 그럼 두 번째 그림을 봅시다. 이것은 개미의 행동을 추적해 선으로 표시해 놓은 그림입니다. 이 그림을 보면 개미들은 장난꾸러기 아이들처럼 목표도 없이 이리저리 헤매고 다니지요? 그렇습니다. 학문을 공부하고 진리를 탐구하는 사람은 처음엔 먹이를 찾고 있는 개미처럼 방황합니다. 하지만 어지러운 곡선 사이에 곧게 뻗은 직선이 있다는 것에 주목하세요. 그것은 먹이를 발견한 개미가 먹이를 얻기 위해 곧장 나아간 흔적입니다. 곡선이 먹이를 찾기 위해 헤매고 돌아다닌 선이었다면, 이 직선은 먹이를 발견한 뒤 어디로 갈지 분명한 목표가 있음을 보여 주는 선이죠. 대학은 방황이 용서되는 곳인 동시에 분명한 목표를 찾고 그 목표를 향해 나아가야 하는 곳입니다.

세 번째 그림은 심리학자들이 많이 사용하는 빈칸 메우기 도형입니다. 'ilk(아이엘케이)'라는 이 글자 앞에 여러분은 무슨 글씨를 써 넣을 겁니까? 심리학자의 말에 의하면, 점심시간 직전에 실시한 실험에서는 대부분의 학생이 m자를 넣어 밀크(milk), 즉 우유라는 단어를 만든다고 합니다. 그러나 배가 부를 때는 s자를 넣어 실크(silk), 즉 비단이라는 단어를 만드는 쪽이 많다는군요. 사람의 마음에 따라 빈칸이 다르게 메워지는 것이죠. 대학 생활이란 바로 이러한 빈칸 메우기로 만들어 가는 하나의 이야기입니다. 밀크든 실크든 자신이 선택한 단어들로 엮은, 자신만의 독창적인 삶의 이야기가 대학 생활 동안에 만들어지는 겁니다.

□ilk

여러분, 세상에 나와 똑같은 사람은 없습니다. 여러분은 이 세상에 하나밖에 없는 독창적인 존재입니다. 앞으로 펼쳐질 여러분만의 멋진 인생을 만들어 가기 바랍니다. 여러분을 응원하겠습니다.

* 이어령 교수의 이화여자대학교 신입생 오리엔테이션 연설 중에서

1.

처음	주제	대학 생활을 보람차게 보내는 방법
	추측할 수 있는 강연 내용	1. 대학이란 과연 어떤 특징을 가진 곳인가? 2. 대학에서 무엇을, 어떻게 찾아야 하는가?

중간

1. 첫 번째 그림

· 내용: 오리의 부리? 토끼의 귀?

· 의미

– 대학에서 배우게 될 가장 큰 공부는 답은 하나가 아니라는 것

– 대학이란: 하나의 답을 찾는 곳이 아니라 다양한 생각과 관점을 통해 여러 가지 가능성을 찾는 곳

2. 두 번째 그림

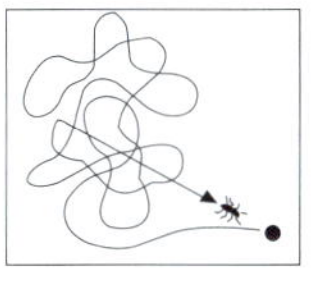

· 내용: 개미의 행동을 추적해 선으로 표시해 놓은 선

· 의미

– 학문을 공부하고 진리를 탐구하는 사람은 방황함

– 대학은 방황이 용서되는 곳인 동시에 분명한 목표를 찾고 그 목표를 향해 나아가야 하는 때

3. 세 번째 그림

· 내용: 빈칸 메우기 도형　　· 의미: 사람의 마음에 따라 빈칸이 다르게 메워짐

□ilk

배가 고픈 실험자	Milk
배가 부른 실험자	Silk

끝	· 최고가 아니라 유일한 사람이 되어야 함 · 유일한 사람이란 혼자를 의미하는 것이 아니라 이 세상에 하나밖에 없는 독창적인 존재을/를 뜻함

2. (1) ② (2) ①

(3) ① 곡선: 목표를 찾아 이리저리 헤매고 있는 모습

② 직선: 목표를 찾은 후에 그 목표를 향해 나아가는 모습

(4) ③

말하기 성공한 인물

어휘 익히기

1. (2)

① 입지전적인 인물	뜻을 세워 어려운 환경을 이겨 내고 성공한 사람
② 독보적인 존재	남이 따를 수 없을 만큼 뛰어난 사람
③ 자타가 공인하는 실력자	자신과 다른 사람들이 모두 인정하는 실력 있는 사람
④ 자수성가한 분	맨손으로 집안 또는 사업을 일으켜서 재산을 모은 사람
⑤ 최고 권위자	어떤 분야에 대해 가장 잘 안다고 인정받는 사람
⑥ 차세대 주자	다음 세대를 이끌어 갈 사람으로 평가받는 사람

2. (1) 달성하기 (2) 겪고 (3) 매진하고 (4) 이겨 내고 (5) 무릅쓰고 (6) 처했을 때

전략 익히기

발표 처음 부분 작성해 발표하기

연습 1. 예시

처음	주제 소개	• 인사, 자기소개 • 흥미 유발을 위한 질문: 윈도우 프로그램을 사용해 본 적이 있는지 질문 • 주제 소개: 마이크로소프트사의 설립자 빌 게이츠의 성공

처음	선정 이유	• 세계에서 가장 영향력 있는 사람 중의 하나 • 마이크로소프트사를 업계 최대의 회사로 만듦 • 개인적인 선정 이유: 기부 재단을 만들어 공익사업을 함
	발표 내용 소개	• 생애 • 업적 • 성공의 비결

연습 2. 예시

처음	주제 소개	• 인사, 자기소개 • 흥미 유발을 위한 질문: 냉면을 좋아하는지 질문 • 주제 소개: 맛집 '서운당'의 성공 비결
	선정 이유	• 1955년부터 3대째 이어 옴 • 최상의 재료 사용 • 개인적인 선정 이유: 재료와 맛, 가격 모두 만족스러운 곳
	발표 내용 소개	• 역사 • 특징 • 성공의 비결

제2과 지역과 문화

듣기 문화 상대주의

준비하기

2. 07

여러분, 한국, 중국과 같은 동북아시아에서 개고기를 먹고 아마존 지역에서 애벌레를 잡아먹는 것에 대해 알고 계시나요? 왜 이 지역에서는 이런 것들을 먹을까요? 이런 음식을 먹는 것은 그 지역의 생태학적 환경과 관계가 깊습니다. 특정 지역에 특정한 음식이 식탁에 오른다는 것은 그 지역에서 쉽게 많이 얻을 수 있는 음식이기 때문이죠. 예를 들어, 아마존 지역에서는 먹을 만한 동물을 구하기가 쉽지 않은 반면에 애벌레는 주변에서 쉽게 구할 수 있어서 잡아먹는 것입니다. 그리고 한국을 비롯한 동북아시아에서 개를 먹는 이유도, 개는 예로부터 흔한 동물이었고 한국 사람들은 개를 애완동물이 아닌 가축으로 키웠기 때문이죠. 이와 같이 세계 각 지역마다 음식 문화가 다르게 나타나는 이유는 지역마다 그들이 처한 자연환경이 다르기 때문입니다.

지역	먹는 음식	이유
동북아시아	개고기	한국에서 개가 흔한 동물이었고 가축으로 키웠기 때문에
아마존	애벌레	아마존 지역에서 애벌레는 주변에서 쉽게 구할 수 있는 것이었기 때문에

어휘 익히기

1.

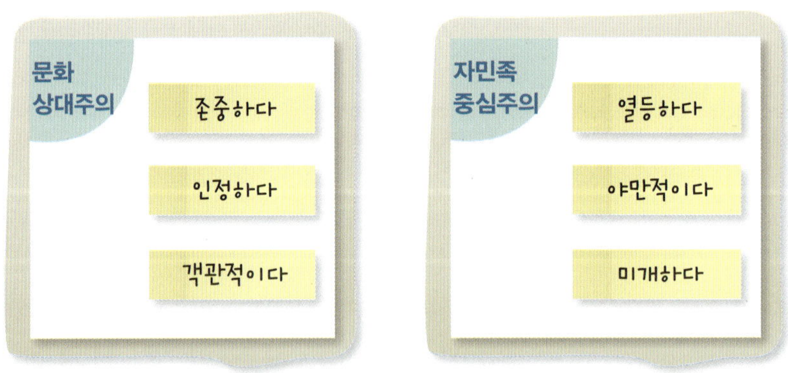

2. (2) ① 파헤치다 ② 금기 음식 ③ 중동 지역 ④ 일반화시키다 ⑤ 유목 생활 ⑥ 적응하다

전략 익히기

맵핑(mapping)을 활용해 필기하기

연습 1. 09

여러분은 '한류'라는 말을 들어 보셨죠? 한류는 아시다시피 대한민국의 대중문화를 포함해 한국과 관련된 것들이 다른 나라에서 인기를 얻는 현상을 뜻합니다. 그럼 '한류'는 언제, 어떻게 생겨난 것일까요? 한류의 시작은 1990년대에 한국 드라마가 아시아에서 인기를 얻게 되면서부터였죠. 대표적인 예로 일본 TV에서 방영된 한국 드라마 〈겨울연가〉를 들 수 있습니다. 여러분 중에서도 보신 분들이 있으시죠? 현재는 아시아를 넘어 미국, 남미, 유럽 등에서도 한국 대중음악과 드라마가 많은 인기를 얻고 있습니다.

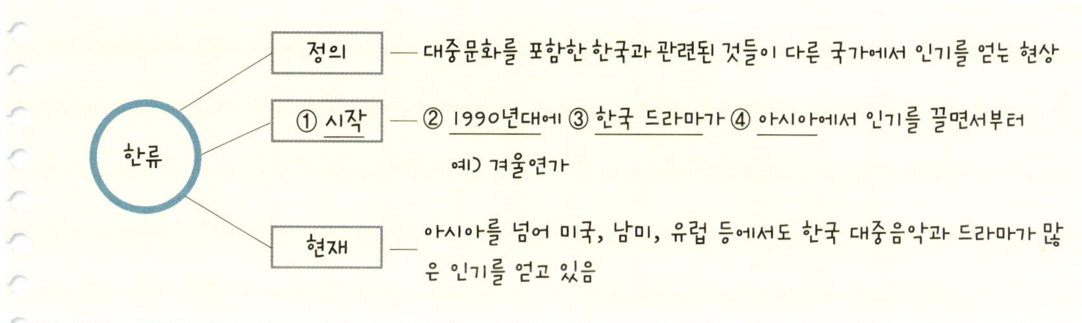

연습 2. 10

대중매체는 21세기 들어 눈부시게 발전했는데요. 오늘은 대중매체의 과거와 현재, 그리고 그 부작용에 대해 알아보도록 하겠습니다. 15년 전만 해도 대중매체라고 하면 TV, 라디오, 신문, 잡지 등을 떠올렸습니다. 그런데 지금은 어떤가요? 지금은 여러분이 항상 휴대하고 다니는 스마트폰이나 태블릿 PC에서부터 인터넷, 위성 TV 등을 모두 포함하는 개념으로 확대되었습니다. 이렇게 대중매체가 다양해짐에 따라 사람들은 더욱 쉽게 언제 어디서나 다양한 정보들을 얻을 수 있게 되었는데요. 반면에 그에 따르는 부작용도 만만치 않은 게 현실입니다. 대중매체의 부작용으로는 어떤 게 있을까요? 네, 가장 대표적인 것으로 폭력성을 들 수 있습니다. 대중매체를 접한 사람들이 폭력적인 장면들을 보고 그대로 모방하는 사건들이 자주 발생하는 것을 보면 문제의 심각성을 알 수 있죠. 또 다른 부작용으로는 정보를 수동적으로 받아들이는 수동적 수용성을 들 수 있습니다. 대중매체를 통해 제공되는 정보들을 개인적인 판단 없이 그대로 받아들이게 되는 경향이 있는데요. 이렇게 되면 잘못된 정보들을 사실로 믿어 버리게 될 수도 있습니다. 마지막으로 요즘 가장 큰 문제로 부각되고 있는 중독성을 들 수 있습니다. 스마트폰 중독에 대해서 다 들어 보셨죠? 시도 때도 없이 스마트폰으로 이메일이나 메시지를 확인하는 현상이 21세기에 들어서 생긴 대중매체의 부작용이라고 할 수 있습니다.

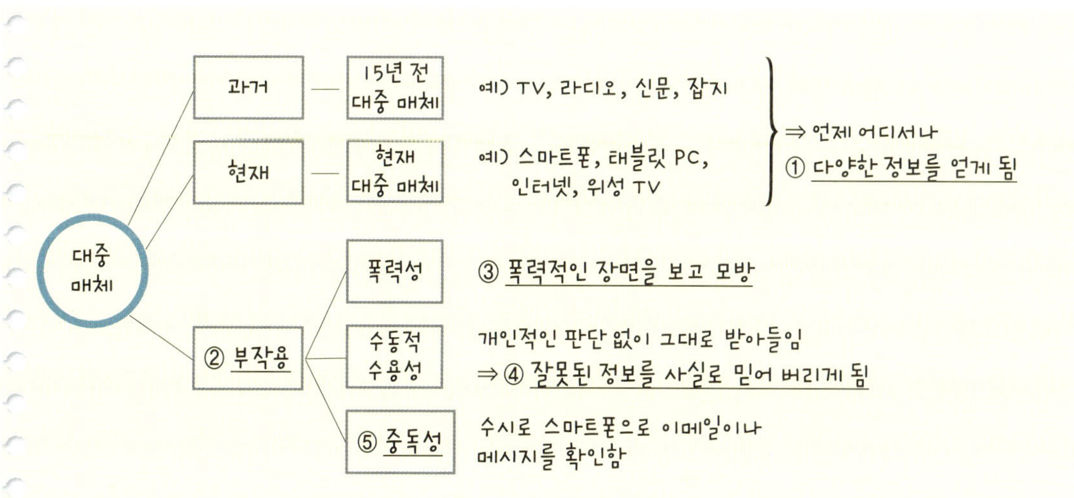

듣기

문화 상대주의에 대한 강의 듣기

11

오늘 수업에서는 문화 상대주의적 시각에서 문화를 이해하는 방법을 알아보겠습니다.

여러분, '문화 상대주의'가 뭘까요? 쉽게 말하면 서로 다른 문화를 이해할 줄 아는 태도예요. 좀 더 자세히 설명하면 서로 다른 문화를 말할 때는 어떤 문화가 우월하다거나 열등하다는 말로 서로 비교하기보다는 각 문화를 이해해야 한다는 겁니다.

그럼 문화 상대주의는 어떻게 생겨나게 됐을까요? 19세기 이전에는 유럽의 백인들이 아시아나 아프리카 사람들의 문화는 미개하고 자신들의 문화는 우월하다고 생각했어요. 이렇게 백인들이 자신의 문화가 다른 민족들의 문화보다 우월하다고 생각하는 것을 백인 중심주의, 자민족 중심주의라고 하는데요. 19세기에 이런 생각이 유행했기 때문에 인류학자들이 이에 반발해서 문화 상대주의라는 개념을 주장하게 된 것이지요.

문화 상대주의에 대한 설명이 너무 길었나요? 그만큼 중요하다는 얘기죠. 이렇게 인류학에서는 문화 상대주의라는 관점이 매우 중요하기 때문에 그 이론적 근거와 조사 방법도 다양합니다. 오늘은 그중에서도 생태학적 환경에 따라서 문화 현상을 설명해 보도록 하지요.

'생태학적 환경에 따른 문화 현상'이라는 말이 좀 어렵죠? 문화 현상은 보통 생태학적 환경과 관계가 깊은데요. 이 말은 인간이 사는 지역에 따라서 어떻게 서로 다른 자연환경에 적응해 왔는지를 보면 현재의 문화를 이해할 수 있다는 얘기예요. 혹시 지금 어느 특정 지역의 관습이 이상해 보이더라도 그곳의 역사를 살펴보면 생물학적으로나 생태학적으로 합리성이 발견된다는 겁니다. 음식 문화를 예로 들어 보죠. 세계에서 돼지고기를 안 먹는 지역이 어딜까요? 그렇죠. 바로 이슬람교를 믿는 사람들이 모여 사는 중동 지역입니다. 코란에 이런 구절이 나옵니다. "알라께서 금지하는 것은 썩은 고기, 피, 그리고 돼지고기뿐이다." '썩은 고기와 피는 당연히 안 먹겠지만 돼지고기는 왜 먹으면 안 될까?' 하는 생각이 들지요?

그래서 돼지고기를 금기시한 이유를 파헤쳐 봤더니 역시 돼지는 중동의 덥고 건조한 기후와 유목 생활에 맞지 않는 동물이라는 사실을 발견하게 된 겁니다. 좀 더 자세히 차근차근 얘기를 해 보죠. 우선 돼지는 사람이 먹는 곡식을 먹고 살아야 하는데 곡식이 부족한 사막에서 사람도 못 먹는 곡식을 돼지에게 먹이기 힘들지요. 그렇다고 돼지가 짐을 옮겨 주지도 못하고 낙타처럼 사람을 태우지도 못하지 않습니까? 이런 상황에서 그냥 고기가 맛있다고 돼지를 키우는 건 합리적이지 못하지요. 결국 돼지고기는 맛있지만 생태학적으로 환경에 맞지 않으니까 종교의 힘을 빌려서 금기 음식으로 정한 겁니다. 어때요, 이제 이해가 되십니까?

그럼, 예를 한 가지 더 들어 볼까요? 여러분 나라에서는 혹시 벌레를 먹나요? 얘기만 들어도 혐오스럽다고요? 그런데 현재 아마존의 어느 지역에서는 벌레를 주식으로 하는 사람들이 살고 있습니다. 사실 벌레는 인류의 조상인 유인원들이 즐겨 먹었던 음식이었고 과학적으로도 영양가가 매우 높은 것으로 입증됐어요. 그렇지만 벌레는 너무 작은데다가 여기저기 흩어져 있어서 주식으로 하기에 효율성이 떨어진다는 단점이 있습니다. 그래서 대부분 지역에서는 점차 먹지 않게 된 거죠. 소를 한 마리 잡으면 많은 사람들이 먹을 수 있는데 뭐 하러 벌레를 하루 종일 구하러 다니겠습니까? 그렇지만 아마존에서는 먹을 수 있는 다른 동물은 구하기 힘들지만 크고 통통한 벌레가 주변에 많기 때문에 지금도 벌레를 많이 먹는 겁니다.

이제 여러분은 왜 지역마다 독특한 음식 문화가 발달하게 됐는지 아시겠지요? 이와 같이 음식 문화는 오랜 시간 자연환경에 적응하는 과정에서 생겨나는데 지역마다 자연환경이 다르기 때문에 서로 다른 음식 문화가 발달한 것이죠. 다시 말해, 사람들이 지금 살고 있는 자연환경에 가장 잘 적응해 온 결과이므로 가장 합리적인 이유에서 생겨난 거예요. 그러니까 여러분, 오늘 이 강의를 들은 후부터는 다른 나라 사람들에게 왜 이상한 음식을 먹느냐고 해서는 안 되겠지요. 모든 현상을 한 가지 시각으로만 보거나 비슷하다고 일반화시키는 것은 위험하기 때문이에요. 문화 상대주의 시각에서 그들의 음식 문화를 이해하고 존중할 줄 알아야겠습니다.

1.

문화 상대주의

- 정의
  - 서로 다른 문화를 이해할 줄 아는 태도
  - 서로 다른 문화를 말할 때 어떤 문화가 우월하다거나 열등하다와 같이 비교 × ⇒ 각 문화를 이해해야 함
- 발생 배경
  - 19세기 이전 유럽 백인들이 아시아나 아프리카 문화보다 자신의 문화가 우월하다고 생각: 백인 중심주의, 자민족 중심주의
  - ⇒ 이에 대한 반발로 문화 상대주의 발생
- 이론적 근거
  - 생태학적 환경에 따른 문화 현상
  - 정의: 인간이 사는 지역에 따라 어떻게 다른 자연환경에 적응해 왔는지를 봄 ⇒ 현재 문화 이해 ○
  - 예) 음식 문화
    - ① 돼지고기 ×, 이슬람교, 왜?
      - ↓
      - 이유: 중동의 덥고 건조한 기후와 유목 생활에 맞지 않는 동물이기 때문
      - → 생태학적으로 환경에 맞지 않음, 종교의 힘을 빌려 못 먹게 함
    - ② 벌레가 주식, 아마존
      - 소 한 마리를 잡으면 되는데 왜 벌레를 잡아먹나?
      - ↓
      - 이유: 아마존 지역에서 먹을 수 있는 동물은 구하기 힘들지만 크고 통통한 벌레가 주변에 많기 때문

2. (1) 음식 문화는 오랜 시간 자연환경에 적응하는 과정에서 생겨나는데 지역마다 자연환경이 다르기 때문에 서로 다른 음식 문화가 발달한 것이다.

(2) ② (3) ③ (4) ②

말하기 한국의 상징

어휘 익히기

1. (2)

① 국기
② 음양
③ 가치
④ 전통
⑤ 애국가
⑥ 공동체

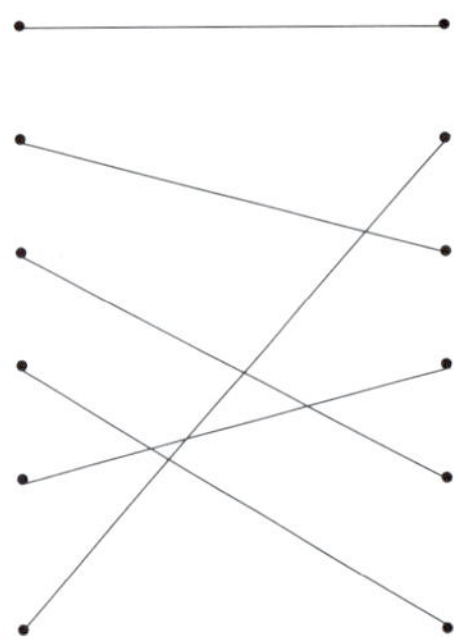

- 한 나라를 대표하는 깃발
- 같은 생각이나 목적을 함께 가지고 있는 집단
- 세상의 모든 것을 만들어 내는 근원으로 상반되는 두 기운
- 나라를 사랑하는 뜻으로 온 국민이 부르는 노래. 한국의 국가
- 어떤 일이나 물건이 사람과의 관계에 의해 지니게 되는 중요성
- 어떤 집단에서, 지난 시대에 이미 이루어져 전해 내려오는 사상이나 관습과 같은 것

2. (1) 본떠서 (2) 창제한 (3) 꼽는 / 꼽을 (4) 떠오르지 (5) 뜻깊은 (6) 담아

전략 익히기

발표 개요 작성하기

연습 1. 예시

구분		내용
처음		• 노인들의 자살에 대한 뉴스를 본 적이 있는지? 최근 10년 사이에 노인 자살률이 두 배가량 증가했음 • 오늘 발표 주제는 노인 자살률에 대한 것임 • 발표는 원인, 사례, 결과 순서로 함
중간	원인	• 평균 수명이 늘어남에 따라 혼자 사는 노인 증가 • 사회에 적응하지 못하는 경우가 많아짐
	사례	• 한 도시에서 65세 이상 노인을 대상으로 우울증 검사 실시 • 검사 결과에 따라 교육, 상담, 치료 등 예방 사업 실시 • 자살 위험도가 높은 사람에게 매주 1회 이상 전화 걸거나 방문함
	결과	• 1년 만에 자살률 71.2% 감소 • 우울하다고 느끼는 노인 57% 감소
끝		• 노인 문제에 관심을 갖게 되었음

연습 2. 예시

처음	• 밤에 잠을 못자는 것은 매우 괴로운 일임 • 오늘 발표 주제는 불면증의 원인과 해결 방안을 제시하는 것임 • 발표는 원인, 해결 방안 순서로 함	
중간	원인	• 환경적인 이유: 주변이 시끄럽거나 너무 밝아서, 낯선 곳에서 잠을 자게 되어서 • 신체적인 이유: 기침, 두통, 근육통 등 • 심리적인 이유: 긴장, 스트레스 등 • 좋지 않은 생활 습관: 카페인이나 술을 자주 마시는 사람
	해결 방안	• 환경적인 이유: 잠자리를 편하게, 잠자기 두 시간 전에 집안 조명을 낮춤, 편한 베개, 포근한 이불 준비 • 좋지 않은 습관을 고침: 오후 3시 이후에는 커피, 녹차, 술을 마시지 않음. 규칙적인 운동을 함. 잠들기 직전까지 휴대 전화를 보지 않음
끝	• 불면증에 좋지 않은 것이 무엇인지 잘 알게 되었음	

제3과 여성과 사회

듣기 여성학의 이해

어휘 익히기

1. (1) 여권 신장 (2) 가부장제 (3) 젠더 (4) 가사 노동 (5) 역차별 (6) 유리 천장

2. (1) ② (2) ② (3) ① (4) ① (5) ② (6) ①

전략 익히기

반언어적인 요소로 강의자 의도 파악하기

연습 1. 13

여러분도 혹시 어떤 민족은, 어떤 지역 사람들은 어떠하다는 식의 편견이나 고정관념을 가지고 있나요? 예를 들어 '한국 사람은 성격이 급하다', '그 지방 사람들은 행동이 느리다' 같은 거 말이에요. 어떤 학자들은 이러한 성향이 유전적이고 체질적인 거라서 그 지역 사람들이라면 피할 수 없는 타고난 것, 태어날 때부터 가지고 있는 선천적인 거라고 주장해요. 그래서 바꾸려고 해도 바꾸기 힘들다는 거죠. 이 학자들은 이 주장을 더 발전시켜서 사람들의 성향과 행동을 유형별로 묶어 사람들의 성향을 규정하기도 했고요.

그런데 문화인류학에선 다르게 주장했어요. 사람들의 차이는 유전이나 혈통 같은 선천적인 게 아니라 그

지역이 가지고 있는 역사, 양육 방식을 통해 후천적으로, 후천적으로, 성장하면서, 커 가면서 형성된 거라는 거죠. 다시 말하면 각자 태어난 문화, 환경 속에서 체험하고 훈련, 학습하면서 만들어지는 거라는 거예요.

그리고 사람들의 성향, 그러니까 '그 사람은 어떤 사람이다' 같은 거 말이에요. 이건 사회에 따라 평가가 달라질 수 있어요. 예를 들어 다른 나라와 전쟁을 하고 있다면 그런 분위기 속에서는 공격적이고 자신의 주장이 강한 남자가 남성적이고 지도력이 있다는 평가를 받죠. 반면에 다양한 의견을 경청해야 할 필요가 있는 사회 분위기 속에서는 조용하고 이해심이 많은 남자가 존경을 받게 되죠. 여자도 마찬가지예요. 어떤 사회에서는 애교 있고 얌전한 여자를 이상적으로 생각하는 반면에 씩씩하고 독립적인 여성을 키워야 한다는 사회도 있어요. 이런 걸 보면 우리가 흔히 말하는 남성적, 여성적이라고 하는 특성이 남자와 여자라는 생물학적인 차이에서 생겨나는 거라기보다는 어떤 사회에서 키워졌느냐에 따라 만들어진다는 겁니다.

대학한국어2 | **사람의 성향과 문화** | 부교재

1. 사람의 성향은 선천적인가, 후천적인가?
   - (1) 선천적이다
     - ◦ 유전적이고 체질적인 거라서 그 지역 사람이면 피할 수 없는 타고난 것
       ⇒ 바꾸려고 해도 바꾸기 힘듦
   - (2) 후천적이다
     - ◦ 그 지역이 가지고 있는 역사, 양육 방식을 통해 후천적으로 형성된 것
       ⇒ 각자 태어난 문화, 환경 속에서 체험하고 훈련, 학습하면서 만들어지는 것

2. 사람의 성향에 대한 평가가 사회에 따라 달라질 수 있음
   - (1) 남성
     - ◦ 전쟁 중인 사회: 공격적, 자기주장이 강한 남자 → 지도력이 있고 남성적이라는 평가
     - ◦ 다양한 의견 청취가 필요한 사회: 조용하고 이해심이 많은 남자 → 존경을 받음
   - (2) 여성: 애교 있고 얌전한 여자 / 씩씩하고 독립적인 여자

   ⇒ 남성적, 여성적이라는 특성: 생물학적인 차이에서 생겨나는 것이라기보다 어떤 사회에서 키워졌느냐에 따라 만들어지는 것임

연습 2. 14

오늘은 프로젝트 수업에 대해 공부하는 첫 시간이죠? 우선 프로젝트 수업이 뭘 말하는지 살펴보기로 해요. 먼저 크룸(H. Krumm)이라는 학자가 1991년에 정의한 것을 알아볼까요? 크룸은 교재가 없이 선생님이 학생들과 함께, 같이, 공동으로 배울 내용을 정하고 수업 계획 만들고 이 계획에 따라 교재 정하고, 수업을 하는 것, 그러니까 선생님 혼자 수업 계획을 짜는 것이 아니라 학생들과 같이, 함께, 계획 짜고 수업하는 것이라고 정의했어요. 학생하고 함께한다는 거죠. 그런데 이 말에 숨어 있는 의미는 뭘까요? 선생님의 일인데 그걸 학생하고 같이 할 수 있게 역할을 나눴다는 걸 말하는 거죠. 그러니까 선생님의 시각에서 프로젝트 수

업을 정의한 거예요.

크룸이 선생님, 교사의 시각에서 프로젝트 수업을 정의했다면 2002년에 프라이드 부스(Fried-Booth)는 공부하는 학생들, 학생들의 시각, 관점, 입장에서 프로젝트 수업을 정의했어요. 그러니까 학생들을 중심에 두고 이 수업을 바라보기 시작한 거예요. 좀 더 쉽게 설명해 볼까요? 선생님이 가지고 있던 수업에서의 권한을 나눠 주었다는 게 아니라 학생들이 자발적으로, 주도적으로, 스스로 수업 계획을 짜는 데 참여하고 수업 내용을 만들어 가는 수업이라고 정의한 겁니다. 구체적으로 말하면, 수업에서 학생들이 주도적으로 토론을 통해 자신이 지닌 아이디어를 다른 학생들과 공유하면서 자율적으로 문제를 해결해 나가는 학습 방법이라고 정의했어요. 다시 말하면 여기서는 학생들이 적극적으로, 적극적으로 참여해서 수업을 이끌어 나가는 걸 가장 중요하게 봤어요.

대학한국어2 **프로젝트 수업(project work)의 정의** 부교재

1. 크룸(H. Krumm, 1991)
   - 정의: 교재 없이 선생님이 학생들과 공동으로 수업 내용을 정하고 수업 계획 만들고 이 계획에 따라 교재 정하고, 수업을 하는 것

   ⇒ 선생님의 시각에서 정의한 것

2. 프라이드 부스(Fried–Booth, 2002)
   - 학생들 시각에서 프로젝트 수업을 정의함
   - 정의: 학생들이 자발적으로, 주도적으로 수업 계획을 짜는 데 참여하고 수업 내용을 만들어 가는 수업

   ⇒ 수업에서 학생들이 주도적으로 토론을 하고 자신이 지닌 아이디어를 다른 학생들과 공유하면서 문제를 해결하는 학습 방법
   - 학생들의 적극적인 참여가 중요함

듣기

여성학에 대한 강의 듣기

15

여러분, 안녕하십니까? 이번 학기 여성학 시간을 담당하게 된 이숙희입니다. 반갑습니다. 오늘은 첫 시간이니까 여성학이 어떤 학문인지, 무엇을 연구하는 학문인지, 이 학문의 역할은 무엇인지에 대해 간단하게 소개하도록 하겠습니다.

먼저 여성학은 말 그대로 여성과 여성 문제를 연구하는 학문을 말합니다. 다시 말해서 사회 속에서 여성의 지위, 역할을 연구하는 학문인 것이죠. 그러면 여성학에서는 어떤 걸 다룰까요? 매우 다양한데, 예를 들면 남녀 성 구별이 언제 형성되는지, 어떤 과정을 거쳐 사회화가 일어나는지, 가정과 직장에서 남자와 여자는 어떤 역할을 맡고 있는지와 같은, 남성과 여성에 대한 모든 문제를 다룹니다. 자, 여기서 여러분이 기억해

둬야 할 게 있어요. 그동안 우리는 남성 중심의 가부장제 사회에서 살면서 여성의 시각으로 여성을 보지 못했어요. 그런데 여성학은 연구 대상이 무엇이든 간에 여성 입장에서 연구해요. 다시 정리해 볼까요? 여성학은 우리가 현재 살고 있는 사회나 학문이 남성 중심적이라는 사실을 먼저 인식하고 남성 중심적으로 보던 여성의 삶을 새로운 시각, 그러니까 여성의 시각에서 이해하려는 학문인 겁니다. 여러분, 이제 여성학이 어떤 학문인지 아시겠지요?

그럼 지금부터는 남성, 여성 할 때 말하는 '성별'에 대해서 이야기해 보도록 하겠습니다. 우선 여성학에서 다루는 성은 '섹스(Sex)'가 아니라 '젠더, G, E, N, D, E, R, 젠더'입니다. 섹스는 생물학적인 남성, 여성을 말하는 것이고 젠더는 사회 문화적인 관점에서 키워지고 만들어진 남성, 여성을 말하는데 여성학에서는 바로 이 새로운 차원의 성, 즉 젠더에 대한 인식이 출발점이 되는 겁니다. 다른 학문에서는 남성과 여성을 생물학적인 성별, 다시 말하면 신체적이고 유전적인 의미로 구분하는 걸 당연한 걸로 여겼다면, 여성학에서는 남성과 여성의 구분, 즉 젠더의 구분이 '남자는 이렇고, 여자는 이렇다'는 성 고정관념으로 경험하게 된 사회적 경험과 훈련, 즉 사회화 과정에 따라서 이루어진다는 점을 강조하고 있어요.

그렇다면 지금부터는 남자와 여자가 어떤 사회적 과정을 통해 다르게 키워졌는지 얘기해 볼까요? 남자아이와 여자아이는 어렸을 때부터 '남자는 모름지기 이래야 하고, 여자는 저래야 한다'는 걸 배우게 됩니다. 예를 들어, '남자는 눈물을 보이면 안 된다, 여자는 조용하고 얌전해야 한다.' 이런 성 고정관념, 그러니까 사회가 갖고 있는 성에 대한 고정관념에 맞추어서 사회가 바라는 남자와 여자로 키워지는 거죠.

좀 예를 들어 볼까요? 어렸을 때 여자아이들은 주로 뭘 하면서 놀죠? 여기 앞에 여학생, 네, 학생은 어렸을 때 뭘 하고 놀았어요? (여학생 대답) 인형 놀이하고 소꿉놀이요.

맞아요. 여자아이들은 인형이나 소꿉놀이를 하면서 장난감과 이야기도 하고 감정을 주고받아요. 근데 이 장난감은 감정이 없는 사물이죠. 그래서 이 사물과 감정 교류를 하면서 자신의 생각을 주장하기보다는 다른 사람의 말에 잘 따르는, 그러니까 순종적인 성향을 갖게 되는 거죠. 그렇다면 남자아이는 어떨까요? 그렇죠. 남자아이는 로봇 장난감을 갖고 놀기도 하고, 축구나 야구도 하며 다른 아이들과 끊임없이 경쟁하면서 힘을 기르게 되죠. 그리고 경쟁에서 이겨야 하니까 다른 사람을 공격하는, 공격적인 성향을 갖게 되는 겁니다.

이 같은 사회화 과정 결과, 남성들은 출세와 권력을 향해 경쟁하고, 여성들은 결혼 후 임신하고 육아를 맡으면서 경쟁 사회에서 소외되게 되죠. 그렇다고 남성들이 정작 행복하냐 하면 그렇지도 않아요. 남성들은 경쟁 사회에서 살아남기 위해 스스로를 돌아볼 여유조차 없게 됩니다. 다시 말해, 사회에서 여성을 소외시키면서 남성들은 가정의 생계를 책임지는 사람, 그러니까 가족을 위해 돈 버는 사람이 돼 버린 겁니다.

결국 여성학의 시각에서는 사실 남성도 여성도 둘 다 모두 피해자입니다. 여성만 피해자가 아니라는 거죠. 남성도 피해자예요. 남성들은 책임감 때문에, 여성들은 차별받는 것 때문에 힘들어하는 것이죠. 그래서 여성학에서는 이런 문제점을 파악하고 그 해결책을 제시하고자 합니다. 남성과 여성이 모두 행복한 세상을 만들어 나가는 데 도움을 주려는 겁니다. 그런 의미에서 여러분도 앞으로 여성학 강의를 들으면서 우리 사회의 문제를 같이 고민하고, 해결책을 찾아보면 좋겠습니다. 그럼 다음 2장에서는 여성학에서 본 결혼과 가족에 대해서 공부해 볼까요?

1.

대학한국어2 | **여성학** | 부교재

1. 여성학이란?

(1) 정의: 여성과 여성 문제를 연구하는 학문

⇒ 사회 속에서 여성의 지위와 역할을 이해하고자 하는 학문

(2) 연구 대상: 남성과 여성과 관련된 모든 문제

(예) 성 구별 시기, 남녀의 사회화 과정, 가정과 직장에서 남성과 여성의 역할

◦ 여성 입장에서 연구하는 학문, 남성 중심적 시각에서 보던 여성의 삶을 여성 시각에서 이해하려는 학문

2. 사회학적인 성, 젠더(Gender)

(1) 섹스(Sex)와 젠더(Gender)

◦ 섹스(Sex): 생물학적이고 유전적인 성

◦ 젠더(Gender): 사회 문화적인 관점에서 만들어진 성. 여성학의 출발점

(2) 젠더(Gender)

◦ 성 고정관념으로 경험하게 된 사회적 경험과 훈련, 즉 사회화 과정을 통해 형성

↳ 남자는 눈물을 보이면 안 된다.

여자는 조용하고 얌전해야 한다.

◦ 놀이를 통한 사회화 과정

	여자아이	남자아이
어렸을 때 놀이	◦ 인형 놀이, 소꿉놀이 ⇩	◦ 로봇 장난감, 축구, 야구 ⇩
학습된 것	◦ 장난감과 감정 교류 ◦ 순종적인 성향 ⇩	◦ 경쟁하면서 힘을 기르게 됨 ◦ 공격적인 성향 ⇩
사회화 과정 결과	◦ 경쟁 사회에서 소외됨	◦ 출세와 권력을 향해 경쟁 ◦ 생계를 책임지는 사람, 돈 버는 사람이 돼 버림

3. 여성학의 역할

◦ 현대 사회에서 남성과 여성 모두 피해자

◦ 여성학은 현재의 문제점을 파악 → 해결 방안 제시 → 남성, 여성이 모두 행복한 세상을 만들어 나가는 데 도움을 줌

2. (1) ① (2) ② (3) ② (4) ①

말하기 여자 대학의 미래

어휘 익히기

1. (2)

① 권익	권리와 이익
② 취업률	취직한 사람의 비율
③ 평판	세상 사람들의 비평
④ 남녀 공학	남자와 여자를 같은 학교에서 교육시키는 학교
⑤ 양성평등	성에 따른 차별을 받지 않고 자신의 능력에 따라 동등한 기회와 권리를 누리는 것
⑥ 리더십	지도자로서 갖추어야 할 자질

2. (1) 퇴색되어 (2) 신장시키는 (3) 배제된 (4) 배출하는 (5) 조성됨 (6) 소멸할

전략 익히기 입론하기

연습 1. 예시

여러분은 외모가 경쟁력이라고 생각하십니까? 경쟁력이 아니라고 생각하십니까? 최근 사회적으로 외모가 아름다우면 사회생활을 하는 데 유리하다는 생각이 널리 퍼지고 있습니다. 이에 따라 준수한 외모를 가지고 있으면 성공에 있어서 교육 수준이 높거나 부모 배경이 좋은 사람보다 더 유리하다고 생각하는 사람들도 많아지고 있습니다. 여기서 말하는 경쟁력이란 경쟁할 만한 힘이나 그런 능력을 뜻하는 것입니다.

저희는 외모는 경쟁력이 될 수 없다고 생각합니다. 그 이유로는 첫째, 실제 업무 능력과 외모는 상관이 없기 때문입니다. 실제로 기업 인사 담당자에 따르면 외모가 뛰어나면 면접할 때 호감은 가지만 실제 업무 능력과는 상관관계가 없다고 합니다. 둘째, 취업할 때 아름다운 외모보다는 자신감 있는 태도가 중요합니다. 일에 대한 열정과 의지를 가지고 남과는 다른 경쟁력을 갖추는 것이야말로 진정한 경쟁력이라고 할 수 있기 때문입니다. 이에 따라 저희 팀은 취업할 때 외모는 큰 영향을 미치지 않고 외모보다 자신감 있는 자세로 면접에 임하고 남과는 다른 경쟁력을 갖추는 것이 더 중요하므로 외모는 경쟁력이 될 수 없다고 생각합니다.

연습 2. 예시

여러분은 지하철 여성 배려칸을 확대하여 운영해야 한다고 생각하십니까? 그럴 필요가 없다고 생각하십니까? 최근 성범죄를 예방한다는 취지에서 부산 지하철에서 여성 배려칸을 운행한 이후 전국적으로 여성 배려칸을 확대하여 운영하려는 움직임이 일어나고 있습니다. 지하철 여성 배려칸이란 여성을 보호하려는 취지에서 마련된 여성 전용 칸을 일컫습니다.

그렇지만 저희 팀은 지하철 여성 배려칸을 확대하여 운영하는 것은 적절하지 않다고 생각합니다. 왜냐하면 첫째 성범죄자들은 소수에 불과한데 여성 배려칸을 확대하여 운영하는 것은 모든 남성을 잠재적 성범죄자로 간주하는 것과 같기 때문입니다. 둘째 여성만을 위한 배려칸을 두는 것은 남녀평등 정신에도 어긋나기 때문입니다. 따라서 저희는 여성 배려칸의 확대 설치는 남녀 간의 갈등만을 유발할 뿐이므로 지하철 여성 배려칸을 확대하여 운영하는 것은 적절하지 않다고 생각합니다.

제4과 역사와 변천

듣기 한복의 변천

준비하기

1. 16

여러분, 한국의 전통 의상인 한복에 대해서 잘 아십니까? 여기 그림을 보세요. 여성의 한복은 저고리와 치마로 구성되는데 먼저 치마 위에 입는 저고리부터 설명 드리겠습니다. 저고리는 보통 가슴 밑까지 내려오는데 목 부분에 깃과 동정이 있습니다. 여러분, 한복은 모두 곡선 모양이지요? 그런데 여기 목 부분에 있는 동정을 보세요. 동정은 한복에서 유일한 직선입니다. 그리고 저고리 앞쪽 양옆이 만나는 부분을 섶이라고 하는데 안섶과 겉섶을 겹쳐서 그 옆에 있는 고름으로 옷을 여밉니다. 고름은 시대에 따라 길이가 달랐고 장식적인 역할도 했습니다. 이제 치마를 보세요. 치마는 허리 양쪽 끝부분에 끈이 있고, 입었을 때는 허리 부분에 주름이 많아 폭이 넉넉해서 풍성한 모양입니다.

(1) 동정 (2) 섶 (3) 고름 (4) 끈

어휘 익히기

1. 17

(1) 지금은 양말을 신지만 예전에는 모양이 약간 다른 '버선'이라는 것을 신었습니다. 그래서 지금도 한복을 입을 때는 양말 대신에 버선을 신습니다.

(2) 여성들은 한복을 입을 때 허리나 고름에 노리개를 달았습니다. 노리개는 일종의 장식품으로 집안 행사나 예식에서는 화려한 모양의 노리개를 달고 일상생활에서는 간단한 것을 달았습니다.

(3) 한복에는 예복이 따로 있습니다. 조선 시대에 결혼식을 할 때 여자들은 결혼식에 입는 예복을 입고 머리에 작은 모자 모양의 '족두리'라는 것을 썼습니다.

(4) 요즘 옷에는 단추가 있지만 한복에는 단추가 없습니다. 그러면 어떻게 옷을 여밀까요? 단추 대신에 저고리 앞에 있는 고름을 매어 옷을 여밉니다.

(5) 조선 시대의 여성의 한복은 매우 화려했습니다. 치마 밑단에 금색으로 화려하게 무늬를 넣거나 꽃이나 나비 무늬로 수를 놓아 입었습니다.

(6) 남성과 여성 모두 외출할 때는 저고리 위에 '두루마기'라는 것을 입었는데 길이는 무릎 아래까지 내려옵니다.

(1) 버선을 신다 (2) 노리개를 달다 (3) 족두리를 쓰다 (4) 고름을 매다 (5) 수를 놓다
(6) 두루마기를 입다

2. (2) ① 복식 ② 관복 ③ 변천사 ④ 신분 제도 ⑤ 유교 사상 ⑥ 내외

전략 익히기

시대순으로 도식화해서 필기하기

연습 1. 19

지난 시간에 이어 한국의 대표적인 음식인 김치의 역사에 대해 좀 더 알아보겠습니다. 김치는 그 재료나 담그는 방법에 따라 종류가 많은데요. 그럼 우리가 요즘 가장 즐겨 먹는 배추김치는 언제부터 먹기 시작했을까요?

김치의 옛 모습은 삼국 시대에서 찾아볼 수 있습니다. 삼국 시대에는 여러 가지 채소를 소금이나 식초에 절여서 먹었다고 합니다. 지금의 김치와는 다른 아주 간단한 야채 절임 정도였다고 할 수 있겠지요.

삼국 시대를 지나 고려는 여러분도 아시다시피 불교 국가였습니다. 불교의 영향으로 육식보다는 채식이 선호되면서 김치가 더 발전하게 되는데요. 먼저 김치의 재료가 오이, 갓, 부추, 미나리 등 전 시대보다 더 다양해졌고 물김치 등과 같이 만드는 방법도 다양해졌습니다. 그리고 이때부터 김장의 풍습이 생겼다고 합니다. 그렇지만 지금의 김치와는 달리 고춧가루가 없는 하얀색 김치였지요.

조선 시대에 와서 김치에 들어가는 부재료가 다양해지면서 현재의 김치와 비슷한 모양의 김치가 만들어졌습니다. 특히 17~18세기에 한국에 고추와 배추가 들어오면서 비로소 현재의 배추김치 모습을 갖추게 되었습니다.

삼국 시대	• 여러 가지 채소를 소금이나 식초에 절여서 먹음
↓	
고려 시대	• 불교의 영향으로 채식 선호 → 김치 발전 • 김치의 재료: 오이, 갓, 부추, 미나리 등 다양 • 물김치 등 만드는 방법 다양 • 김장의 풍습이 생김
↓	
조선 시대	• 17~18C에 고추와 배추가 들어옴 • 현재의 배추김치의 모습을 갖춤

연습 2. 20

여러분, 오늘은 비행기의 역사에 대해 간단히 살펴보겠습니다. 지금은 비행기가 없는 세상을 상상하기도 어렵지만 인간이 하늘을 날게 된 것은 그리 오래된 일이 아닙니다. 사람들은 새처럼 날고 싶다는 꿈을 꾸어 왔습니다. 그 꿈을 점차 체계화된 연구로 실현하고자 했지요. 15세기 후반부터 16세기 초반, 그 토대를 만든 사람이 바로 여러분도 잘 아시는 레오나르도 다 빈치(Leonardo da Vinci)입니다. 레오나르도 다 빈치는 새의 나는 모양을 관찰해 기구를 발명하고 비행기 날개와 헬리콥터를 그렸습니다.

18세기 후반 이후에는 비행기 안에 사람이 타고 비행할 수 있는 유인 비행을 위한 많은 시도가 있었는데요. 드디어 1783년 프랑스에서 몽골피에 형제(Montgolfier brothers)가 열기구(hot air balloon)를 이용해 유인 비행에 성공했습니다. 이어 1852년에는 프랑스의 지파르(Henri Giffard)가 역사상 최초의 동력 비행에 성공하기도 했습니다.

이런 노력들은 1903년 마침내 미국에서 결실을 보게 되는데요. 라이트 형제(Wright brothers)라고 다들 들어 보셨지요? 자전거 수리점을 경영하던 라이트 형제는 끊임없는 도전으로 현재와 유사한 동력 유인 비행에 성공을 하게 됩니다. 라이트 형제의 비행은 조종사가 지속적으로 비행기를 조종할 수 있다는 점에서 앞선 비행기와 차별화됩니다. 이 첫 비행이 성공한 지 불과 15년 만에 항공기는 실험의 목적이 아닌 비행의 목적으로 사용하게 되었습니다. 이렇게 인간의 날고자 했던 꿈은 현실이 되어 모든 사람들이 비행기를 이용할 수 있게 된 거지요.

15세기 후반 ~ 16세기 초

레오나르도 다 빈치 (Leonardo da Vinci)	• 비행 연구의 토대 마련 • 기구 발명 • 비행기 날개, 헬리콥터 그림

↓

18세기 후반 이후

유인, 동력 비행기 연구 활발	• 1783년 몽골피에 형제(Montgolfier brothers) 열기구 유인 비행 성공 • 1852년 지파르(Henri Giffard) 동력 비행 성공

↓

1903년

라이트 형제 (Wright brothers)	• 동력, 유인 비행 성공 • 조종사가 지속적으로 비행기 조종하는 것 가능

듣기

한복의 변천에 대한 강의 듣기

21

여러분, 이번 시간에는 여성 한복의 변천사에 대해 알아보도록 하겠습니다. 여러분도 그림이나 드라마에서 봐서 아시겠지만 한복은 시대마다 조금씩 달라졌습니다. 여러분들이 받은 자료를 한번 보세요. 치마와 저고리를 입고 있는 모습은 거의 같지만 조금씩 차이가 있지요? 먼저 삼국 시대의 여성 한복부터 보도록 하지요. 그러고 나서 고려 시대, 조선 시대를 살펴보도록 하겠습니다.

삼국 시대는 여러분도 아시다시피 신분 제도가 강화되었기 때문에 복식도 신분에 따라 나뉘기 시작했습니다. 그런데 사실 삼국 시대는 자료가 충분치 않아 신분에 따라 어떤 차이가 있었는지, 어떤 모양이었는지 정확하게 파악하기는 어려운 실정입니다. 그럼 삼국의 하나였던 고구려 복식을 볼까요? 고구려 자료를 보면 여성과 남성의 저고리 모두 허리 밑까지 길게 내려오는 길이였고 허리띠를 둘러 옷을 여몄습니다. 여기 그림을 좀 보세요. 아마 여러분도 고구려를 배경으로 한 역사 드라마나 영화에서 보셨을 겁니다. 정말 그렇지요? 저고리가 길고 허리띠가 있지요? 그리고 이 시대에 여성은 치마나 바지를 모두 입을 수 있었어요. 백제나 신라 또한 고구려와 크게 다르지 않았습니다.

그럼 고려 시대는 어땠을까요? 고려 시대는 오랜 시간에 걸쳐 다른 나라와 항상 긴장 상태를 유지하던 시대였어요. 그런 만큼 다른 나라로부터 많은 영향을 받았습니다. 그런데 외국 복식은 주로 관료들이 입던 관복에 영향을 주었고, 일반 서민 복식에는 큰 변화가 없었지요. 여기 이 그림에서 보는 거처럼 고려 시대의 저고리는 길이가 전 시대보다 짧아졌어요. 그러면서 허리띠가 점차 없어지고 대신 고름을 달게 되었습니다. 지금의 한복 저고리처럼 말이죠. 그리고 치마는 길이가 길어졌고, 치마폭은 주름을 많이 잡아 넓게 했습니다. 또 중요한 변화가 있었는데 이때부터 여성들은 주로 치마를 입게 되었습니다.

자, 이제 조선 시대로 가 보지요. 다행히 조선 시대는 다른 시대보다 자료가 풍부해서 좀 더 자세히 살펴볼 수 있지요. 조선 시대 역시 엄격한 신분 제도가 있었어요. 그래서 양반과 서민의 복식에 많은 차이가 있었습니다. 치마에 저고리를 입는 기본 구조는 같았지만 서민 여성의 복식은 양반 가문의 여성의 복식에 비해 규제가 많이 있었습니다. 서민 여성은 양반 여성이 즐겨 입던 삼회장 저고리를 입을 수 없었어요. 삼회장 저고리는 아마 여러분도 많이 봤을 거예요. 연두색이나 노란색 바탕에 깃과 고름, 소매 끝, 겨드랑이 부분을 자주색으로 한 저고리 말이에요. 그리고 서민 여성들은 머리에 장식품도 사용할 수 없었습니다.

그렇다면 양반 가문의 여성들의 옷은 어땠을까요? 이 그림을 보세요. 저고리가 상당히 짧아졌지요? 조선 중기, 후기로 가면서 저고리는 점점 짧아지고, 섶과 동정도 좁아지기 시작했죠. 저고리가 이렇게 짧아지면서 치마 윗부분을 가려 주지 못하게 되니까 치마와 저고리 사이를 가려 주는 넓은 허리띠 같은 것이 생겨났습니다. 치마는 저고리만큼 큰 변화가 있지는 않았지만, 조선 후기로 갈수록 치마를 부풀려 하체가 풍성해 보이도록 하는 것이 유행이었습니다. 그러면서 치마 길이는 길어지고 폭은 더 넓어졌습니다. 양반 여성들은 치마 속에 속옷을 여러 개 입어 풍성해 보이도록 했는데 그 속옷만 해도 네다섯 가지가 넘을 정도였지요.

또 하나 조선 시대 여성들에게 꼭 필요한 게 있었는데요. 그게 바로 쓰개치마였습니다. 여러분도 잘 아시다시피 조선 시대는 유교 사상에 따라 남녀 간에 내외하는 게 심했기 때문에, 외출할 때는 얼굴이 드러나지 않도록 뭔가 쓰는 것이 필요했던 거지요.

1.

삼국 시대: 신분 제도에 따라 나뉘기 시작

(1) 저고리: 허리 밑까지 내려옴
허리띠로 옷을 여밈

(2) 여성은 치마나 바지 모두 입을 수 있었음

고려 시대: 다른 나라로부터 영향, 특히 관복에 영향

(1) 저고리: 길이가 짧아짐, 허리띠 대신 고름 사용하기 시작

(2) 치마: 길이가 길어지고 치마폭 넓어짐

(3) 여성들은 주로 치마를 입게 됨

조선 시대: 엄격한 신분 제도에 따라 양반과 서민의 복식 차이

(1) 서민 여성

① 양반 가문의 여성들의 복식에 비해 규제가 많음

② 삼회장 저고리 금지 ③ 머리 장식품 금지

(2) 양반 여성

① 저고리: 조선 중기, 후기로 가면서 점차 더 짧아짐
섶, 동정도 좁아짐.

② 치마: 부풀려 하체가 풍성해 보이도록 하는 것 유행
길이 길어지고 폭 더 넓어짐
속옷을 겹쳐 입어 풍성해 보이도록 함

※ 쓰개치마
유교의 영향으로 남녀 간에 내외 심해 필요
→ 외출할 때 얼굴이 드러나지 않도록 씀

2. (1) ① ○ ② × ③ ○ (2) ③

(3)

① 삼국 시대 — 남자뿐만 아니라 여자도 바지를 입었다.

② 고려 시대 — 외국 복식이 관복에 영향을 미쳤다.

③ 조선 시대 — 하체를 풍성해 보이도록 치마 속에 속옷을 겹쳐 입었다.

(4) ②

말하기 역사를 만든 발명

어휘 익히기

1. (2)

① 공헌	미루어 생각하여 결정함
② 가설	사물이나 현상이 처음으로 생김
③ 흔적	어떤 일의 영향이 점점 다른 곳으로 미침
④ 기원	어떤 것이 없어지거나 지나간 후에 남은 것
⑤ 파급	힘을 써서 가치 있는 일이 되게 하는 데 역할을 함
⑥ 추정	어떤 내용을 설명하기 위해 예상한 것으로 아직 사실 여부가 밝혀지지 않은 것

(① 공헌 – 힘을 써서 가치 있는 일이 되게 하는 데 역할을 함, ② 가설 – 어떤 내용을 설명하기 위해 예상한 것으로 아직 사실 여부가 밝혀지지 않은 것, ③ 흔적 – 어떤 것이 없어지거나 지나간 후에 남은 것, ④ 기원 – 사물이나 현상이 처음으로 생김, ⑤ 파급 – 어떤 일의 영향이 점점 다른 곳으로 미침, ⑥ 추정 – 미루어 생각하여 결정함)

2. (1) 주입해야 (2) 달려 (3) 고정되어 (4) 이바지하신 (5) 튀어나오는 (6) 변모해서

전략 익히기

발표를 위한 PPT 작성하기

연습 1. 예시

발표 자료	PPT 제목
최초의 영화는 에디슨(Thomas Alva Edison)이 발명한 '키네토스코프'(Kinetoscope, 1892년)에 의해 제작된 영화였다. 이것은 연속되는 동작의 사진들을 빠르게 지나가게 해서 움직이는 영상처럼 보이게 한 것으로 20~30초 정도 볼 수 있었다.	최초의 영화
최초의 대중적인 영화는 프랑스 뤼미에르 형제(Les frères Lumière)가 만든 '시네마토그래프'(Cinematograph, 1895년)를 통해서 제작한 영화였다. 이 영화에서는 50초의 짧은 시간 동안 열차가 도착하는 장면을 보여 주었다.	최초의 대중적인 영화
그 이후 영화는 소리 없이 동작만 보여 주던 무성 영화에서 소리를 들을 수 있게 된 유성 영화로 발전했고, 흑백 영화에서 색채 영화 시대로 변했다. 현대에는 스크린에 보이는 이미지가 밖으로 튀어나오는 듯한 특수 효과를 넣은 입체 영화로까지 발전을 거듭했다.	영화의 발전

발표 보조 자료의 예

① 첫 번째 화면: 제목

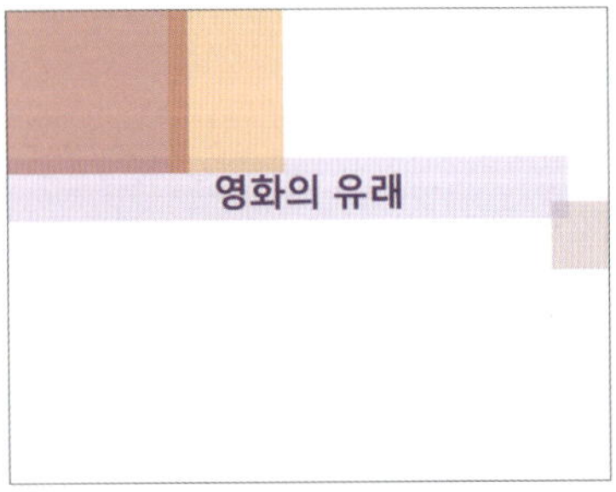

② 두 번째 화면: 목차

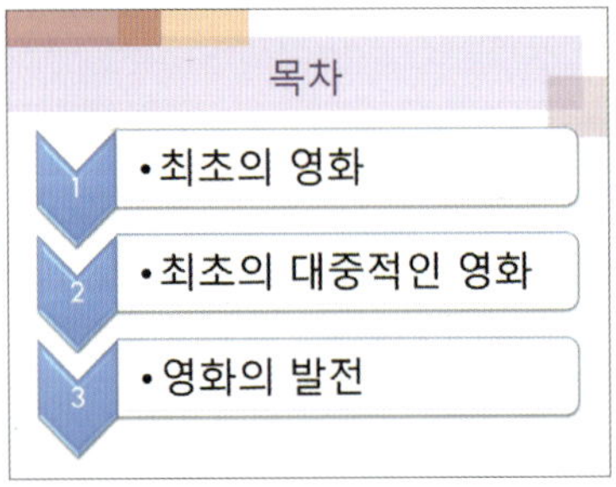

③ 세 번째 화면: 최초의 영화

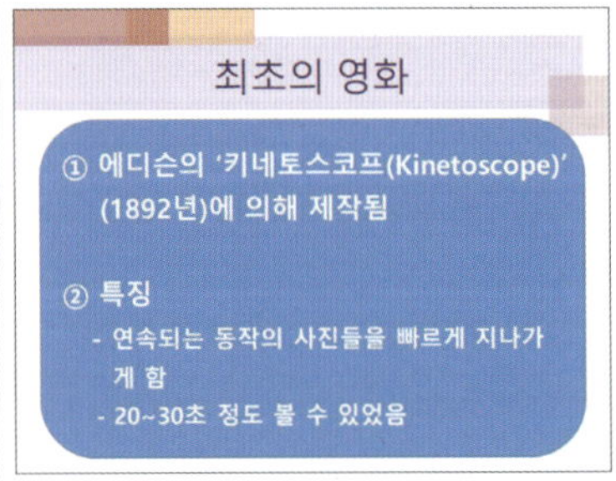

④ 네 번째 화면: 최초의 대중적인 영화

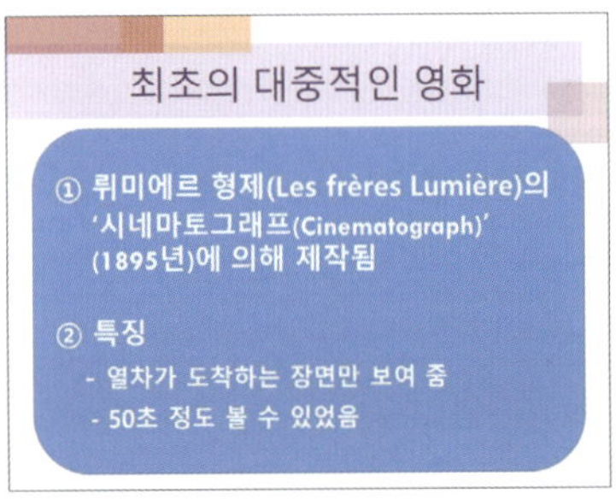

⑤ 다섯 번째 화면: 영화의 발전

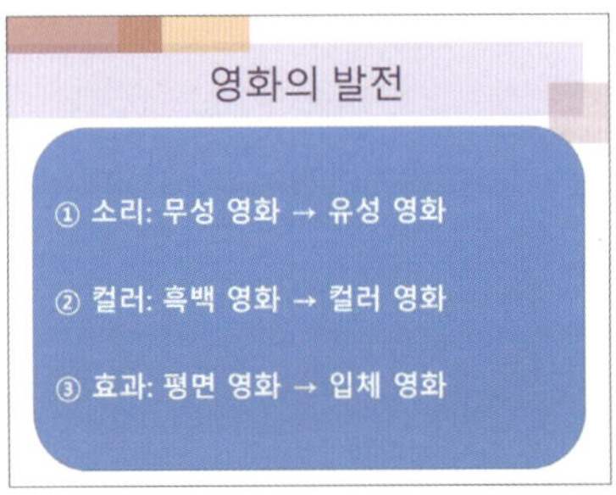

연습 2. 예시

발표 자료	PPT 제목
라면은 보통 일본의 전통 음식으로 알려져 있으나 본래 중국 사람들이 즐겨 먹던 국수에서 유래했다. 1870년대에 일본으로 이주한 중국 사람들이 국수를 길거리에서 팔기 시작했다. 그 국수를 라멘으로 부르면서 일본에 처음 알려지게 되었다.	라면의 유래
라면이 지금의 인스턴트 라면의 형태를 갖추게 된 것은 1958년이다. '오랫동안 상하지 않으면서 싸게 팔리고 쉽게 먹을 수 있는 식품을 만들겠다'는 생각으로 만들게 되었다. 라면은 현재 중국과 일본, 한국 외에도 호주, 멕시코, 미국 등 세계 여러 곳에서 각광을 받고 있는 식품이 되었다.	인스턴트 라면의 등장
이처럼 많은 사람들이 라면을 좋아하는 것은 맛이 좋고 언제 어디서나 쉽고 빠르게 조리해서 먹을 수 있기 때문이다. 또한 식사가 가능한 식품 중에서 꽤 저렴하게 먹을 수 있는 경제성도 있다. 뿐만 아니라 오래 보관할 수 있고 다양한 종류의 라면을 기호에 따라 즐길 수 있다는 장점도 있다.	라면의 인기 비결

발표 보조 자료의 예

① 첫 번째 화면: 제목

② 두 번째 화면: 목차

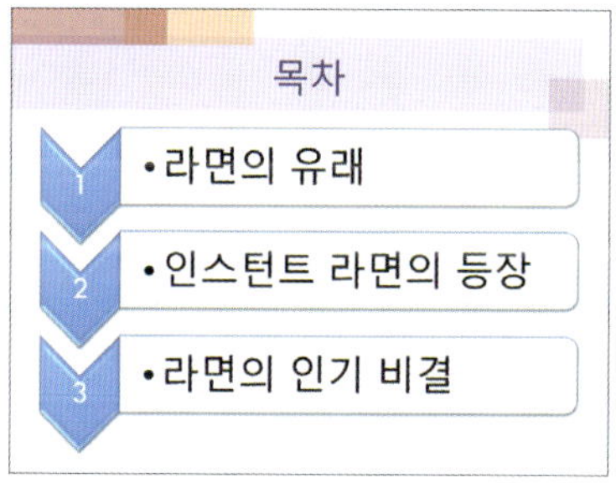

③ 세 번째 화면: 라면의 유래

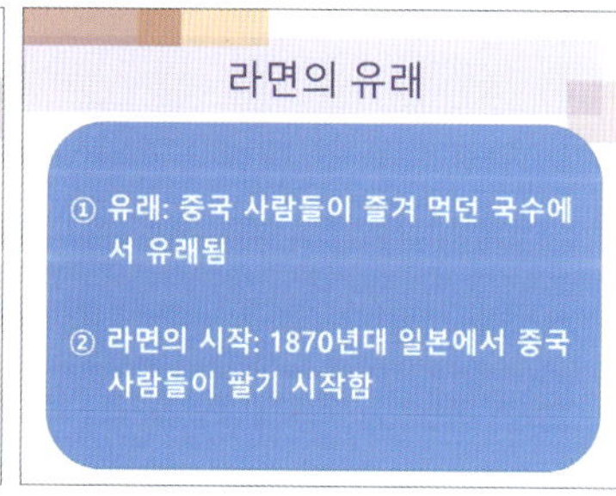

④ 네 번째 화면: 인스턴트 라면의 등장

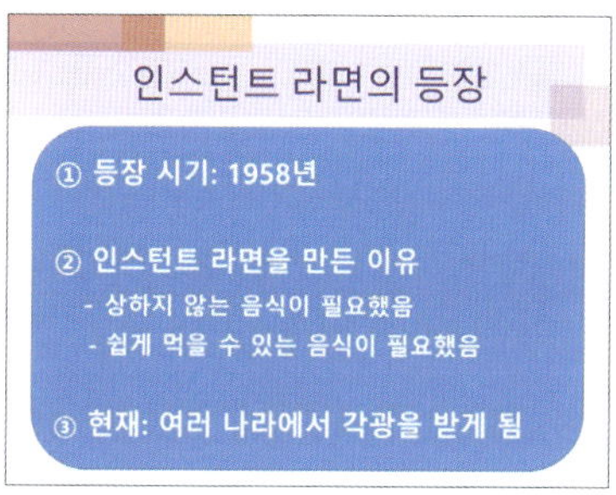

⑤ 다섯 번째 화면: 라면의 인기 비결

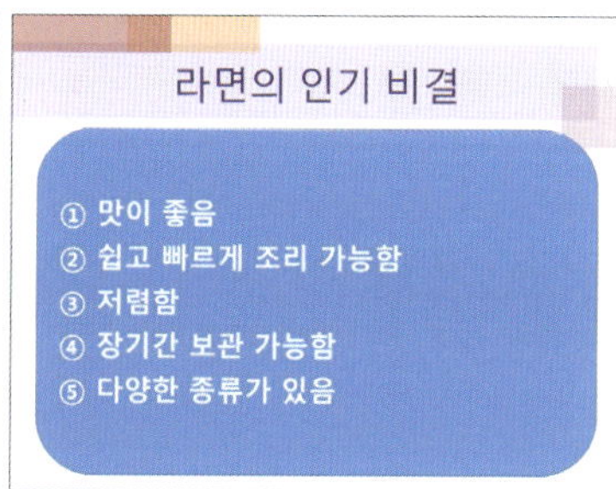

제5과 현대 사회와 인간

듣기 인간 소외

어휘 익히기

1. (1) ① 분업해서 ② 지배당한 ③ 허물어지는 ④ 상실되지 ⑤ 표준화시켜 ⑥ 존중받아야
(2) ① 분업하다 ② 존중받다 ③ 상실되다 ④ 지배당하다 ⑤ 허물어지다 ⑥ 표준화시키다

2. (1) 부품 (2) 창의성 (3) 개성 (4) 수단 (5) 부작용 (6) 인간성

전략 익히기 부연 설명, 요약, 정리하는 표현을 통해 강의 내용 파악하기

연습 1. 23

오늘은 시험 불안을 극복하는 방법에 대해 이야기해 보겠어요. 가장 중요한 건 당연한 말이지만 시험 준비를 철저히 해야겠죠. 준비가 충분하다고 생각하면 불안이 덜한데 부족하다고 느끼는 순간 '모르는 게 나오면 어떻게 하지?' 하면서 두려움 때문에 더 불안해지는 겁니다. 그리고 두 번째, 시험을 잘 보는 자신을 상상해 머릿속에 그려 보는 이미지 훈련, 이미지 훈련을 하는 거예요. 이미지 훈련은 머릿속에서 그 시험을 치는 모습을 그려 보고 그 시험 시간에 맞게 시험 보는 훈련을 미리 여러 번 해 보는 건데요. 그러면 실제 시험에서 당황하지 않고 볼 수 있게 되는 거죠.

1. 시험 준비를 철저히 할 것
2. 시험을 잘 보는 자신을 상상하는 이미지 훈련을 할 것

부연 설명

- 방법: 머릿속에서 그 시험을 치는 모습을 그려 보고 그 시험 기간에 맞게 시험 보는 훈련을 미리 연습해 보는 것

연습 2. 24

인류학에서 하는 연구 방법 중 하나가 '현지 조사', 그러니까 필드 워크(field work)인데요. 들어 본 적이 있죠? 이 방법은 연구자가 조사하려는 사회에 가서 그 사회 구성원들과 장기간, 그러니까 1년 이상 길게 현지인들하고 같이 살면서 그 사람들의 일상생활을 관찰하고 기록하고 분석하는 방법을 말해요. 오랜 기간 현지인들하고 생활하면서 이야기도 하고 관찰도 하면서 현지 문화에 대해 한쪽으로 치우치지 않게 이해를 할 수 있다는 겁니다. 정리하자면 현지에 가서 현지인의 관점에서 그 문화를 올바르게 이해하기 위해 하는 방법이죠.

1. 현지 조사(field work): 연구자가 1년 이상 현지 조사 지역에서 현지인들과 생활하면서 그 사람들의 생활을 관찰, 기록, 분석하는 연구 방법

요약, 정리

- 현지에 가서 현지인의 관점에서 그 문화를 올바르게 이해하기 위해 하는 방법

25

오늘은 영화 이야기로 시작해 볼까요? 이게 영화 포스터인데 혹시 이 영화 제목이 뭔지 아는 사람 있어요?
(학생) 〈모던 타임즈(Modern Times)〉요.

네, 맞아요. 오래된 영화인데 아는 사람이 있네요. 1936년에 제작된 〈모던 타임즈〉라는 작품이에요. 이 영화에서는 산업 사회가 되면서 인간성을 상실하고 인간이 기계 부품처럼 돼 버린다는 걸 얘기하고 있어요. 좀 더 자세히 이야기를 해 보죠. 이 영화 주인공인 찰리 채플린(Charles Chaplin)은 큰 공장에서 끊임없이 나사못을 조이는 일을 해요. 그런데 이 사람은 이 과정을 통해 뭐가 만들어지는지 몰라요. 그냥 자신에게 주어진 일을 반복하는 거죠. 바로 이 모습이 산업 사회 속의 우리를 상징적으로 표현한 것입니다.

산업 사회가 되면서 물건을 대량으로 만드는 공장이 많아졌어요. 이 공장에서는 기계를 돌려 표준화된 물건을 생산하죠. 공장에서 일하는 사람들은 자신이 하고 있는 일을 잘 완수하기만 하면 되지 지금 자신이 어떤 물건을 만들고 있는지 관심이 없어요. 그래서 '어떻게 하면 더 예쁘게 포장할까', '어떻게 하면 나사못을 빨리 잘 조일 수 있을까' 이런 고민은 할 필요가 없는 겁니다. 그냥 기계 부품처럼 반복적으로 똑같은 일을 하면 돼요. 다시 말하면 대량 생산을 위해 인간이 수단이 돼 버린 것입니다. 이게 바로 인간이 소외됐다는 것이죠. 인간 소외 현상은 뭘 말하는 걸까요? 산업 사회에서 인간이 목적이 아닌 수단으로 바뀌어 가면서 인간성이 상실되는 현상을 말하는 거예요. 자, 여기까지 이해하셨어요? 네, 그럼 다음으로 넘어가 볼까요?

그럼 인간 소외 현상이 일어난 원인은 뭘까요? 왜 생겨난 걸까요? 말했듯이 인간이 목적이 아닌 수단이 됐기 때문입니다. 인간 개개인을 소중한 가치를 지닌 존재로 보기보다는 일정한 일을 수행하는 부품쯤으로 여겼기 때문에 생겨난 겁니다.

잠깐 〈모던 타임즈〉에 대해 덧붙여 말하면, 실제로 이 영화는 1860년부터 1910년까지 미국이 급속하게 산업화를 겪었던 시대를 배경으로 하고 있어요. 나사못을 조이는 장면도 그 당시 미국 디트로이트에 있는 자동차 공장에서 일하는 노동자들이 끊임없이 계속되는 일에 신경쇠약으로 고통받고 있다는 기사를 본 뒤 구상한 거래요. 실화를 바탕으로 한 거죠.

이 영화에서 주인공은 나중에 어떻게 되었을까요? 주인공은 나사처럼 동그란 것들만 보면 조이려는 강박관념이 생기게 돼요. 그래서 여자 옷에 달린 나사처럼 생긴 둥근 단추들만 봐도 조여야 하는 걸로 착각하게 되는 거죠. 이 장면은 인간이 기계화되어 감을 표현한 겁니다. 이게 심해지면 사람들은 자신의 사고방식과 행동 양식까지도 표준화시키게 되고, 그러면서 인간으로서의 개성과 창의성을 잃어버리게 되는 겁니다. 이해가 되세요?

그럼 지금까지 설명한 걸 요약해 볼까요? 산업 사회로 문명이 발달하고 우리 생활은 아주 눈부시게 발전했지만 이제 그 부작용이 심각한 상황에 이르렀습니다. 인간이 산업 사회의 부품 같은 수단이 되면서 소외되는 현상이 생겨난 것입니다.

그럼 인간의 존엄성을 회복하기 위해 어떤 노력을 하면 좋을지 다음 시간에 같이 공부해 볼 거예요. 여러 분도 나름대로의 해결 방안을 생각해 오세요. 오늘 수업은 여기서 마치겠습니다. 수고 많으셨어요.

1.

1. 영화 <모던 타임즈(Modern Times)>
   - 1936년에 제작됨
   - 산업 사회에서 인간성이 상실되고 인간이 기계 부품처럼 되어 버림
     → 주인공 '찰리 채플린(Charles Chaplin)'이 공장에서 나사못을 조이는 일을 함
   - 산업 사회에서 우리의 모습을 상징적으로 그렸음

2. 산업 사회의 등장
   - 공장에서 물건을 대량으로 만듦
   - 공장에서 기계를 돌려 표준화된 물건을 생산함
   - 사람들이 기계 부품처럼 반복적으로 똑같은 일을 함
     → 대량 생산을 위해 인간이 수단이 되어 버림

3. 인간 소외 현상
   - 정의: 산업 사회에서 인간이 수단으로 바뀌어 가면서 인간성이 상실되는 현상
   - 원인: 인간이 목적이 아닌 수단이 되었기 때문임
   - 인간 소외 현상이 심해지면 자신의 사고방식과 행동 양식까지 표준화시킴
     → 인간으로서의 개성과 창의성을 잃어버리게 됨

요약
- 산업 사회 → 문명 발달 → 생활이 발전함 → 부작용도 있음
- 인간이 산업 사회의 수단이 되면서 소외 현상이 생겨남

- 인간의 존엄성을 회복하는 노력이 필요함

2. (1) ① (2) ③ (3) ② (4) ① ○ ② × ③ ×

말하기 여가 활동

어휘 익히기

1. (2)

① 활력소 — 활동하는 힘의 기본 바탕

② 재충전 — 휴식을 통해 힘을 충전하여 힘이 생기게 함

③ 휴양 시설 — 몸과 마음을 편히 쉴 수 있도록 만든 시설

④ 자기 계발 — 자신의 능력을 키우고 발달하게 함

⑤ 체력 단련 — 신체를 튼튼히 하고 힘을 키움

⑥ 삶의 질 — 인생에서 행복을 누리고 있는 정도, 생활의 질

2. (1) 받고 (2) 취해 (3) 확산된 (4) 큰 (5) 보였대요 (6) 마련되다

전략 익히기

표와 그래프 만들기

연습 1. 예시

자료 내용

① 결혼정보회사에서 최근 2년 간 결혼한 부부 2,742명(1,371쌍)을 대상으로 결혼 연령과 결혼 상대자와의 나이 차이에 대해 조사한 결과를 발표했다. 조사 결과에 따르면 한국인의 평균 결혼 연령은 남성 35.9세, 여성 32.7세로 10년 전(남 33.4세, 여 30.3세)과 비교하면 남성의 결혼 연령은 2.5세 상승했고, 여성은 2.4세 올랐다. 이와 같이 결혼 연령이 높아진 것으로 보아 결혼을 기피하는 현상이 확산된 것을 알 수 있다.

작성할 시각 자료

	남성	여성
10년 전	33.4세	30.3세
현재	35.9세	32.7세

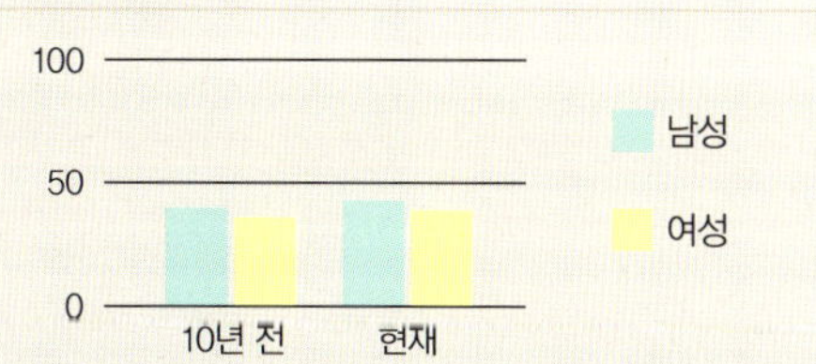

자료 내용

② 부부의 나이 차이에 대한 조사도 동시에 실시했다. 조사 결과 남자 연상 부부가 대부분(90.6%)이었고, 동갑 부부는 6.3%, 여자 연상 부부는 3.1%로 나타났다.

작성할 시각 자료

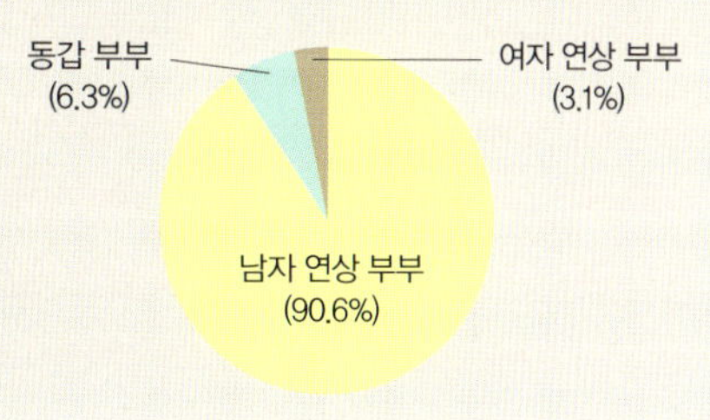

연습 2. 예시

자료 내용	작성할 시각 자료
① 한국인의 평균 여가 시간이 작년에 비해 늘어난 것으로 조사됐다. 여가 시간에 실제로 한국인들은 어떤 활동을 하면서 보내고 있을까? 현재 7개 대도시에 거주하는 20세 이상의 남녀 400명을 대상으로 조사한 결과에 따르면 희망하는 여가 활동과 실제 여가 활동에는 많은 차이가 있는 것으로 나타났다. 희망하는 여가 활동은 여행(25%)에 대한 선호도가 가장 높았으며, 헬스나 에어로빅과 같은 생활 체육(18.5%), 골프나 행글라이딩 등과 같은 레저 스포츠(16.9%), 자기 계발(12.5%), 악기 연주(10%), 공연 관람(9%), 기타(8.1%)의 순으로 높게 나타났다. 하지만 실제 하고 있는 여가 활동은 TV 시청(39.1%), 영화 관람(19.7%), 잠자기(14.4%), 음주(9.4%), 독서(8.6%), 컴퓨터 게임(5.8%), 기타(3%)의 순으로 나타나 소극적으로 휴식을 취하는 경우가 많았다.	(아래 표 참조)
② 그렇다면 한국인들은 여가 활동비로 얼마를 지출하고 있을까? 전체 가계 지출을 100%로 보았을 때 여가 활동비는 10.8%인 것으로 나타났다. 이는 재작년의 2.2%, 작년의 8.6%에 비해 다소 증가한 것이다. 이를 통해 한국인들은 여유롭고 만족스러운 삶을 위해 여가 활동에 점차 많은 지출을 하고 있는 것을 알 수 있다.	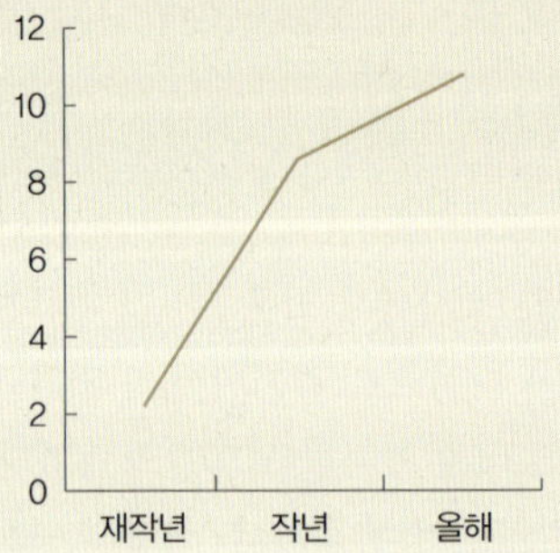

순위	희망 여가 활동	실제 여가 활동
1	여행 (25%)	TV 시청 (39.1%)
2	생활 체육 (18.5%)	영화 관람 (19.7%)
3	레저 스포츠 (16.9%)	잠자기 (14.4%)
4	자기 계발 (12.5%)	음주 (9.4%)
5	악기 연주 (10%)	독서 (8.6%)
6	공연 관람 (9%)	컴퓨터 게임 (5.8%)
7	기타 (8.1%)	기타 (3%)

제6과 새로운 산업의 시작

듣기 빅 데이터

준비하기

1. 26

과거에는 우리가 일상 속에서 나눴던 대화들이 그 순간 모두 사라졌었죠? 그러나 지금은 문자 메시지나 SNS에서 나누는 대화들이 디지털화되어 컴퓨터 안에 담기고 있어요. 그걸 데이터라고 하는데요. 어떤 것이든 디지털화되어 담기면 그게 데이터인 셈인 거죠. 그러니까 우리가 던지는 말 한마디, 몸짓 하나까지 모든 것들이 데이터가 되는 세상이 된 거예요.

어휘 익히기

1. 27

여러분, 빅 데이터가 어떻게 만들어지는지 알고 있어요? SNS에 올리는 수많은 사진과 글들, 인터넷에서 자료를 찾거나 이메일을 보내는 등의 다양한 활동들이 데이터로 만들어지는데요. 그렇게 생성된 데이터들을 한 곳에 모아서 쌓아요. 그러면 그렇게 축적된 데이터들의 양은 셀 수 없을 만큼 무수히 많겠죠? 그 방대한 양의 데이터를 우선 종류별로 나누고 확인하는 작업을 합니다. 그렇게 분석한 작업을 거친 데이터들을 가지고 결과를 미리 추측해 보는 거예요. 그러면 그 예측된 데이터들을 우리 생활에서 필요한 분야에 충분히 이용하는 데 그렇게 활용한 데이터들을 우리는 빅 데이터라고 부르는 겁니다.

① 생성되다 ② 축적되다 ③ 방대하다 ④ 분석하다 ⑤ 예측되다 ⑥ 활용하다

2. (2) ① 쓸모없다 ② 음성 인식 ③ 운행하다 ④ 무궁무진하다 ⑤ 저리하다 ⑥ 선송하나

전략 익히기

강의 중 모르는 내용 부교재, PPT에 표시하기

연습 1. 29

이 사진 좀 보세요. 여러분께 나눠 드린 부교재에도 있는데요. 길 가운데가 패여 있죠? 아마 길을 걷거나 자동차를 운전하고 가다가 이렇게 깨진 도로를 많이 봤을 거예요. 이렇게 깨진 도로들을 빨리빨리 고쳐 주면 좋을 텐데, 그런 도로가 한둘이 아니기 때문에 찾기 힘들 뿐더러 찾아도 신속하게 해결하기 어려운 것이

현실이죠. 이런 문제를 해결하기 위해 스마트폰의 어플리케이션을 개발했다고 하네요. 어떻게 해결하는지 한번 볼까요?

미국의 한 도시에서 새롭게 개발된 그 스마트폰 어플리케이션을 시민들에게 모두 무료로 나눠 줬어요. 그리고 그 어플리케이션을 가진 사람이 깨진 도로를 지날 때 몸이 흔들리거나 차가 덜컹거리면 그것을 스마트폰이 느껴요. 그러면 흔들리거나 덜컹거린 곳의 위치를 도로 관리 회사에 보내는 거죠. 사실 그 전까지는 도로가 깨진 곳을 찾기 위해 시간과 돈이 상당히 들었거든요. 그런데 이 어플리케이션을 통해 그 모든 것을 아낄 수 있게 된 거죠. 뿐만 아니라 어플리케이션을 통해 깨진 도로 정보를 받은 담당 직원들은 해당 도로로 가서 즉각 고칠 수 있게 된 거예요. 도로를 신속하고 정확하게 관리하게 된 거죠.

대학한국어2 | **6과 빅 데이터** | 부교재

1. 빅 데이터를 활용한 도로 관리 사례
   1) 방법: 어플리케이션 활용
   2) 어플리케이션 기능 → 어떻게 자료를 모으지?
      - 사람이 걷다가 흔들리거나 차가 덜컹거리면 그러한 행동이 발생한 위치를 어플리케이션으로 파악 → 오작동 발생 시 어떻게 전송?
      - 어플리케이션이 파악한 정보를 도로 관리 회사에 전송 → 개인 정보 보호 가능?
   3) 효과
      - 깨진 도로를 신속하고 정확하게 관리할 수 있음

연습 2. 30

여러분, 인공 지능이 뭘까요? 인공 지능은 '사람처럼' 생각하고 문제를 해결하는 컴퓨터 프로그램을 말해요. 이런 인공 지능 시스템을 로봇에 탑재하면 인공 지능 로봇이 되는데요. 인공 지능 로봇은 사람처럼 말하는 것은 물론이고, 창의적이거나 숙련된 기술이 필요한 분야에서도 활용할 수 있다고 합니다.

이런 인공 지능을 활용한 사례를 하나 들어 볼까요? 여러분, 슈퍼 컴퓨터 '왓슨(Watson)'에 대해서 들어 본 사람 있어요? 아무도 없군요. '왓슨'은 인공 지능 시스템을 탑재한 컴퓨터를 말하는데요. 자, 이 사진을 보세요. 사람들 사이에 있는 컴퓨터 보이시나요? 그 컴퓨터가 바로 슈퍼 컴퓨터 '왓슨'입니다. '왓슨'은 미국의 유명 TV 퀴즈쇼에 출연해서 76회나 우승한 사람을 이기고 우승을 차지해서 유명해졌는데요. 퀴즈쇼 우승을 통해 상금 100만 달러를 받았다고 해요. 컴퓨터가요. '왓슨'이 이처럼 퀴즈를 잘 풀 수 있었던 비결은 기존의 컴퓨터와 다르게 1초에 책 100만 권 분량을 읽고 그 책 속에 들어 있는 엄청난 데이터를 스스로 학습

할 수 있는 능력을 갖췄기 때문이에요. 이게 바로 인공 지능의 능력입니다.

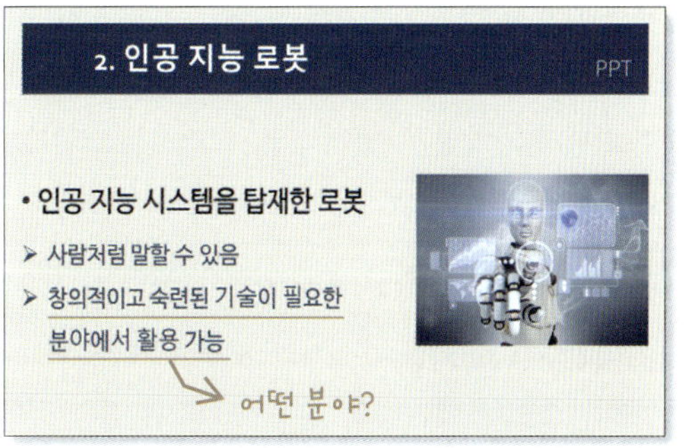

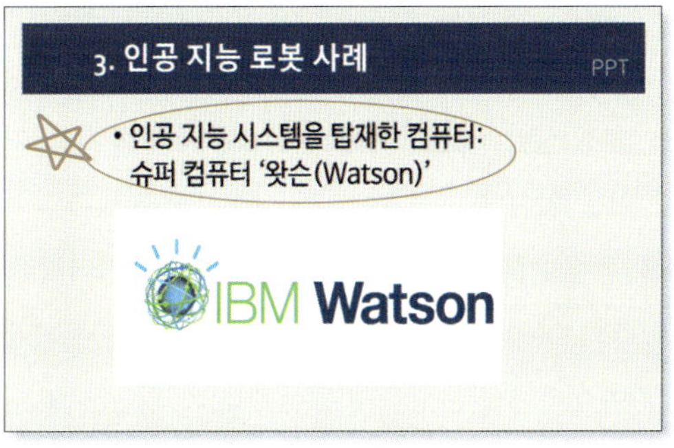

듣기

빅 데이터에 대한 강의 듣기

31

지난 시간에는 인간처럼 생각하고 행동하는 인공지능에 대해서 이야기했었죠. 오늘은 인공지능이 발전하는 데 원동력이 된 빅 데이터에 대해서 이야기하려고 해요.

요즘 운전을 하다가 전화할 일이 있으면 스마트폰에 대고 '엄마한테 전화해 줘.'라고 말만 하면 바로 엄마한테 전화가 걸리죠? 이제는 스마트폰을 누르지 않고도 음성 인식을 통해 필요한 일을 처리하는 편리한 시대가 됐어요. 이런 일이 어떻게 가능해진 걸까요? 그건 바로 오늘 우리가 얘기하려는 빅 데이터의 발전 덕분이에요. 그럼 빅 데이터가 뭔지 자세히 살펴보죠.

여러분은 빅 데이터라는 말 들어 보셨죠? 빅 데이터는 말 그대로 굉장히 큰 데이터를 말해요. 보통 빅 데이터는 인터넷상에서 생성되는 문자, 숫자, 소리 등 다양한 종류의 데이터로 만들어져요. 그런 빅 데이터가 축적되는 속도는 상상할 수 없을 만큼 빠른데요. 뿐만 아니라 양도 방대하죠. 이렇게 빅 데이터는 다양하고 어마어마한 양의 데이터가 매우 빠른 속도로 매일매일 축적되고 있습니다.

이렇게 축적된 데이터들은 어떻게 될까요? 쓸모없이 버려질까요? 아닙니다. 그럼 지금부터는 빅 데이터가 우리 생활에 실제로 어떻게 활용되고 있는지를 한번 살펴보도록 하겠습니다. 빅 데이터가 활용되고 있는 분야는 아주 다양한데요. 오늘은 그중에서도 가장 많이 활용되고 있는 기업의 마케팅 분야하고 정부에서 시민을 위해 마련한 공공 정책 분야를 예로 들어 볼게요. 먼저 기업의 마케팅 분야를 보죠. 여러분이 인터넷 쇼핑몰을 이용할 때 비슷한 여러 종류의 상품들을 둘러보기 위해 마우스를 여러 번 클릭하죠? 이렇게 여러분이 관심을 가지고 클릭한 정보가 모두 기업에 데이터로 전송돼요. 그럼 기업은 그 데이터를 분석해서 고객 취향이 어떤지 파악할 수 있게 되죠. 그리고는 그렇게 파악한 고객의 취향에 맞는 상품을 안내해서 고객이 구매하게 하는 거예요. 그러면 고객은 취향에 맞는 물건을 편리하게 구매할 수 있어서 좋고, 기업은 판매를 할 수 있으니 누이 좋고 매부 좋은 상황이 되는 겁니다.

이번에는 공공 정책 분야에서 활용된 빅 데이터 사례를 한번 보죠. 서울시가 심야 버스라는 걸 만들면서 빅 데이터를 활용했는데요. 심야 버스라는 건 자정부터 새벽 5시까지 운행하는 버스를 말해요. 서울시가 시간대별 스마트폰 통화 기록, 신용카드 이용 기록, 택시 승하차 기록이 담긴 빅 데이터를 분석해 보니까 새벽에, 그러니까 자정부터 새벽 5시 사이에 사람이 많이 다니는 지역이 나오더라는 거예요. 그래서 그 지역을 중심으로 심야 버스 노선을 만들어 운행을 하기 시작한 거죠. 현재 심야 버스는 이용객이 상당히 많을 뿐만 아니라 만족도도 아주 높다고 해요. 빅 데이터는 이 외에도 최근 일어난 범죄 발생 내용을 분석해서 경찰이 CCTV를 설치할 지역을 정하고 범죄를 예방하는 데 도움을 주기도 하고요. 기후 변화를 분석해 지진이나 홍수 같은 자연재해를 미리 예고해 시민들을 안전하게 지켜 주기도 해요. 또 만약 인터넷 사이트에서 독감을 많이 검색한 지역이 있다면 그 지역을 독감 환자가 많은 지역으로 판단하고 주민들에게 독감 경고를 해요. 그래서 독감을 예방할 수 있게 하는 거죠. 이뿐인가요? 대통령 선거에서는 빅 데이터를 통해 유권자의 성향을 분석해서 유권자의 성향에 맞는 선거 운동을 펼쳐 좋은 결과를 얻기도 했죠. 이렇게 우리 주변의 다양한 분야에서 빅 데이터가 무궁무진하게 활용되고 있어요.

이제 여러분은 빅 데이터가 뭔지, 우리 생활에서 어떻게 활용되고 있는지 아시겠지요? 빅 데이터는 의료를 비롯한 각종 산업 분야 또는 공공 정책 분야에 활용되어 우리 삶을 더욱 편리하게 만들어 주고 있어요. 빅 데이터를 활용할 분야는 앞으로 더 많아질 거라고 생각돼요. 그래서 미래에는 상상할 수 없는 엄청난 변화가 일어나지 않을까 예상되기도 합니다. 다음 시간에는 빅 데이터를 통해 예상되는 미래의 사회 변화는 어떤 것이 있을지 이야기해 보기로 하죠. 오늘 수업은 여기까지 하겠습니다.

1.

대학한국어2 | **6과 빅 데이터** | 부교재

1. 빅 데이터 환경

(1) 스마트폰을 누르지 않고 음성 인식을 통해 전화를 걸 수 있음

→ 어떻게?

2. 빅 데이터의 특징 (이게 모두 빅 데이터?)

(1) 인터넷 상에서 생성되는 문자, 숫자, 소리 등 다양한 종류의 데이터로 만들어짐

(2) 빅 데이터의 축적 속도는 상당히 빠름 (어느 정도 빠른지?)

(3) 빅 데이터의 양도 방대함

3. 빅 데이터 활용 분야

(1) ☆ 다양한 분야에서 활용되고 있음

(2) 빅 데이터 활용 사례

– 기업의 마케팅 분야

예) 고객의 취향에 맞는 맞춤형 상품 정보를 제공함 (어떻게?)

– 공공 정책 분야

예) 심야에 버스를 이용해야 하는 시민을 위해 심야 버스 노선을 만듦

– 그 외 활용 분야: ☆ 범죄 예방, 독감 경고, 자연 재해 예고, 선거 운동 등 (어떤 빅 데이터로 활용?)

4. 빅 데이터의 미래 (어떤 변화?)

(1) 상상할 수 없는 엄청난 사회 변화가 예상됨

2. (1) ② (2) 누이 좋고 매부 좋은 상황 (3) ③ (4) ①

말하기 인공 지능

어휘 익히기

1. (2)

① 오작동	아주 많은 사람들이 직업을 잃음
② 대량 실직 사태	다른 힘을 빌리지 않고 스스로 움직임
③ 지능형 로봇	일정 시간이 투입된 노동량과 생산량과의 비율
④ 자동화	기계나 전자 제품이 기능 이상으로 잘못 작동함
⑤ 기계 학습	사람이 학습하듯이 컴퓨터에도 데이터를 줘서 학습하게 함
⑥ 노동 생산성	입력된 정보를 통해 사람처럼 스스로 판단해 적절한 행동을 하는 로봇

2. (1) 줄일 (2) 대체하기로 (3) 빼앗기는 (4) 통제할 (5) 늘려야 (6) 커지고

전략 익히기

확인 질문하기

연습 1. (1) 예시

반대	화장을 하는 청소년의 수가 날로 증가하고 있는데 저는 청소년들이 화장하는 것은 바람직하지 않다는 입장입니다. 화장하는 것은 학생답지 않을뿐더러 나이도 아직 어려서 피부에도 좋지 않기 때문입니다.
찬성	학생답다는 것은 어떤 의미로 사용하신 겁니까?
반대	학생은 학업에 전념해야 학생답다고 말할 수 있습니다. 학업에 전념하지 않고 외모에 지나치게 신경쓰는 것은 학생답지 않다고 생각해서 반대하는 겁니다.

연습 1. (2) 예시

반대	학교 폭력이 심하다고 해서 교실에 CCTV를 설치하는 것은 안 된다는 입장입니다. 학생들의 사생활이 그대로 노출되어 학생들은 행동을 자유롭게 하지 못할 것입니다. 학생들의 인권이 침해되기 때문에 교실에 CCTV를 설치하는 것은 절대 있을 수 없는 일입니다.
찬성	폭력 예방보다는 개인의 인권 침해가 더 중요하다는 뜻으로 이해해도 되겠습니까?
반대	네, 맞습니다. 학교 폭력은 교실이 아닌 공간에서도 이루어집니다. 학교 폭력을 예방한다는 이유로 학생들의 인권을 침해해서는 안 된다고 생각합니다.

연습 1. (3) 예시

찬성	저희는 영어 조기 교육이 필요하다는 입장입니다. 학습 효과가 가장 높은 시기가 있는데, 이 시기를 놓치면 시간이 지날수록 영어 학습의 효과는 떨어지고 더 많은 시간과 노력이 필요합니다. 따라서 조기 교육은 매우 중요하고 필요하다고 봅니다
반대	① 조기 교육은 몇 살부터 몇 살까지의 교육을 의미하시는 겁니까?
찬성	조기 교육을 1세부터 6세까지의 유아기에 이루어지는 교육이라는 의미로 사용했습니다.
반대	② 영어 조기 교육은 어떤 효과가 있는지 좀 더 자세히 말씀해 주시겠습니까?
찬성	유아기에 영어를 배우면 영어를 모국어처럼 학습하게 되어 학습 효과가 높습니다. 뿐만 아니라 억양과 발음도 이 시기가 지나면 모국어 화자처럼 하기 힘듭니다.

연습 2. (1) 예시

최근 인공 지능의 급속한 발전으로 미래 사회에 대한 기대가 커지고 있습니다. 인공지능은 컴퓨터가 기계 학습을 통해 인간의 두뇌와 같이 스스로 추론, 학습, 판단을 하면서 ① 전문적인 작업을 하거나 지적인 행동을 합니다. 특히 인공 지능 로봇은 인간을 대신하면서 우리 사회의 문제에 많은 해결책을 제시할 것입니다. 그러므로 ② 저희는 인공 지능 기술의 발전이 인간의 삶에 득이 될 것이라는 입장입니다. 그 첫 번째 이유는 인공 지능 로봇이 인간을 대신해 ③ 위험한 일이나 열악한 환경에서 일을 하게 되면 인간은 위험과 힘든 노동에서 벗어나 더 많은 시간을 다른 ④ 창의적이고 예술적인 일에 쓸 수 있을 거라는 겁니다. 두 번째, 인공 지능의 발전으로 생산성이 늘고 자원 이용의 효율성이 증가되어 ⑤ 앞으로 인간의 삶은 물질적으로 더 풍족해질 겁니다. 세 번째, 인공 지능이 의료 분야에 응용될 경우 환자의 건강 기록을 분석해 질병 발생을 예측하고 맞춤 상담하며 관리할 수 있어 인간의 건강과 수명 연장에도 도움을 줄 겁니다.

① 지적인 행동이라고 하셨는데 구체적으로 어떤 행동을 의미하는 겁니까?

② 인간의 삶에 득이 될 거라고 하셨는데 물질적인 면에 국한해서 이해해도 되겠습니까?

③ 위험한 일이나 열악한 환경에서의 일은 어떤 일인지 예를 들어 말씀해 주시겠습니까?

④ 인간은 노동에서 벗어나 다른 창의적이고 예술적인 일을 할 수 있다고 하셨는데 창의적이고 예술적인 일이란 무엇입니까?

⑤ 인공지능의 발전이 물질적인 풍요를 가져올 거라고 하셨는데 그 반대의 경우는 전혀 인정하지 않으시는 겁니까?

제7과 인권

듣기 장애인의 인권

어휘 익히기

1. (1) 존중할 (2) 받는 (3) 침해한다고 (4) 보장해 (5) 촉진하기 (6) 호소하는

2. (2) ① 이루 ② 현격히 ③ 턱없이 ④ 차별 대우 ⑤ 이동권 ⑥ 비장애인

전략 익히기

강의에서 근거 듣고 주장 이해하기

연습 1. 33

안정적인 노후를 대비하기 위해 정년 연장은 꼭 필요합니다. 평균 수명이 80세가 넘는 요즘, 58세에 일을 그만두면 20여 년간 일하지 않고 살아야 하는 거죠. 그럼 소득이 없어 어려움을 겪는 노년층이 늘어날 수밖에 없어요. 그래서 안정적인 노년 생활을 보장하기 위해서 정년을 연장하는 것이 꼭 필요합니다.

- 주장: 안정적인 노후를 대비하기 위해 정년 연장은 꼭 필요하다.
- 근거: 평균 수명이 80세가 넘어 오랫동안 일하지 않는 노년층이 많아진다.
  그러면 소득이 없어 어려움을 겪는 노년층이 늘어날 수밖에 없다.
- 방법: 직접 주장하기, 반박해서 주장하기

연습 2. 34

초등학생들이 스마트폰을 사용해야 한다고 주장하는 사람들이 있습니다. 그들은 스마트폰으로 인터넷 검색을 하면 공부에 도움을 받을 수 있다고 생각하는 건데요. 그러나 실제 조사한 바에 의하면 스마트폰 사용으로 인터넷이나 게임 중독에 빠져 성적이 떨어진 학생이 50% 이상이었어요. 스마트폰 사용이 초등학생들에게 도움이 되기보다 안 좋은 영향을 준다는 결과를 보여 주는 셈이죠. 그러므로 초등학생의 스마트폰 사용은 허용하면 안 됩니다.

- 주장: 초등학생의 스마트폰 사용은 허용하면 안 된다.
- 근거: 스마트폰 사용으로 인터넷이나 게임 중독에 빠져 성적이 떨어진 학생이 50% 이상이다.
  스마트폰 사용이 초등학생들에게 도움이 되기보다 안 좋은 영향을 준다.
- 방법: 직접 주장하기, 반박해서 주장하기

35

안녕하세요? 오늘 수업은 사회적 약자인 장애인의 인권에 대해서 이야기하려고 합니다. 여러분은 장애인의 인권이 뭐라고 생각하십니까? 장애인의 인권은 장애인이건 신체가 건강한 비장애인이건 관계없이 동등하게 존엄성을 존중받는 것을 의미합니다.

이러한 장애인의 인권을 보장하기 위해서는 우선 장애인의 이동권과 노동권이 보장돼야 합니다. 여기서 이동권은 원하는 곳으로 이동하려고 할 때 불편함 없이 움직일 수 있는 권리를 말하고 노동권은 일할 능력이 있는 사람이 국가에 일할 기회를 요구할 수 있는 권리를 말하지요.

그럼 장애인의 이동권 보장을 위해서는 뭐가 필요할까요? 바로 저상버스와 지하철 엘리베이터의 100% 도입입니다. 한 조사 결과에 따르면 장애인들은 한 달에 평균적으로 다섯 번 정도 외출을 한다고 합니다. 왜 다섯 번밖에 못 나갈까요? 그건 바로 왔다 갔다 이동하는 데 불편하기 때문입니다. 장애인들이 지하철이나 버스 같은 대중교통을 이용하려면 계단도 이용해야 하고 턱이 높은 곳도 올라가야 하는데 이런 것들이 장애인들에게는 이루 말할 수 없을 정도로 불편한 것입니다. 또한 저상버스나 지하철 엘리베이터 같이 장애인들의 이동을 도울 수 있는 시설이 부족한 것도 장애인들의 외출을 막는 이유 중 하나입니다. 여러분, 저상버스는 타 보셨죠? 이건 2005년에 장애인뿐만 아니라 노인, 임산부, 아이를 유모차에 태우고 외출하는 주부들이 다른 사람들의 도움 없이 안전하고 편리하게 이용할 수 있도록 도입된 버스입니다. 그런데 아직까진 전체 버스의 20%밖에 운행되지 않아서 장애인들이 이용하기에는 턱없이 부족한 실정입니다. 서울의 지하철 엘리베이터도 마찬가지입니다. 따라서 장애인들이 대중교통을 이용해서 이동하는 데 어려움이 없도록 하기 위해서는 저상버스를 100% 도입하고 모든 지하철에 엘리베이터를 설치해 주는 것이 필요합니다.

이번에는 장애인의 노동권 보장에 대해서 이야기해 보도록 하죠. 장애인의 노동권을 보장하기 위해서는 어떻게 해야 할까요? 무엇보다 장애인에 대한 편견을 없애고 비장애인들과 동등하게 일할 수 있는 기회를 주는 것이 필요합니다. 어떤 사람들은 장애인의 고용을 늘리기 위해 만든 「장애인 고용 촉진법」 덕분에 장애인의 고용이 많이 늘어났다고 긍정적으로 생각하는 사람도 있습니다. 실제 이 법으로 장애인을 고용하는 회사들이 1991년 시행 초기보다 약 여섯 배 증가하기도 했고요. 꽤 긍정적인 성과죠? 그런데 현실을 자세히 보면 장애인의 고용이 그렇게 늘진 않았습니다. 장애인의 실업률은 여전히 비장애인보다 두 배 정도 높고 취업을 했다고 하더라도 취업한 장애인의 평균 임금이 비장애인 평균 임금의 70%에 불과할 정도로 현격히 낮죠. 이처럼 장애인들은 「장애인 고용 촉진법」이 있지만 비장애인들과 동등하게 일할 수 있는 기회도 얻지 못하고 임금에서도 차별 대우를 받고 있습니다. 왜 그럴까요? 그건 '장애인들이 과연 중요한 일을 잘 해낼 수 있을까' 하는 선입견을 가지고 있어서 임금이 높은 대기업과 같은 곳에서는 아예 이들의 고용을 꺼리고 있기 때문입니다. 또한 이들이 겨우 회사에 취직했다 하더라도 이들에게는 비장애인과 다르게 주로 서류 복사, 업무 보조와 같은 단순한 업무만 맡겨서 임금을 제대로 받지 못하는 거고요. 그렇지만 오히려 능력을 마음껏 발휘하면서 커다란 성과를 내는 장애인들이 주변에 많이 있는 게 사실입니다. 그렇기 때문에 장애인이 중요한 일을 못할 거라는 편견을 없애고 그들에게 비장애인과 차별 대우 없이 일할 수 있는 기회를 제공해 주는 것이 필요합니다.

지금까지는 사회적 약자 중에서도 장애인의 인권인 이동권과 노동권에 대해서 알아봤습니다. 오늘은 여기까지 하고 다음 시간에는 노인의 인권에 대해 이야기해 보도록 하겠습니다.

1.

1. 장애인의 인권: 장애인이건 비장애인이건 관계없이 동등하게 존엄성을 존중받는 것

2. 장애인의 이동권과 노동권

(1) 이동권: 원하는 곳으로 이동하려고 할 때 불편함 없이 움직일 수 있는 권리

(2) 노동권: 일할 능력이 있는 사람이 국가에 일할 기회를 요구할 수 있는 권리

3. 장애인의 이동권 보장

(1) 주장: 장애인들이 이동하는 데 어려움이 없도록 저상 버스와 지하철 엘리베이터를 100% 도입해야 함

(2) 근거와 이유

① 근거: 한 달에 평균적으로 5번 정도만 외출함

② 이유

- 대중교통을 이용하기 위해 계단을 이용하고 턱이 높은 곳을 올라가는 것이 매우 불편함
- 저상 버스나 지하철 엘리베이터 같이 장애인들의 이동을 도울 수 있는 시설이 턱없이 부족함

4. 장애인의 노동권 보장

(1) 주장: 장애인에 대한 편견을 없애고 비장애인들과 동등하게 일할 수 있는 기회를 줘야 함

(2) 근거와 이유

① 근거: 장애인 고용 촉진법이 있지만 여전히 차별을 받음

② 이유

- 장애인들이 일을 잘 못할 거라는 선입견을 가지고 있어서 고용을 꺼림
- 취직을 했다고 하더라도 비장애인과 다르게 서류 복사, 업무 보조와 같은 단순한 업무만 맡기기 때문에 임금을 많이 받을 수 없음

2. ⑴ ② ⑵ ③ ⑶ ② ⑷ ① 직접 주장하기 ② 반박해서 주장하기

말하기 사형 제도의 존폐

어휘 익히기

1. ⑵

① 집행되다	실제로 실행되다
② 선고하다	재판에서 재판장이 판결을 선언하여 알리다
③ 복역하다	죄인이 일정 기간 동안 교도소에 갇혀 살다
④ 격리시키다	다른 것과 통하지 못하게 사이를 막거나 떼어 놓다
⑤ 교화하다	가르치고 이끌어서 좋은 방향으로 나아가게 하다
⑥ 보복하다	남이 자기에게 해를 준 대로 자기도 그에게 해를 주다

2. ⑴ 살인 ⑵ 흉악범 ⑶ 죄책감 ⑷ 범죄 ⑸ 가해자 ⑹ 종신형

전략 익히기

근거 자료 제시하며 반론하기

연습 1. 예시

혼전 동거를 하면 상대방에 대해 더 잘 알게 되어 이혼율을 낮출 수 있다고 하셨는데 무엇을 근거로 말씀하시는 건지 의문입니다. 유럽에서 있었던 조사 결과에 따르면 혼전 동거 경험이 있는 부부의 이혼율이 더 높았습니다. 동거 경험이 있는 커플은 40%, 동거한 적이 없는 부부는 31%가 이혼하는 것으로 나타났습니다. 전문가 분석에 따르면 혼전 동거 커플이 법률적 약속에 대한 부담감이 적다고 합니다. 동거는 오히려 이혼율을 증가시키는 요인이 될 수도 있다고 생각합니다. 그러므로 저희는 혼전 동거에 반대합니다.

연습 2. 예시

형벌의 목적은 처벌이 아니라 교화에 있다고 하셨는데 과연 그들을 교화하는 것이 가능할까요? 다른 생명을 앗아간 그들에게 생명권과 인권을 보장해 주어야 할지 의문입니다. 통계 자료에 의하면 작년에 잡힌 흉악범 중 재범인 경우가 50%를 넘었다고 합니다. 특히 살인이나 강간, 유괴 같은 죄를 저지른 흉악범들의 경우에는 더욱 교화가 쉬운 일이 아닙니다. 얼마 전 살인죄로 15년을 복역하고 나와 다시 살인을 저지른 사람이 있었습니다. 형벌의 목적이 처벌이 아니라 교화에 있다는 점은 인정하지만 모든 범죄자의 교화

가 성공하는 것은 아니라는 점을 기억해야 합니다. 교화를 기대하다가 다른 피해자가 나올 수도 있습니다. 그러므로 다른 사람의 생명을 앗아간 그들의 생명권 보호보다는 새로운 피해자가 나오지 않게 하는 것이 더 중요하다고 생각합니다.

제8과 예술의 이해

듣기 미술사의 흐름

어휘 익히기

1. (1) 붓 (2) 물감 (3) 입체감 (4) 모방 (5) 화풍 (6) 유파

2. (2) ① 또렷하다 ② 미묘하다 ③ 명암 ④ 표현 기법 ⑤ 구도 ⑥ 원색

전략 익히기

그림 자료에 세부 내용 메모하기

연습 1. 37

여러분, 그럼 이번에는 고흐의 대표작인 〈해바라기〉를 봅시다. 고흐는 여러 점의 〈해바라기〉를 남겼는데요. 오늘은 지금 보시는 노란색으로만 그려진 〈해바라기〉를 감상해 보겠습니다. 자, 그림을 보세요. 이 그림에는 그런데 없는 것이 있습니다. 뭘까요? 잘 찾아보세요. 네, 그림자가 없습니다. 화병의 그림자도 꽃의 그림자도 찾아볼 수 없죠. 한마디로 이 그림에는 사실적인 빛이 존재하지 않습니다. 그러나 이 그림에서 환한 빛을 느낄 수 있습니다. 바로 그림 자체에서 나오는 빛이죠. 고흐는 이 그림에서 노란색을 다양하게 사용하고 있는데요. 특히 이 그림은 그림 전체를 노랗게 그렸어요. 뒤에 있는 벽도 노란색으로 칠했고 탁자와 화병도 모두 조금은 다르지만 노란색으로 칠했습니다. 이렇게 그림 전체를 노랗게 그려서 해바라기 꽃을 더욱 눈에 띄게 한 거예요. 이제 꽃잎을 볼까요? 꽃잎이 어떻게 그려져 있나요? 끝이 뾰족한 노란 꽃잎들이 보이세요? 고흐는 날카롭고 뾰족한 꽃잎을 두껍게 칠했어요. 해바라기 씨도 잘 묘사되어 있는데요. 여러분이 보시는 것처럼 고흐는 해바라기를 두껍게 칠해서 살아 있는 듯한 해바라기를 표현하려고 했습니다.

빈센트 반 고흐(Vincent Van Gogh)
〈해바라기〉

연습 2. 38

이 그림을 본 적이 있으세요? 피카소의 〈인형을 든 마야〉라는 그림인데요. 입체적으로 그린 그림이에요. 그런데 어떤 부분을 입체적으로 그린 걸까요? 맞아요. 아이의 얼굴이 좀 이상하죠? 왼쪽 얼굴은 앞에서 본 모습을 그린 거지만 오른쪽 얼굴은 옆에서 본 모습을 그린 거예요. 이렇게 양쪽에서 본 얼굴을 그려서 입체감을 표현한 거죠. 입체적으로 느껴지세요? 이와는 반대로 평면적으로 그린 것도 있어요. 아이가 들고 있는 인형의 얼굴을 보세요. 아이의 얼굴과 달리 인형의 얼굴은 앞에서 본 평면적인 얼굴을 하고 있죠. 피카소는 이렇게 아이의 얼굴은 입체적으로, 인형의 얼굴은 평면적으로, 두 얼굴을 대조적으로 그려서 입체감을 더 강조하려고 했어요. 그럼 이제는 아이의 발을 한번 보시겠어요? 오른쪽, 왼쪽 발이 좀 부자연스럽지 않나요? 이것도 다른 방향에서 바라본 발의 모습을 그린 건데요. 얼굴과 마찬가지로 입체감을 표현한 거예요.

파블로 피카소(Pablo Ruiz y Picasso)
〈인형을 든 마야〉

① 아이의 왼쪽 얼굴: 앞에서 본 모습
② 아이의 오른쪽 얼굴: 옆에서 본 모습
⇒ 입체감 표현
↕ 대조적 ⇒ 입체감 강조
③ 인형의 얼굴
→ 평면적인 얼굴

④ 아이의 발: 다른 방향에서 바라 본 발의 모습
⇒ 입체감 표현

듣기

19세기 후반 서양 미술에 대한 강의 듣기

39

지난 시간까지 19세기에 나타났던 여러 미술 사조에 대해서 공부했지요? 오늘 수업은 19세기 서양 미술의 마지막 사조인 인상주의에 대해서 배우는 시간입니다. 여러분은 '인상주의'라는 말을 들어 봤어요? 인상주의는 19세기 후반에 프랑스에서 활발하게 활동했던 화가들이 모여서 만든 유파를 말합니다. 인상주의 화가들은 빛의 변화에 따라 사물의 색깔과 모습이 다르게 보인다는 것을 발견했어요. 그래서 빛에 따라 순간순간 변하는 인상을 그리고자 했습니다. 예를 들어 봅시다. 사과는 무슨 색이죠? 빨간색이죠. 그런데 인상주의 화가들은 사과를 햇빛에서 보면 빨간색이 아닌 금색으로 보인다는 것을 알게 됐어요. 그러면 인상주의 화가들이 사과를 무슨 색으로 그릴까요? 그렇죠. 금색으로 그린다는 거죠. 어때요? 이해가 되시죠? 인상주의자들은 이렇게 햇빛의 미묘한 변화를 중요시했기 때문에 주로 야외에서 그림을 그렸어요.

그럼, 인상주의 화가엔 누가 있을까요? 혹시 '마네'라고 들어 보셨나요? 마네는 "내 눈에 보이는 것만을 그리겠다."라고 선언하고, 〈풀밭 위의 점심 식사〉라는 유명한 작품을 세상에 내놓았습니다. 당시에는 전통적인 명암법에 따라 그림을 그렸었는데 마네는 이 그림에서 전통적인 명암법을 부정하고 햇빛 아래에서 여자의 몸을 봤을 때의 인상을 표현했어요. 그림을 한번 볼까요? 가운데 앉아 있는 여자의 모습이 어때요? 밝은 햇빛 속에서 옷을 입지 않은 여자의 몸을 봤을 때 밝고 빛나 보이기 때문에 명암이 거의 나타나지 않죠. 그리고 밝게 표현된 여자의 몸과는 달리 남자의 옷이나 주변 숲을 검고 어두운 색으로 표현했는데요. 이런 색의 대비가 그림 속 인물들을 더 평면적으로 보이게 하는 효과를 내고 있습니다. 이처럼 여자의 몸을 밝게 그리고 남자의 옷과 주변을 어둡게 그려서 그림 전체에서 입체감이 거의 느껴지지 않는 거죠. 그럼 이제 세 사람 뒤에서 목욕을 하고 있는 여자를 볼까요? 여자의 오른쪽 옆에 그려져 있는 나룻배가 보이세요? 자세히 보시면 여자와 나룻배는 거의 같은 위치에 있지만 여자를 나룻배보다 훨씬 더 크게 그렸다는 것을 알 수 있습니다. 보이시죠? 이렇게 마네는 당시 화가들이 중요하게 생각했던 명암법이나 원근법을 사용하지 않고 자신의 눈에 보이는 인상만을 그리려고 다양한 시도를 했어요.

자, 지금부터는 인상주의 다음에 발생한 유파인 신인상주의에 대해서 이야기해 보겠습니다. 인상주의 화가들은 빛나는 빛을 그리려고 했는데, 사실 물감은 섞으면 섞을수록 색이 진해져요. 그래서 인상주의 화가들은 밝은 색을 원해도 사실은 제대로 표현할 수가 없었지요. 이런 인상주의의 한계점을 직시하고 새로운 표현 기법으로 빛을 표현하려고 한 인상주의가 바로 신인상주의입니다.

신인상주의자들은 빛나는 순간의 인상을 표현하려는 인상주의 이론에는 전적으로 동의했어요. 그런데 빛이 색깔로 표현되지 않아서 고민하다가 새로운 방법을 찾아낸 거죠. 그렇다면 이 새로운 기법은 어떤 걸까요? 그것은 어떤 색을 표현할 때 색을 섞어서 칠하지 않고 캔버스에 직접 원색의 아주 작은 점을 찍어서 표현하는 거예요. 이런 기법은 작은 점을 찍어서 표현했기 때문에 점묘법이라고 합니다. 점묘법을 활용하면 실제로는 색이 안 섞이니까 빛나고 밝게 보이고, 또 멀리서 보면 작은 점의 색이 서로 섞인 것처럼 하나의 색으로 보이게 되죠. 이렇게 해서 밝은 색의 효과는 나면서 인상주의 화가들이 인상만을 강조해서 잘 나타내지 못했던 형태도 단단하게 표현할 수 있었어요.

이해하셨어요? 그렇다면 신인상주의 화가인 쇠라의 〈그랑드 자트 섬의 일요일 오후〉를 봅시다. 경제적으로 풍요로웠던 19세기 후반 프랑스 파리에서는 주말에 여가 생활을 즐기기 위해 교외로 나오는 사람들이 많았어요. 그랑드 자트 섬에도 산책이나 소풍을 즐기는 사람들이 많았는데요. 쇠라의 그림에도 이런 모습들이 잘 드러나 있습니다. 자, 먼저 멀리서 그림을 봅시다. 이렇게 멀리서 보면 사람들이 일요일 오후를 즐기는 모습이 또렷하게 보이죠? 이번에는 왼쪽에 확대된 그림을 볼까요? 가까이에서 보시면 나뭇잎의 초록색을 나타내기 위해 아주 작은 점들이 복잡하게 찍혀 있는 것이 보이실 겁니다. 이처럼 각각 다른 색의 점들을 하나씩 찍어서 가까이에서 보면 점들이 보이지만 멀리서 보면 각각의 점들은 사라지고 하나의 색으로 또렷하게 보이는 것, 이것이 바로 신인상주의 화가들이 자신들이 그려 내고 싶었던 밝은 색을 표현하는 방법이었어요. 그럼 이번에는 그림의 구도를 살펴봅시다. 그림 가운데에 흰색 원피스를 입은 아이가 보이세요? 그림 전체가 이 아이를 중심으로 수직, 수평으로 나뉜다는 걸 알 수 있어요. 또 사람들이 뒤로 갈수록 점점 규칙적으로 작게 그려졌죠? 원근법을 사용한 거죠. 쇠라는 이처럼 빛을 밝게 표현하려고 연구했을 뿐만 아니라 구도적으로도 정확하게 그리려고 노력했다고 해요.

오늘은 여기까지 하겠습니다. 다음 시간에는 후기 인상주의에 대해서 공부할 겁니다. 그럼 다음 시간에 뵙겠습니다.

1.

1. 인상주의(Impressionism)

(1) 특징

• 19세기 후반 프랑스에서 활동했던 화가들이 모여 만든 유파

• 빛에 따라 사물의 색깔과 모습이 다르게 보인다는 것을 발견

⇒ 빛에 따라 순간순간 변하는 인상을 그림

예) 햇빛에서 본 사과의 색: 빨간색이 아닌 금색으로 그림

⇒ 햇빛의 변화를 중시, 주로 야외에서 그림을 그렸음

(2) 마네(Edouard Manet)의 <풀밭 위의 점심 식사>

• "내 눈에 보이는 것만을 그리겠다."고 선언함

• 전통적인 명암법을 부정, 햇빛 아래에서 여자의 몸을 봤을 때의 인상을 표현

② 남자의 옷과 주변 숲: 어두운 색으로 표현
→ 그림 속 인물을 더 평면적으로 보이게 함

① 여자의 몸: 밝고 빛나게 보임

⇒ 명암이 거의 나타나지 않음

⇓

③ 그림 전체에서 입체감이 느껴지지 않음

④ 목욕하는 여자와 나룻배 거의 같은 위치에 있으나 여자를 나룻배보다 더 크게 그림
→ 원근법 ×

에두아르 마네(Édouard Manet)
〈풀밭 위의 점심 식사〉

- 마네는 명암법이나 원근법을 사용하지 않고, 자신의 눈에 보이는 인상만을 그리려고 함

2. 신인상주의(Neo-Impressionism)

(1) 특징

• 인상주의의 한계점을 직시하고 새로운 표현 기법으로 빛을 표현하려고 한 인상주의

• 점묘법: 색을 표현할 때 색을 섞어서 칠하지 않고 캔버스에 직접 원색의 아주 작은 점들을 찍어서 표현

→ 색이 빛나고 밝게 보이고 멀리서 보면 작은 점의 색이 서로 섞인 것처럼 하나의 색으로 보임

밝은 색의 효과는 나면서 형태는 단단하게 표현할 수 있었음

(2) 쇠라(Georges Pierre Seurat)의 <그랑드 자트 섬의 일요일 오후>

• 멀리서 보면 사람들이 일요일 오후를 즐기는 모습이 또렷하게 보임

③ 뒤에 있는 사람들: 규칙적으로 작게 그림

⇒ 원근법 사용

① 가까이에서 보면 나뭇잎을 나타내기 위해 작은 점들이 복잡하게 찍혀 있음

⇒ 신인상주의 화가들이 밝은 색을 표현하는 방법

② 흰색 원피스를 입은 아이

→ 아이를 중심으로 수직, 수평으로 나뉨

조르주 피에르 쇠라(Georges Pierre Seurat)
〈그랑드 자트 섬의 일요일 오후〉

• 쇠라는 빛을 밝게 표현하려고 했고 구도적으로도 정확하게 그리려고 함

2. (1) ① (2) ② (3) ③ (4) ① × ② ○ ③ ○

말하기 영화의 작품성

어휘 익히기

1. (1) ① 수상했어요 ② 개봉했어요 ③ 편집하는 ④ 풍자한 ⑤ 각색해도 ⑥ 연출한

(2) ① 수상하다 ② 개봉하다 ③ 각색하다 ④ 풍자하다 ⑤ 편집하다 ⑥ 연출하다

2. (1) 불러일으켰대요 (2) 거두지 (3) 멀어지면 (4) 휩쓸다시피 (5) 돋보이는 (6) 사로잡았다고

전략 익히기

발표 마무리하기

연습 1. 예시

끝	요약 내용 • 1899년 고종 황제의 이동을 위해 서울에 전차가 처음 운행함 • 인기를 많이 끌어 1940년대 서울의 대표적인 교통수단이 되었음 • 1950년 이후 이용객이 줄어들기 시작해 1969년 운행이 중지됨
	추가하고 싶은 말: 발표 소감, 감사 인사, 질문 등 • 예전에 서울에 전차가 운행되었다는 사실을 처음 알게 됨 • 예전 서울 시내 사진을 찾아보게 되었음, 역사에 관심이 생겼음 • 질문 있는지 물어봄

연습 2. 예시

끝	요약 내용 • 자연 현상을 표현하는 개념에서 출발함 • 자연 현상을 표현하는 것 이외의 다른 분야에서도 사용하고 있음 • 의미: 작은 사건 하나가 엄청난 결과를 가져온다는 뜻
	추가하고 싶은 말: 발표 소감, 감사 인사, 질문 등 • '나비 효과'에 대한 정확한 의미를 알게 되었음 • 발표를 도와준 같은 팀 친구들에게 감사함 • 질문 있는지 물어봄

제9과 법과 질서

듣기 법, 도덕, 관습

어휘 익히기

1. (1) 징역 (2) 계약 (3) 소송 (4) 분쟁 (5) 무효 (6) 관행

2. (1) 받게 (2) 맺은 (3) 비추어 (4) 띤 (5) 느껴서 (6) 가해야

연습 1. 41

여러분, 모두 독감에 한두 번은 걸려 보셨지요? 독감은 어떤 병인가요? 독감은 인플루엔자 바이러스(influenza virus)가 폐에 들어와 생기는 호흡기 질환입니다. 증상은 어떤가요? 갑자기 고열이 나고 계속 피로하며 아프지요. 보통 코가 막히고 콧물이 나고 목이 아픈 감기하고는 그 증상도 좀 다르지요. 독감은 호흡기 질환이기 때문에 심하면 폐렴이 되기도 합니다. 특히 어린아이나 노인이 독감에 걸리면 위험하지요. 폐렴으로 진행될 수도 있으니까 증상이 심해지면 꼭 병원에서 치료해야 합니다. 그리고 가능하면 독감에 걸리기 전에 예방 접종을 하는 게 좋고요. 그렇지만 감기는 며칠 잘 먹고 잘 쉬면 자연스럽게 그냥 낫습니다. 독감과 감기는 비슷한 것 같지만 원인도 증상도 다르지요.

1. 독감의 정의: 인플루엔자 바이러스(influenza virus)가 폐에 들어와 생기는 호흡기 질환
2. 독감의 증상: 갑자기 고열이 나고 계속 피로하며 아픔
   cf. 감기: 코가 막히고 콧물이 나고 목이 아픔
3. 독감 치료 방법: 폐렴이 될 위험이 있어 병원에서 치료해야 함.
   cf. 감기: 며칠 잘 먹고 잘 쉬면 자연스럽게 그냥 나음

연습 2. 42

여러분, 오늘부터 스쿼시를 배워 보도록 하지요. 먼저 간단하게 설명을 한 후에 시작하겠습니다. 스쿼시는 지난 시간에 한 테니스처럼 공과 라켓을 이용해서 하는 운동입니다. 그런데 테니스와는 달리 실외가 아니라 실내에서 하고 상대 선수와 같은 방향의 벽을 보고 합니다. 이것을 좀 보세요. 스쿼시 공하고 라켓인데 테니스 칠 때 사용하는 공하고 라켓보다 작고 가벼워요.

이 스쿼시하고 비슷한 게 있는데, 혹시 아세요? 네, 라켓볼이죠. 언뜻 보면 뭐가 라켓볼이고 스쿼시인지 구분이 잘 안 가지요. 둘 다 실내에서 하고 벽을 보고 하니까 비슷해 보이지만 두 경기는 경기장도 다르고 공도 다르고 경기 규칙도 달라요. 스쿼시는 실내의 네 벽과 바닥, 모두 다섯 면을 사용하는 반면 라켓볼은 천장까지 여섯 면을 이용합니다. 스쿼시가 천장을 사용하지 않는다는 점이 라켓볼과 가장 큰 차이점이지요. 공도 다른데요. 라켓볼 공은 이 스쿼시 공보다 약간 크고 테니스 공보다는 약간 작은 검정색 고무공인데 탄성이 크고 빨라 경기를 할 때는 부상을 막기 위해 꼭 보호 안경을 써야 하죠. 반면에 이 스쿼시 공은 라켓볼 공처럼 그렇게 탄성이 크지 않기 때문에 위험하지 않아 여성이나 장년층에게 인기가 있지요. 그럼 다음은 스쿼시의 경기 규칙을 알아볼까요?

1. 스쿼시란?

① 공과 라켓을 이용해서 하는 운동

② 실내에서 상대 선수와 같은 방향의 벽을 보고 함

2. 스쿼시와 라켓볼(racquetball)과의 차이

	스쿼시	라켓볼
경기장	네 벽, 바닥, 모두 다섯 면 이용	네 벽, 바닥, 천장, 모두 여섯 면 이용
공 크기	라켓볼 공보다 작음	테니스공보다 작음
공 탄성	탄성이 크지 않음	탄성이 큼
위험 정도	위험하지 않음 여성이나 장년층에게 인기	부상을 막기 위해 꼭 보호 안경 착용

듣기

법에 대한 강의 듣기

43

여러분, 이번 학기에는 법과 질서에 대해 공부하겠는데요. 오늘은 첫 시간이니까 법이 무엇인지 간단히 살펴보겠습니다. '사회가 있는 곳에 법이 있다.'라는 말을 모두 들어 보셨죠? 사람들은 사회에서 다른 사람과 관계를 맺으며 살아가게 되는데 서로 생각도 다르고 이해관계도 다르다 보니까 항상 문제가 발생할 수밖에 없지요. 이런 문제를 해결해서 사회 질서를 유지하기 위해서는 서로 지켜야 할 규칙이 필요하겠지요. 그 규칙 중 가장 강력한 게 '법'이라는 겁니다.

법은 사회 질서 유지를 위해 국가가 세운 규칙을 말합니다. 국가가 정한 것이기 때문에 당연히 강제성을 띠게 되지요. 강제성을 띤다는 건 국민들이 지키지 않을 경우에는 처벌을 받게 된다는 의미죠. 이 강제성이라는 게 법의 가장 두드러지는 특징입니다. 물론 사회 질서 유지를 위한 사회 규칙에 법만 있는 건 아닙니다. 도덕이나 관습과 같은 규칙도 있지요. 도덕과 관습은 지금도 사회 질서를 유지하는 데 매우 큰 역할을 하고 있지요.

그렇다면 법과 도덕은 어떻게 다를까요? 도덕은 자신의 양심에 비추어 스스로 지켜야 하는 규칙을 말하지요. 예를 들어 볼까요? '남의 물건을 훔치면 안 된다.'는 걸 생각해 보세요. 당연하죠. 여러분이 양심에 따라서 바르게 살려면 물건을 훔치면 안 되겠지요? 같은 내용을 역시 「형법」 329조에서도 '타인의 재물을 훔친 자는 6년 이하의 징역 또는 2백만 원 이하의 벌금에 처한다.'라고 규정하고 있습니다. 하지만 법과 도덕은 제재를 가하는 방법이 다르죠. 도덕은 사람들이 스스로의 양심에 비추어서 지키는 것이라서 어겼을 때 양심의 가책을 받을 뿐이지만, 법은 국가가 법을 어긴 사람을 처벌함으로써 강제적으로 이를 지키게 하는 거예요. 그리고 법은 행위의 결과에 대해서만 제재를 가하지만 도덕은 그냥 생각만으로도 양심에 비추어 부끄러운 일이라면 양심의 가책을 느끼게 되지요. 이렇게 사회는 도덕에 따라서 자율적으로 유지되는 면이 있는 겁니다.

그런데 자율적으로 지키지 않는 사람들이 있기 때문에 도덕 중에서도 꼭 필요한 것은 강제적으로 지키게 만들어 놓은 규정이 바로 법인 거지요.

그렇다면 법은 관습과 어떻게 다를까요? 관습은 사회 구성원들이 반복해 온 생활 풍습이나 행위를 말합니다. 관습을 지키지 않으면 사회적으로 비난을 받기도 하지요. 그리고 이런 관습이 당연한 것으로 인정되면서 굳어지면 법으로 발전하기도 합니다. 예를 들어 볼까요? 한국은 전통적으로 남성 중심, 특히 장남 중심의 사회였지요. 그래서 장남이 당연히 재산을 상속받고 부모님을 모셔야 한다고 생각했었어요. 그런 생각이 법으로 만들어져서 1960년까지는 아내나 딸은 재산 상속에서 제외되었어요. 그런데 남녀가 평등한 사회가 되면서 사람들의 요구가 법에 반영되어 법도 바뀌었습니다. 현재는 아들과 딸이 똑같이 상속받는 것이 법으로 보장되었지요. 이렇게 관습은 법에 큰 영향을 주기 때문에 법과 관습은 사실 구분하기 매우 어려운 부분도 있지만 역시 강제성이 있느냐 없느냐에 따라서 구분할 수 있어요.

자, 이렇게 사회 질서를 유지하는 데 꼭 필요한 법을 도덕, 관습과 비교하면서 살펴보았는데요. 현대 사회에서는 도덕이나 관습보다도 법의 역할이 점점 커지고 있는 것이 사실입니다. 그렇지만 한편으로는 옛날부터 사회 질서를 유지해 온 도덕이나 관습 같은 자율적인 규칙이 우리 사회를 더 건강하게 유지할지도 모른다는 것을 기억해야 할 것 같아요. 그럼 다음 시간에는 법의 종류에 대해 살펴보지요.

1.

1. 법의 필요성

(1) '사회가 있는 곳에 법이 있다.'

- 사회 질서 유지하기 위해 지켜야 할 규칙이 필요

(2) 사회 질서 유지를 위한 규칙 중 가장 강력한 것 → 법

2. 법의 정의와 특징

(1) 정의: 사회 질서 유지를 위해 국가가 세운 규칙

(2) 특징: 강제성을 띰 → 지키지 않을 경우 처벌

cf. 도덕과 관습: 법과 함께 사회 질서를 유지하는 데 매우 큰 역할

3. 법과 도덕과 관습의 관계

(1) 법과 도덕의 차이

① 도덕: 양심에 비추어 스스로 지켜야 하는 규칙

② 제재 방법의 차이: 도덕은 양심의 가책을 받음, 법은 처벌

③ 제재 범위의 차이: 도덕은 생각만으로도 양심의 가책을 느낌
법은 행위의 결과에 대해 처벌

④ 법과 도덕과의 관계: 도덕 중 꼭 필요한 것을 강제적으로 지키게 만들어 놓은 규정 → 법

(2) 법과 관습의 차이

① 관습: 사회 구성원들이 반복해 온 생활 풍습이나 행위

② 제재 방법의 차이: 관습은 어기면 사회적 비난

③ 법과 관습의 관계: 관습이 당연한 것으로 인정, 굳어지면 법으로 발전

예) 1960년까지 아내, 딸은 재산 상속에서 제외

→ 사람들의 요구가 법에 반영되어 법이 바뀜

4. 법의 중요성

(1) 현대 사회에서 도덕이나 관습보다도 법의 역할이 점점 커짐

(2) 도덕, 관습 같은 자율적인 규칙이 사회를 더 건강하게 유지함

2. (1) ① (2) ③ (3) ③ (4) ① × ② ○ ③ ×

말하기 법과 인정

어휘 익히기

1. (2) ① 들키다 ② 딱하다 ③ 체포되다 ④ 선처하다 ⑤ 동정하다 ⑥구금되다

2. (1) 쇠약해지셨어요. (2) 말리다가 (3) 자수했다고 (4) 판단해서 (5) 시달리다 (6) 방치하면

전략 익히기

사회자 토론 진행하기

연습 1. 예시

지금까지 나온 이야기를 정리해 보면 찬성 팀은 실생활과 밀접한 수치들을 직접 계산해 볼 수 있어서 수학 공부에 흥미를 느낄 수 있고 단순한 계산에 매달리지 않으면서 고차원적인 문제를 풀 수 있기 때문에 수학 시간에 계산기 사용을 허용해야 한다고 했습니다. 그리고 반대 팀은 계산 능력도 수학 능력의 한 부분이고 계산기 구입 비용이 크며 계산기 사용으로 수업에 집중을 못 할 수도 있기 때문에 계산기 사용에 반대했습니다. 그럼 이번에는 각 팀의 주장에 대해 반박해 주시기 바랍니다. 의견 있으신 분은 손을 들고 말씀해 주십시오.

연습 2. 예시

지금 반대 팀에서 '양성평등을 위해서 여성도 군복무를 해야 한다.'는 논제에서 벗어나 군복무를 하는 남성에게 취업할 때 혜택을 줘야 한다고 말했습니다. 이는 우리 논제와 다른 내용입니다. 그러므로 반대 팀에서는 우리의 논제로 다시 돌아와 여성이 군복무를 하면 안 되는 주장에 대해 근거를 제시해 주시기 바랍니다.

제10과 민주주의와 정치 참여

듣기 직접 민주주의와 대의 민주주의

어휘 익히기

1. (1) ① (2) ① (3) ① (4) ② (5) ② (6) ①

2. (1) 갖고 (2) 누려서 (3) 잡았어요 (4) 감췄어요 (5) 샀는데 (6) 낳고

전략 익히기

강의 내용 재필기하기

예 44

여러분, 안녕하십니까? 여러분은 여성학이 어떤 학문이라고 생각해요? 여성학은 여성과 여성 문제를 연구하는 학문을 말합니다. 그러니까 사회 속에서 여성의 지위와 역할, 그리고 경험을 이해하고자 하는 학문인 것이죠. 그동안 우리는 남성 중심의 가부장제 사회에서 살면서 여성의 시각으로 여성을 보지 못했어요. 그래서 소외된 여성들의 문제를 인식조차 하지 못하고 있었어요. 정리해 볼까요? 여성학은 우리가 현재 살고 있는 사회나 학문이 모두 남성 중심적이라는 사실을 먼저 분명히 인식하고 남성 중심적 시각에서 바라보던 여성의 삶을 새로운 시각에서 이해하려는 학문인 겁니다.

지금부터는 사회에서 남자하고 여자가 어떻게 다르게 키워졌는지 얘기해 볼까요? 어렸을 때 여자아이들은 주로 뭘 하면서 놀죠? 여기 앞에 여학생, 네, 학생은 어렸을 때 어땠어요? 인형 놀이하고 소꿉놀이요? 맞아요. 이 놀이를 통해 여자아이들은 인형이나 소꿉놀이 장난감과 감정을 주고받으면서 지내요. 이 장난감은 감정이 없는 사물이죠. 그래서 이 사물과 감정 교류를 하면서 경쟁보단 부드러움과 순종적인 성향을 가진 사람으로 성장하게 되는 거죠. 그렇다면 남자아이는 어떨까요? 그렇죠. 남자아이는 로봇 장난감을 갖고 놀고, 다른 남자아이들과 축구나 야구를 하면서 경쟁심과 힘을 끊임없이 기르게 되고 경쟁에서 이겨야 하

니까 공격적인 성향도 갖게 되죠.

연습 1. 45

누구나 백화점에 한 번쯤 가 본 적이 있을 겁니다. 백화점의 실내장식을 잘 생각해 보면 다른 곳과 유난히 다른 점이 있습니다. 바로 긴 에스컬레이터가 있고 거울이 많다는 점이죠. 왜 그럴까요? 긴 에스컬레이터가 있는 건 백화점 위층이나 아래층으로 고객들이 이동하는 순간에도 백화점에 진열된 상품을 볼 수 있게 하려는 것이에요. 그러면 거울은 어떤 효과가 있을까요? 거울 앞을 지나갈 때는 누구나 무의식적으로 거울에 비친 자기 모습을 보게 되죠? 거울에 비친 자기 모습을 보면서 걸으면 자연스럽게 걷는 속도가 느려지죠. 속도가 느려지니까 진열된 상품들을 관심 있게 보게 되겠죠. 그러니까 긴 에스컬레이터나 거울 모두 진열된 상품에 고객들의 시선을 더 머무르게 하려는 고도의 전략이 숨어 있는 겁니다.

1차 필기

- 긴 에스컬레이터, 거울이 많음. 왜?
- 긴 에스컬레이터: 위층이나 아래층으로 이동하는 순간에도 상품을 보게 하는 것
- 거울: 거울 앞을 걸어갈 때 거울에 비친 자신의 모습을 보면서 걸으면 걷는 속도가 자연스럽게 느려짐. 그래서 진열된 상품을 더 보게 됨

⇒ 진열된 상품에 고객들의 시선을 더 머무르게 하려는 고도의 전략이 숨어 있는 것임

⇩

재필기

특징	이유
◦ 긴 에스컬레이터	◦ 위 아래로 이동하는 순간에도 상품들을 보게 하려고
◦ 거울	◦ 거울에 비친 자신의 모습을 보면서 됨. 걷는 속도가 느려짐. 이때 사람들이 진열된 상품을 더 보게 됨

⇩

진열된 상품에 고객들의 시선을 더 머무르게 하려는 고도의 전략

연습 2. 46

여러분, 브라질 땅콩 효과라는 말을 들어 본 적이 있어요? 알갱이 크기가 다른 땅콩들을 한 통에 넣고 흔들면 가장 알갱이가 큰 브라질 땅콩이 맨 위에 올라와 있어서 생긴 말이에요. 바닷가에서 모래 한 줌을 병

에 넣고 흔들면 어떻게 될까요? 네. 땅콩과 마찬가지로 고운 모래는 아래로 내려가고 굵은 모래나 조개껍질 같이 큰 건 위로 올라와요. 다시 말해서 알갱이 크기가 다른 것들을 한 통에 넣고 흔들면 알갱이 크기대로 쌓이게 된다는 거죠. 이게 바로 '브라질 땅콩 효과'라는 겁니다.

이 효과에 해당되는 예를 일상생활에서 찾을 수 있어요. 크기가 다른 시멘트와 자갈, 모래를 골고루 섞어 주는 레미콘 아시죠? 이 레미콘이 운행할 때 뒤에 있는 통을 계속 돌리면서 가잖아요. 이게 바로 브라질 땅콩 효과 때문이에요. 돌리지 않으면 운행하면서 생기는 진농 때문에 자갈, 모래, 시멘트가 크기별로 나뉘어 버려 사용할 수 없게 되니까 크기별로 층이 나뉘지 않게 계속 통을 돌리면서 가는 겁니다.

1차 필기

- 브라질 땅콩 효과?
  알갱이 크기가 다른 땅콩들을 한 통에 넣고 흔들면 가장 알갱이가 큰 브라질 땅콩이 맨 위에 올라옴.
  바닷가 모래를 병에 넣고 흔들면? 땅콩과 같음
  → 알갱이 크기가 다른 것을 한 통에 넣고 흔들면 알갱이 크기대로 쌓이게 됨. 브라질 땅콩 효과
- 일상생활에서?
  시멘트와 자갈, 모래를 섞어 주는 레미콘. 운행할 때 통을 계속 돌림 → 브라질 땅콩 효과 때문
  돌리지 않으면 운행할 때 생기는 진동으로 레미콘의 자갈, 모래, 시멘트가 크기 별로 층이 나뉘게 됨.

⇩

재필기

(1) 유래: 모래를 병에 넣고 흔들면 고운 모래는 아래로 굵은 모래나 조개껍질처럼 큰 것은 위로 올라옴
(2) 정의: 알갱이가 다른 것을 한 통에 모아 흔들면 알갱이 크기별로 쌓이게 되는 것
(3) 일상생활에서의 예
- 레미콘: 브라질 땅콩 효과 때문에 레미콘을 운행할 때 크기가 다른 시멘트, 자갈, 모래를 섞어 주지 않으면 운행할 때 생기는 진동 때문에 층이 나뉘게 됨. 그래서 통을 돌리면서 운행해야 함

듣기

민주주의와 정치 참여에 대한 강의 듣기

47

오늘은 3장 할 차례예요. 오늘은 민주주의가 어떻게 시작됐고 어떻게 발전됐는지 살펴보겠어요. 민주주의의 시작은 언제부터였을까요? 여러분도 알다시피 고대 그리스 도시국가에서 시작이 됐죠. 고대 그리스 도시국가는 작은 소규모 국가였습니다. 그래서 모든 사람들이 직접 정치에 참여했습니다. 직접 민주주의가 가능했던 거죠. 예를 들어 모든 시민들이 입법부, 행정부, 사법부에서 활동할 수 있었어요. 아, 물론 여자하고 노예에겐 정치적인 문제에 대해 의견 내고 결정하는 참정권을 주지 않았지만요. 이 점이 바로 오늘날의 민주주의와 거리가 있죠. 그런데도 불구하고 이때를 민주주의의 시작이라고 하는 건 뭐 때문일까요? 맞아요. 바로 다수결의 원칙을 사용했기 때문이에요. 다수결 원칙, 들어 본 적이 있죠? 어떤 일을 결정할 때 대다수의 사람들이 옳다고 결정한 의견에 따라 의사 결정을 하는 거예요. 고대 그리스 도시국가에서 이걸 사용했다는 겁니다. 정리하자면 고대 그리스 도시국가에서는 직접 민주주의, 그러니까 국민들이 직접 국가 정책을 결정하거나 집행하는 데 참여했고 이 과정에서 다수결 원칙을 사용했습니다. 그래서 이때를 민주주의의 시작이라고 합니다. 근데 불행하게도 고대 그리스 도시국가가 멸망한 후에는 다수결의 원칙도, 민주주의도 자취를 감추게 됐습니다.

시민들이 다시 선거에 참여하는 참정권을 갖게 된 건 1789년 프랑스 시민혁명을 통해서입니다. 당시 왕이 지나치게 시민들의 경제 활동을 통제해 시민들의 불만을 사게 됐습니다. 그 결과 시민들은 평등한 사회를 주장하기 시작했죠. 여기서 평등이라는 건 당시 시민들에게 귀족과 평등하게 선거에 참여할 수 있는 참정권을 부여하는 걸 의미합니다. 시민들은 자신의 대표를 뽑아 국민 의회를 결성했어요. 바로 대의 민주주의의 시작이죠. 대의 민주주의가 뭔가요? 시민들이 모두 직접 정치에 참여할 수 없으니까 자신들의 대표를 뽑아서 자신들의 의견을 대신해서 전달하게 하는 건데요. 바로 그 일을 한 거죠. 그리고 이 국민 의회에서 성직자와 귀족들이 누렸던 특권을 폐지하고 새로운 인권선언을 발표했어요. 그게 바로 그 유명한 프랑스 인권선언이죠. 이 인권선언에서는 인간의 자유, 평등, 국민 주권 같은 걸 주장했는데 이걸로 시민들은 경제적으로, 정치적으로 평등과 자유를 비로소 얻게 됐어요.

혹시 여기까지 질문 있으신 분? 없으시면 현대의 대의 민주주의로 넘어가 볼까요? 사회가 커지고 복잡해지면서 모든 국민이 다 직접 정치에 참여할 수 없으니까 전문적인 정치인이 필요하게 됐죠. 그래서 앞에서 말한 것처럼 국민의 의견이나 생각을 대신 표현해 주고, 국민을 대신해서 정치에 참여하는 대의 민주주의가 생겨나게 됐어요. 다시 말하면, 대의 민주주의는 국민이 자신들의 대표를 직접 뽑아서 정치적 결정을 대신하게 하는 민주주의를 말합니다. 대의 민주주의를 실현하는 가장 대표적인 방법엔 뭐가 있을까요? 바로 선거가 있습니다. 선거를 통해 대표를 뽑고 그 대표들이 국민을 대신해 정치적인 의견을 말하는 거죠.

여러분 중에서 투표해 본 사람도 있죠? 그런데 여러분이 뽑은 사람이 정말 국민의 생각을 잘 대변해 주던가요? 실망스러울 때도 있었죠. 그럴 땐 국민들이 어떻게 의견을 전달해야 할까요? 더 적극적으로 의견을 전달하기 위해 현대 민주주의에선 직접 민주주의에서 사용하던 방법을 쓰고 있어요. 그 예가 바로 텔레비전이나 신문에서 하는 토론, 그리고 환경 단체와 같은 시민 단체가 적극적으로 자신들의 의견을 표명하는 것이 있죠. 또 인터넷으로 자유롭게 여론을 전달하기도 하고 지역 주민들이 자신이 살고 있는 지역 문제에 대해 직접 주민 투표를 하기도 하죠.

여기까지 질문 있으신 분? 없으면 다음으로 넘어가서 지금부터는 앞에서 말한 선거가 아닌 방법으로 여론을 표현할 때 어떤 부작용을 낳을 수 있는지 알아볼까요?

1.

1. 민주주의의 시작

(1) 고대 그리스 도시국가에서 시작.

① 소규모 국가: 시민이 모두 참여하는 직접 민주주의가 가능했음

1차 필기

② 민주주의의 시작인 이유: 다수결의 원칙을 사용함

↓

어떤 일을 결정할 때 대다수의 사람들이 옳다고 ....(???) 하는 것

⇩

재필기

② 다수결의 원칙을 사용함

정의: 어떤 일을 결정할 때 대다수의 사람들이 옳다고 결정한 의견에 따라 의사 결정을 하는 것

→ 민주주의의 시작

2. 프랑스 시민혁명(1789): 시민들이 참정권을 갖게 됨

(1) 당시 왕이 지나치게 시민의 경제 활동을 통제함 → 시민 불만 → 시민들이 평등 사회를 주장 → 국민의회 결성 → 대의 민주주의 시작

1차 필기

(2) 국민의회에서 성직자와 귀족들이 누렸던 특권 폐지, 새로운 인권 선언 발표

→ 프랑스 인권선언

↓

(3) 인간의 자유, 평등, 국민 주권을 주장. 시민들의 경제적, 정치적 평등과 자유를 얻게 됨

⇩

재필기

(2) 국민의회: 성직자와 귀족의 특권 폐지, 새로운 인권 선언 발표

(3) 프랑스 인권선언 발표: 인간의 자유, 평등, 국민 주권을 주장

↓

시민들의 경제적, 정치적 평등과 자유 획득

3. 대의 민주주의

1차 필기

(1) 사회가 복잡해지면서 모든 국민이 다 정치에 참여할 수 없으니까 전문적인 정치인이 필요하게 되었음

(2) 국민의 의견, 생각을 대신 표현해 주고 국민을 대신해서 정치에 참여하는 대의 민주주의가 생겨나게 됨

(3) 대의 민주주의: 국민이 자신의 대표를 직접 뽑아서 정치적 결정을 대신하게 하는 민주주의

(4) 대표적인 방법: 선거

↓

대표를 뽑고 그 대표들이 국민을 대신해 정치적인 의견을 말함

⇩

재필기

(1) 배경

① 사회가 복잡해지면서 모든 국민이 다 정치에 참여할 수 없음 → 전문적인 정치인이 필요하게 되었음

② 국민의 의견, 생각을 대신 표현해 주고 국민을 대신해서 정치에 참여하는 방식이 필요함 → 대의 민주주의가 생겨나게 됨

(2) 정의: 국민이 자신의 대표를 직접 뽑아서 정치적 결정을 대신하게 하는 민주주의

(3) 대표적인 방법: 선거 → 대표로 뽑힌 사람들이 국민을 대신해 정치적인 의견을 말함

2. (1) ① (2) ② (3) ① (4) ③

말하기 집회와 정치 참여

어휘 익히기

1. (2)

① 진압하다 – 강압적인 힘으로 억눌러 진정시키다
② 무산되다 – 일이 성사되지 못하여 없었던 일처럼 되다
③ 동참하다 – 어떤 모임이나 일에 같이 참가하다
④ 동원되다 – 어떤 목적을 달성하기 위해 사람들이 모이다
⑤ 과격하다 – 정도가 지나치게 격렬하다
⑥ 저지하다 – 막아서 못하게 하다

2. (1) 재량　(2) 치안　(3) 보장　(4) 기본권　(5) 위해　(6) 도심

전략 익히기

최종 발언하기

연습 1. 예시

찬성 팀

지금부터 학교 폭력 예방을 위해 교실에 CCTV를 설치해야 한다는 논제에 대한 찬성 팀의 최종 발언을 시작하겠습니다. 저희 팀은 이 논제에 대해 찬성합니다. CCTV를 설치하면 절도나 폭행 등과 같이 학교에서 발생하는 범죄를 예방할 수 있습니다. 실제로 CCTV 설치 후 학교 폭력 사건이 현저히 줄어들었다고 합니다. 둘째, 학교 폭력 사건 발생 시 사건을 해결하는 데 도움이 되기 때문입니다. 문제가 발생했을 때 빠른 시간 내에 진위를 밝히고 대처해서 문제 학생을 지도할 수 있습니다. 이에 따라 저희 팀은 학교 폭력 예방을 위해 교실에 CCTV를 설치해야 한다는 논제에 대해 찬성합니다. 이상입니다.

반대 팀

지금부터 학교 폭력 예방을 위해 교실에 CCTV를 설치해야 한다는 논제에 대한 반대 팀의 최종 발언을 말씀드리겠습니다. 저희 팀은 이 논제에 대해 반대합니다. 그 이유는 다음과 같습니다. 먼저 CCTV의 설치하면 학생뿐만 아니라 교사도 인권 및 사생활을 침해 받을 수 있습니다. 실제로 CCTV를 설치한 후 계속해서 감시당하고 있다는 느낌을 받아 반대하는 사람들이 많습니다. 또한 학교에 CCTV를 설치하는 것 자체가 비교육적인 것입니다. CCTV의 설치는 교육이 이루어지고 있는 학교에서 서로 불신하고 있다는 느낌을 주기 때문에 비교육적이라는 의견들이 많습니다. 따라서 저희 팀은 학교 폭력 예방을 위해 교실에 CCTV를 설치해야 한다는 논제에 대해 반대합니다. 이상으로 최종 발언을 마치도록 하겠습니다.

연습 2. 예시

찬성 팀

지금부터 인터넷 실명제를 실시해야 한다는 논제에 대한 찬성 팀의 최종 발언을 시작하겠습니다. 저희 팀은 이 논제에 대해 찬성합니다. 인터넷 실명제를 실시하면 건전한 인터넷 문화를 조성할 수 있습니다. 실제로 인터넷 실명제를 실시한 후 포털 사이트의 악성 댓글 비율이 5.4%로 줄어들었고 내용도 순화되었다고 합니다. 또한 악성 댓글로 인한 피해를 막을 수도 있습니다. 아시다시피 일부 연예인들이 악성댓글로 인해 자살에 이르기도 하는데 인터넷 실명제를 통해서 이런 부정적인 결과를 막을 수 있습니다. 이에 따라 저희 팀은 인터넷 실명제를 실시해야 한다는 논제에 대해 찬성합니다. 이상으로 최종 발언을 마치도록 하겠습니다.

반대 팀

지금부터 인터넷 실명제를 실시해야 한다는 논제에 대한 반대 팀의 최종 발언을 말씀드리겠습니다. 저희 팀은 이 논제에 대해 반대합니다. 그 이유는 다음과 같습니다. 인터넷 실명제를 실시하게 되면 표현의 자유가 침해당할 수 있습니다. 방송통신위원회 조사 결과 인터넷 실명제를 실시한 이후 악성 댓글 수는 1.7% 감소한 반면에 전체 댓글 수는 68%나 감소했다고 합니다. 그리고 인터넷 실명제를 실시하면 개인 정보 유출 가능성이 높아집니다. 그래서 개인 정보 유출로 인해 제3자에게 비난의 대상이 되기도 합니다. 따라서 저희 팀은 인터넷 실명제를 실시해야 한다는 논제에 대해 반대합니다. 이상입니다.

찾아보기

ㅋ

ㅌ

ㅍ

ㅎ

집필진 소개

개정판 집필진

김현진 이화여자대학교 언어교육원 특임교수
이정연 이화여자대학교 언어교육원 전임강사
정누리 이화여자대학교 언어교육원 전임강사
구재희 이화여자대학교 언어교육원 강사

초판 집필진

김현진 이화여자대학교 언어교육원 특임교수
백인자 전 이화여자대학교 언어교육원 강사
박수지 전 이화여자대학교 언어교육원 강사
연남경 전 이화여자대학교 언어교육원 강사

* 이 교재는 2008년에 처음 출판된 『유학생을 위한 대학한국어 2: 말하기·듣기』를 기반으로 집필되었습니다.

MP3 목차

* 본 교재의 듣기 자료는 MP3 파일로 되어 있으며 이화여자대학교출판문화원 홈페이지(www.ewhapress.com) 자료실에서 내려받을 수 있습니다.

유학생을 위한 대학한국어 2 듣기·말하기(개정판)

지은이 이화여자대학교 언어교육원

펴낸날 1판 1쇄 2009년 2월 28일
2판 1쇄 2018년 2월 27일
2판 2쇄 2022년 12월 9일

펴낸이 주소현 **펴낸곳** 이화여자대학교출판문화원
주소 서울특별시 서대문구 이화여대길 52(우 03760) **등록** 1954년 7월 6일 제9-61호
전화 02) 3277-2965(편집), 02) 362-6076(마케팅)
팩스 02) 312-4312 **전자우편** press@ewha.ac.kr **홈페이지** www.ewhapress.com
책임편집 이혜지, 민지영 **디자인** 김리영, 정혜진
일러스트 이지영 **녹음** 김요한 **성우** 최정호, 강유경 **인쇄** 한영문화사

ISBN 979-11-5890-259-9 14710
979-11-5890-257-5 (세트)
값 20,000원

* 잘못된 책은 구입처에서 바꾸어 드립니다.

이 도서의 국립중앙도서관 출판예정도서목록(CIP)은 서지정보유통지원시스템 홈페이지(http://seoji.nl.go.kr)와 국가자료공동목록시스템(http://www.nl.go.kr/kolisnet)에서 이용하실 수 있습니다. (CIP제어번호 : CIP2018004412)